FRAUEN UM
KRONPRINZ
RUDOLF

Friedrich Weissensteiner

FRAUEN UM KRONPRINZ RUDOLF

Kremayr & Scheriau

Die Deutsche Bibliothek – CIP-Einheitsaufnahme
Weissensteiner, Friedrich:
Frauen um Kronprinz Rudolf / Friedrich Weissensteiner. –
Wien: Kremayr und Scheriau, 1991
ISBN 3-218-00534-5

© 1991 by Verlag Kremayr & Scheriau, Wien
Lektorat: Brigitte Hilzensauer
Schutzumschlag: Kurt Rendl, Wien
Satz & Repro: SRZ, Korneuburg
Druck und Bindung: Wiener Verlag, Himberg bei Wien
ISBN 3 218 00534 5

Inhaltsverzeichnis

Vorwort

Frauen spielten im Leben des Kronprinzen Rudolf eine bedeutsame Rolle. Eine Kaiserin, Elisabeth von Österreich, schenkte ihm einundzwanzigjährig das Leben, Ammen säugten, Kindermädchen und Kinderfrauen hegten und pflegten ihn: sie befriedigten seine körperlichen Bedürfnisse, lehrten ihn sprechen und beten, lenkten seine ersten Schritte, überwachten seine Spiele. Sie lasen ihm Geschichten aus Kinder- und Märchenbüchern vor, sprachen Warnungen und Verbote aus, trösteten ihn, linderten seine Ängste. Ihre Fürsorge begleitete seine frühen Kinderjahre.

Die Anweisungen für die meisten pflegerischen und erzieherischen Maßnahmen wurden von der (gestrengen) Großmutter, Erzherzogin Sophie, getroffen, deren Wort am Kaiserhof Gewicht hatte. Die erfahrene Frau war nicht nur für ihre Enkelkinder eine Autorität. Sie liebte Rudolf innig, brachte ihm jedoch keineswegs nur großmütterliche Nachsicht entgegen. Der Thronfolger wurde von ihr nach festen, erprobten Grundsätzen für seine Rolle als künftiger Kaiser eines Großreiches erzogen. Diesem Erziehungsziel waren alle ihre Maßnahmen und Anforderungen untergeordnet.

Die junge Kaiserin war, so sehe ich es wenigstens, eine verhinderte Mutter. Sie setzte sich im Kampf um ihre Kinder gegen die übermächtige Schwiegermutter (zunächst) nicht durch und wurde daran gehindert, ihre Mutterliebe auszuleben, ihre Rechte und ihre Verantwortung als Mutter wahrzunehmen. Eine Ehekrise und der labile physische und psychische Zustand Elisabeths, der sie zum Fernbleiben von der Familie veranlaßte, taten ein übriges, so daß sich die Kaiserin ihren Kindern entfremdete und sich später kaum mehr um sie kümmerte. So wuchs der Kronprinz, obwohl umhegt und umpflegt, praktisch mutterlos auf. Er hatte zahlreiche Ersatzmütter, aber keinen Beziehungsmittelpunkt, keine zentrale Bezugsperson. Bei allem, was wir heute über die Prägekraft der frühen Kindheit wissen, hat das seiner Entwicklung zweifellos geschadet. Dazu kam bald nach seinem sechsten Geburtstag der abrupte Wechsel von der weiblich-fürsorglichen Erziehung zu einer männlich-harten Ausbildung, der, durch hereditäre Faktoren begünstigt, zum Bruch seiner Persönlichkeit führte.

Zum Mann herangereift, wurde der begehrenswerte Kronprinz zunächst zum Ziel weiblicher Verführungskünste, ehe er selbst in verhältnismäßig jungen Jahren zum Frauenjäger wurde.

Der Frau als menschlichem Individuum hat der Kronprinz keine sonderliche Achtung entgegengebracht. Frauen waren für ihn bestenfalls Geschlechtspartnerinnen, sexuelles Freiwild. Seelische Bindungen scheint er, wenn überhaupt, lediglich zu seiner Schwester Gisela, im Anfangsstadium seiner unglücklichen Ehe zu seiner Gemahlin Stephanie von Belgien und zu seiner ständigen Mätresse aus der Wiener Halbwelt, Mizzi Caspar, gehabt zu haben. Zu einer echten, tiefen menschlichen Beziehung war der Kronprinz unfähig. Und so mag es ihm wohl keine allzu großen Gewissensbisse bereitet haben, daß er ein schwärmerisch veranlagtes, in ihn verliebtes junges Mädchen mit in den Tod nahm.

Das vorliegende Buch ist keine Rudolf-Sexologie. Es wartet auch mit keinen erotischen Sensationen auf. Es schildert und analysiert das wechselseitige Verhältnis des Kronprinzen zu jenen Frauen, die mit ihm familiär verbunden waren, ihm nahestanden, ihn betreuten, beeinflußten, ihn erzogen und prägten, von ihm verehrt und geliebt wurden. Es setzt vor allem im erzieherischen Bereich Schwerpunkte und wartet mit neuen Forschungsergebnissen auf, die insbesondere in die Kapitel drei bis fünf eingeflossen sind. Rudolfs Großmutter, Erzherzogin Sophie, erfährt unter Benützung ihrer umfangreichen Korrespondenz und ihres Tagebuches (siehe Quellenverzeichnis) erstmals in dieser Ausführlichkeit eine biographische Darstellung. Rudolfs Schwestern, Gisela und Marie Valerie, werden in einer neuartigen Zusammenschau präsentiert. Zum besseren Verständnis individueller Entscheidungen sowie persönlicher Handlungen und Zielsetzungen hielt ich es für notwendig, mein Thema um allgemein medizinische, sozialkundliche und gesellschaftspolitische Aspekte zu erweitern und die Rolle der Frau in der zweiten Hälfte des vorigen Jahrhunderts darzustellen. Dies ist in den Abschnitten zwei und sechs geschehen.

Bei meiner Archiv- und Bibliotheksarbeit habe ich vielerorts großes Entgegenkommen und wertvolle Hilfe und Unterstützung erfahren. Mein herzlicher Dank für Rat und Tat geht insbesondere an folgende Persönlichkeiten (Personen ohne Ortsangabe sind in Wien wohnhaft oder tätig):

Prof. Dr. Dr. h. c. Karl Otmar Freiherr von Aretin (Mainz), Dr. Leopold Auer, Dr. Ludwig Belcredi (Brünn), Carl Michael Belcredi, Hella Bitzinger (München), Dozentin Dr. Birgit Bolognese-Leuchtenmüller, Dr. Horst Brettner-Messler, Dr. Peter Broucek, Dr. Milan Čoupek (Brünn), Dozent Dr. Peter Czendes, Univ.-Prof. Dr. Kurt Ganzinger, Mario F. Gilodi (Graz), Dr. Andreas Gredler, Dr. Otto Habsburg-Lothringen (Pöcking, BRD), Dr. Friedrich Hitsch, MR. Franz Hubacek, Dr. Eva Irblich, Prof. Dr. Hanns Jäger-Sunstenau, Dr. Leopold Kammerhofer, Mag. Gabriela Mathé, Dr. Walter

Mertal, Dr. Rainer Münz, Dr. Eleonore und Fides Nischer-Falkenhof, Georg Graf Nostitz-Rieneck, Gertraud Pederzani-Rauen (Mannheim), Dr. Hans Puchta (München), Monika Rauen (Mannheim), Kustos Ingrid Spitzbart (Gmunden), Dr. Elisabeth Springer, Univ.-Prof. Hannes Stekl, Dr. Susanne Walther, AR Jarmilla Weissenböck, Univ.-Prof. Dr. Helmut Wyklicky, Prof. Dr. Joszef Zachar.

Leider habe ich auch Zurückweisung erfahren. Ing. Franz Habsburg-Lothringen hat mir mit der Begründung, kein einschlägiges Quellenmaterial zu besitzen, die Benützung seines Privatarchives in Wallsee, Niederösterreich, verwehrt.

Friedrich Weissensteiner

I. Kapitel

Die verhinderte, ichsüchtige Mutter: Kaiserin Elisabeth

Kaiserin Elisabeth, die süße, kleine Sisi aus dem historischen Märchenbuch, war etwas mehr als siebzehn Jahre alt, also selbst noch ein halbes Kind, als sie für Anfang März 1855 ihre erste Niederkunft erwartete. Das Ereignis warf seine Schatten voraus. Bereits einige Wochen vorher wurden in der Tagespresse die Namen des Arztes und der Hebamme bekanntgegeben, die Ihre Majestät entbinden sollten. Mit dieser überaus heiklen Aufgabe wurden Dr. Franz Xaver Bartsch, Professor an der 2. Wiener Gebärklinik, als Accoucheur (Geburtshelfer) und eine Frau Gruber betraut.

Die Kindskammer wurde eingerichtet, die Räume bestimmt, in denen das durchlauchtigste Kind ernährt, gewickelt und betreut werden sollte, eine Amme ausgesucht (die Wahl fiel kurz vor der Geburt auf die Gattin des k. k. Hofingenieurs Wilhelm Hoch aus Böhmisch-Skalic).

Das mit der Geburt verbundene Zeremoniell wurde genauestens festgelegt. Sobald bei Ihrer Majestät der Kaiserin die Wehen einsetzten, sollte in der Hofburgkapelle das Allerheiligste ausgesetzt werden, um den Beistand Gottes für eine glückliche Entbindung zu erflehen. Die glückliche Entbindung selbst sollte der Bevölkerung durch Kanonenschüsse (101 Schüsse bei der Geburt eines Prinzen, 24 bei einer Prinzessin) bekanntgemacht werden.

Drei Stunden nach der Bekanntgabe der Geburt sollte in der Domkirche zu St. Stephan ein feierliches Tedeum stattfinden, und natürlich war auch der Taufakt in der Hofburgkapelle exakt programmiert. Wer den Täufling aus den kaiserlichen Appartements herauszutragen hatte, wem er an der Türschwelle zu übergeben war, welche und wie viele Hofchargen ihn zur Kapelle begleiteten, wie er über das Taufbecken zu halten war: all das und vieles andere mehr war zeremoniell geregelt. Wenn eine Kaiserin ein Kind zur Welt brachte, so war das eben kein gewöhnlicher Vorgang wie bei Millionen anderer Frauen, sondern ein Staatsakt, in den Hunderte Menschen eingebunden waren, planend, sorgend, helfend.

Und schließlich war es dann soweit. „Montag, den 5. März, um ein Viertel nach sieben Uhr kam mein Sohn", notierte Erzherzogin Sophie, die Mutter des Kaisers, die den Geburtsakt in ihrem Tagebuch in allen Details festhielt, „und teilte mir mit, daß Sisi seit sechs Uhr in den Wehen liege. Ich wollte sie sehen, zog mich in aller Eile an und ging zu ihr hinunter."

Sophie setzte sich mit einer Handarbeit vor das kaiserliche Schlafzimmer und wurde von Franz Joseph über den Fortgang der Geburt laufend informiert. Als die Wehen gegen elf Uhr stärker wurden, wechselte die Erzherzogin ihre Position und ließ sich neben dem Bett ihrer Schwiegertochter nieder.

„Um 12.30 Uhr brach das Fruchtwasser", berichtete Sophie weiter, „und der Kopf des Kindes kam zum Vorschein. Der Kaiser war so gerührt, daß er Freudentränen vergoß. Seit diesem Augenblick wich er nicht mehr vom Bett. Sisi hielt die Hand meines Sohnes und küßte sie einmal mit lebhafter und respektvoller Zärtlichkeit; das war so rührend, daß er zu weinen begann; er küßte sie ohne Unterlaß, tröstete sie, klagte mit ihr und schaute mich bei jeder Wehe an,

Seite aus dem in französischer Sprache geschriebenen Tagebuch der Erzherzogin Sophie um zu sehen, ob ich damit zufrieden war. Als sie mit jedem Mal stärker wurden und die Entbindung begann, sagte ich es ihm, um Sisi und meinem Sohn frischen Mut zu geben. Ich hielt den Kopf des guten Kindes, die Kammerfrau Pilat die Knie, und die Hebamme hielt sie von hinten. Endlich nach einigen guten und langen Wehen kam der Kopf, und gleich danach war das Kind geboren (nach drei Uhr) und schrie wie ein Kind von sechs Wochen. Die junge Mutter sagte mit einem Ausdruck rührender Seligkeit: Oh, jetzt ist alles gut, jetzt ist mir einerlei, was ich gelitten! Der Kaiser brach in Tränen aus, er und Sisi hörten nicht auf, sich zu küssen, und sie umarmten mich mit der lebhaftesten Zärtlichkeit. Sisi schaute ihr Kind mit Entzücken an, und sie und der junge Vater waren voll der Sorge für das Kind, ein großes und starkes Mädchen."

Als der Geburtsakt vorüber war, betrat als erste Sophie Esterházy, die Obersthofmeisterin Elisabeths, den Raum und umarmte den Kaiser, der anschließend die Glückwünsche der im Vorzimmer versammelten Familienmitglieder entgegennahm. Die Spannung der verflossenen Stunden löste sich. Der Kaiser verständigte telegraphisch die Schwiegermutter und die anderen Verwandten, und Sophie zog sich in das Arbeitszimmer ihres Sohnes zurück, um nach den langen Stunden des Wartens etwas zu sich zu nehmen. Das Neugeborene wurde gewaschen, angezogen und zur Mutter gebracht. Als Sisi um sechs Uhr vor Müdigkeit ein wenig einschlief, wurde die Kleine von Madame Welden (die Aja des Mädchens) in ihr Bettchen gelegt. Die Erzherzogin ruhte sich im Ankleidezimmer auf einer Chaiselongue aus, die kaiserliche Familie begab sich zum Tedeum in den Stephansdom, in allen Kirchen wurden Dankgottesdienste abgehalten. Am Abend traf man sich bei der Erzherzogin zum

Tee. Der Kaiser rauchte mit seinem Bruder Max eine Zigarre, und der Tag klang in gelöster, heiterer Zufriedenheit aller Beteiligten aus.

Die Geburt des ersten Kindes der jugendlichen Kaiserin, die im Tagebuch der Schwiegermutter eine so eingehende Schilderung erfuhr, hörte sich in der Öffentlichkeit wesentlich nüchterner und prosaischer an. „So eben 3 Uhr 40 Minuten", berichtete „Die Presse" am 6. März 1855 auf der Titelseite, „verkündete der Donner von 21 (!) Kanonenschüssen das glückliche Ereigniß, dessen Wien und die Monarchie mit den heißesten Wünschen, den aufrichtigsten Gebeten treuer Herzen harrte. Ihre Majestät unsere allergnädigste Kaiserin sind von einer Erzherzogin entbunden worden, und das Befinden sowol der hohen Wöchnerin als der neugebornen Prinzessin ist den Umständen entsprechend vollkommen befriedigend."

Die Tatsache, daß die Mutter der Kaiserin zur Geburt der Enkelin offenbar keine Einladung erhalten hatte, wurde von Hofkreisen mit Erstaunen registriert. Baronin Späth, eine ehemalige Hofdame, bemerkte in einem Brief ein wenig kryptisch: „Die Mutter der Kaiserin verweilte auf ihrem Landsitz, worüber man sehr erstaunt ist. Sie soll keine Einladung erhalten haben. Jedes Ding hat seine Ursache, darüber läßt sich nicht urteilen . . ."

Die kleine Prinzessin erhielt den Vornamen der Großmutter, ohne daß man die Kaiserin auch nur zu Rate gezogen hätte. Und Sophie nahm die Kleine auch gleich für sich in Beschlag. Während Elisabeth im Wochenbett lag und die Öffentlichkeit durch ärztliche Bulletins laufend über ihr Befinden informiert wurde (das letzte wurde am 14. März 1855 ausgegeben), erließ die Erzherzogin an das Pflegepersonal Weisungen zur Ernährung und Betreuung des Säug-

15

lings. Sophie hatte die Kindskammer neben ihren Appartements im zweiten Stock des Leopoldinischen Traktes der Hofburg, oberhalb der Gemächer des Kaiserpaares, eingerichtet. Sie rechtfertigte diese Entscheidung mit der günstigeren Lage dieser Räume. Sie seien sonniger und daher der Gesundheit eines Kindes zuträglicher, argumentierte sie. Das war natürlich nur ein Vorwand. Die Erzherzogin war offenbar der Meinung, ihre Schwiegertochter sei noch zu jung und zu unreif, um ein Kind zu erziehen, richtiger gesagt, dessen Erziehung zu überwachen, und beschloß daher, diese Aufgabe selbst zu übernehmen.

Die junge Kaiserin war zweifellos unerfahren. Sie hatte Schwierigkeiten, sich am Kaiserhof einzuleben und unterwarf sich nur widerwillig den Zwängen der Etikette. In dem Jahr, das zwischen der Hochzeit des Kaiserpaares (April 1854) und der Geburt des ersten Kindes lag, hatte es zwischen Elisabeth und ihrer gestrengen Schwiegermutter deswegen schon mehrmals Auseinandersetzungen gegeben. Sophie wollte Elisabeth zu einer Kaiserin nach ihren Vorstellungen machen. Dieses Vorhaben hätte pädagogisches Augenmaß und behutsame Einfühlsamkeit in das schwierige Naturell der jungen Frau erfordert. Der strengen, unbeugsamen Mutter Franz Josephs mangelte es an beidem. Sie behandelte ihre Schwiegertochter wie ein unmündiges Kind und trieb sie dadurch in eine Oppositionshaltung, in eine Isolation, aus der Elisabeth nicht mehr herausfand beziehungsweise herausfinden wollte.

Daß die Erzherzogin nun das Alleinerziehungsrecht für die kleine Sophie in Anspruch nahm, mußte die mütterlichen Gefühle der Kaiserin zutiefst verletzen. Wenn Elisabeth ihr Kind sehen wollte, mußte sie, um zu ihm zu gelangen, nicht nur die Stufen eines Stockwerkes emporsteigen, sie begegnete in der

Kindskammer immer auch dem Personal, der Schwiegermutter, selbst Fremden, die über Einladung Sophies gekommen waren, um das Baby zu sehen. Sie konnte mit ihrem Kind nie allein sein, es herzen und liebkosen, ein Lächeln mit ihm austauschen, ohne (argwöhnisch) beobachtet zu werden. Elisabeth durfte nicht Mutter sein, sie wurde daran gehindert, in ihre Mutterrolle hineinzuwachsen. Es war demütigend. Wie sollte sie unter diesen Umständen Gefühle entwickeln, lernen, Bindungen zu dem kleinen Wesen auf- und auszubauen, dem sie das Leben geschenkt hatte?

Die junge Kaiserin nahm sich vor, den Kampf um ihr Kind gegen die erfahrenere, übermächtige Schwiegermutter aufzunehmen, und bat ihren Gemahl, sie zu unterstützen. Aber Franz Joseph getraute sich nicht, gegen seine Mutter Stellung zu beziehen. Und so wiederholte sich nach der Geburt einer zweiten Tochter (geboren am 15. Juli 1856), die auf den Namen Gisela getauft wurde, was schon im Jahr zuvor Anlaß zu Streit gegeben und zu mütterlicher Frustration geführt hatte: Auch dieses Kind des Kaiserpaares wurde von der Großmutter in Obhut genommen. Reifer und entschlossener geworden, drängte Elisabeth nun energischer auf eine Änderung der Situation. Die Folge war ein neuerlicher Streit zwischen den beiden Frauen, der mit ganzem Einsatz und allen Mitteln geführt wurde. Die Kaiserin pochte auf ihre Rechte als Mutter, die Erzherzogin drohte, die Hofburg zu verlassen. Diesmal gelang es Sisi, Franz Joseph auf ihre Seite zu ziehen. Nicht mündlich, wozu ihm offensichtlich der Mut fehlte, sondern schriftlich machte er der Mutter seinen Standpunkt klar, der sich mit dem seiner Frau deckte:

„Nach reiflicher Überlegung und nachdem ich die Sache nochmals mit Sisi besprochen", schrieb er ihr am 18. September 1856, „bin ich der festen Überzeugung, daß es am besten ist, wenn die Kinder in die Radetzky-Zimmer kommen, wo sie gut und zweckmäßig untergebracht sein werden. Das Hauptbedenken, wegen der Sonne, erschreckt Sisi und mich nicht, da ja die wenigsten Kinder in der Stadt Sonne haben und doch recht gut gedeihen, und selbst wir den größten Teil unserer Jugend in den ober den Radetzky-Zimmern gelegenen eben so sonnelosen Zimmern zugebracht haben. Sie haben, liebe Mama, einen Grund, der uns diesen Wechsel wünschen macht, gleich erraten. Ich bitte Sie jedoch inständigst, Sisi nachsichtig zu beurteilen, wenn sie vielleicht eine zu eifersüchtige Mutter ist, – sie ist ja doch eine so hingebende Gattin und Mutter! Wenn Sie die Gnade haben, die Sache ruhig zu überlegen, so werden Sie vielleicht unser peinliches Gefühl begreifen, unsere Kinder ganz in Ihrer Wohnung eingeschlossen mit fast gemeinschaftlichem Vorzimmer zu sehen, während die arme Sisi mit ihrem oft so schweren Volumen die Stiege hinaufkeuchen mußte, um dann selten die Kinder allein zu finden, ja auch Fremde bei denselben zu sehen, denen Sie die Gnade hatten die Kinder zu zeigen, was besonders mir auch noch die wenigen Augenblicke verkürzte, die ich Zeit hatte bei den Kindern zuzubringen –, abgesehen davon, daß das Produzieren und dadurch Eitelmachen der Kinder mir ein Greuel ist; worin ich übrigens vielleicht Unrecht habe. Übrigens fällt es Sisi gar nicht ein, Ihnen die Kinder entziehen zu wollen, und sie hat mir eigens aufgetragen, Ihnen zu schreiben, daß dieselben immer ganz zu Ihrer Disposition sein werden, wie es ja auch immer in Schönbrunn und Laxenburg der Fall war."

Die Kinder wechselten das Quartier. Die Kaiserin hatte über ihre Schwiegermutter einen Sieg errungen. Es war ein Pyrrhussieg, wie wir heute wissen.

Die beiden Mädchen entwickelten sich gut. Als das Kaiserpaar im Winter 1856/57 eine längere Reise nach Oberitalien unternahm, bestand die Kaiserin gegen den Widerstand der Erzherzogin darauf, daß Sophie, ihr älteres Töchterchen, mitkam. Sie hatte Angst, die verhaßte Schwiegermutter könnte in den Monaten ihrer Abwesenheit die Kleine wieder ganz unter ihren Einfluß bringen. Es war eine verständliche, wenn auch nicht unproblematische Entscheidung. Die Reise war anstrengend. Konnte man einem noch nicht ganz zwei Jahre alten Kind die damit verbundenen Strapazen zumuten? Die gehegten Befürchtungen stellten sich als unbegründet heraus, die kleine Sophie war frisch, munter und unbekümmert. „Der hiesige Statthalter war ganz entzückt von der kleinen Sophie", schrieb Erzherzog Ludwig der besorgten Großmutter. „Als sie sich vor ihrer Abreise von hier angezogen hatte, stellte sie sich vor ein Portrait der Kaiserin, welches in dem Zimmer hängt, in welchem sie sich befand, und sagte zu dem Bild: ‚Adieu, Mama'... In Laibach überreichte ihr ein weiß gekleidetes Mädchen einen Blumenstrauß, sie küßte dieses Mädchen, das sehr beglückt war von dieser großen Ehre" (Graz, 23. November 1856).

Die Überfahrt nach Venedig machte der Kleinen Spaß. Es ging alles gut, und die kaiserliche Familie kehrte Anfang März 1857 wohlbehalten nach Wien zurück. Elisabeth schloß die kleine Gisela stürmisch in ihre Arme. Aber diese war scheu und verlegen. Sie hatte sich während der Abwesenheit der Mutter ganz an die Großmutter gewöhnt.

Um die Kinder ganz für sich zu haben, beschließt die Kaiserin, beide Töchter auf die nächste Reise, die schon bald in das unruhige Ungarn führt, mitzunehmen. Wieder gibt es häuslichen Streit: Die Schwiegermutter ist strikt dagegen. Der kaiserliche Leibarzt

Dr. Johann Seeburger, ein Vertrauter der Erzherzogin und scharfer Kritiker Elisabeths, befürwortet die Mitnahme der Kinder. „Da die Kinder in Ofen bleiben würden, sei es eine Spazierfahrt", meint er gegenüber Erzherzog Ludwig, der ebenfalls Bedenken geäußert hat (Brief an Sophie vom 28. Mai 1857). Mit dieser ärztlichen Empfehlung im Rücken setzt die Kaiserin ihren Willen durch.

Von Wien geht die Reise per Schiff donauabwärts über Preßburg nach Budapest, wo die kaiserliche Familie am 4. Mai 1857 eintrifft und in der königlichen Burg Quartier bezieht. Die beiden Kinder sind zunächst frisch und munter. Als das Kaiserpaar kurz nach Mitte Mai eine geplante Reise in das Innere des Landes antreten will, erkrankt die zehn Monate alte Gisela an Durchfall und Fieber, erholt sich aber rasch wieder. „Gisela ist Gottlob seit den letzten Anfällen vollkommen wohl", berichtet der Kaiser der Mutter nach Wien, „sieht sehr gut aus, hat frische Augen, ist sehr lebendig und entwickelt sich" (Brief vom 10. Mai 1857). Nun aber erkrankt die zweijährige Sophie. Die Symptome sind die gleichen wie bei der jüngeren Schwester. Die Reise in das Landesinnere wird abermals verschoben. Als im Befinden des Kindes eine nachhaltige Besserung eintritt und Dr. Seeburger eine beruhigende Diagnose stellt, entschließen sich Kaiserin und Kaiser zur Fahrt in die Provinzen. Nach fünf Tagen werden sie vom Arzt in die Hauptstadt zurückgerufen. Im Befinden des Kindes ist eine besorgniserregende Verschlechterung eingetreten. Die kleine Sophie liegt schwach und mit matten Augen im Bett, als die Eltern zurückkehren. Stundenlang bangt die verzweifelte Kaiserin um das Leben ihres Kindes. Aber es gibt keine Rettung mehr. Am 29. Mai stirbt die zweijährige Prinzessin in den Armen der Mutter. „Unsere Kleine ist ein Engel im Himmel", telegraphiert der

Kaiserin Elisabeth mit ihren Kindern Gisela und Rudolf, 1858.
Aquarell von Josef Kriehuber

Kaiser an seine Eltern, „wir sind vernichtet." Völlig gebrochen kehrt das junge Kaiserpaar mit der Leiche des Kindes nach Wien zurück.

Der Tod der kleinen Sophie war eines der großen Schlüsselerlebnisse, wenn nicht *das* Schlüsselerlebnis schlechthin im Leben Elisabeths. Der Schmerz der jungen Kaiserin war unermeßlich. Von bitteren Selbstvorwürfen und Gewissensbissen geplagt, schloß sie sich in ihren Gemächern ein, verweigerte die Nahrung, weinte tage- und wochenlang. Sie erholte sich gesundheitlich nur langsam, das Trauma blieb zurück.

Anfang September 1857 fand der Kaiser Gattin und Tochter Gisela sehr wohl und letztere in ihrer Entwicklung sehr fortgeschritten. „Sie läuft wirklich in

21

Karriere am ganzen Rand ihrer Gehschule herum, allein mit den Zähnen will es nicht vorwärts gehen", schrieb er an die Mutter. Als der Kaiser und die Kaiserin am 3. November spät nachts von Ischl nach Wien zurückkehrten, „ging Sisi noch zu Gisellas Bett, um das Kind schlafen zu sehen." Ludwig Viktor, der jüngste Bruder Franz Josephs (geb. 1842), der trotz des großen Altersunterschiedes viel mit Gisela beisammen war und mit ihr spielte, kam mit dem Kaiserpaar zurück. Er schrieb seiner Mutter in einem Brief vom 2. November 1858: „. . . Ich ging von der Bellaria aus gleich nach Hause, um nicht beim Wiedersehen mit den Kindern zu stören. Nur habe ich durch die Thüren durch die beiden Majestäten vor der Gisella auf den Knien liegen gesehen." Dieser eine Satz spricht Bände. Um der Kleinen nahe zu sein und den traurigen Erinnerungen zu entgehen, die das Kaiserpaar in den alten Appartements umgaben, übersiedelten Franz Joseph und seine Gemahlin in andere Gemächer, von wo aus Sisi, ohne irgendein Vorzimmer zu benützen, zu ihrer Tochter gelangen konnte. Es stimmt also nicht, was in einigen Elisabeth-Biographien zu lesen ist: daß sich die Kaiserin nach dem Tod der kleinen Sophie nicht mehr um Gisela gekümmert hätte. Sisi hat ihre Kinder geliebt. Den Kampf um deren Erziehung mit der Schwiegermutter hatte sie allerdings aufgegeben.

Inzwischen hatte die Kaiserin am 21. August 1858 in Laxenburg einem Knaben das Leben geschenkt. Es war eine schwere Geburt, und auch diesmal hielt Erzherzogin Sophie das Ereignis in ihrem Tagebuch fest. Die Eintragung ist allerdings wesentlich kürzer als beim ersten Kind.

Sogleich nach der telegraphischen Benachrichtigung von der bevorstehenden Geburt eilte die Erzherzogin nach Laxenburg, wo die Kaiserin bereits in den

Wehen lag. Sophie begab sich sofort mit Fritzi Auersperg und Baronin Welden in Sisis Schlafzimmer und wartete dort stundenlang auf die Ankunft des Kindes. Endlich, um 10.15 Uhr abends, brachte die Kaiserin einen kräftigen Knaben zur Welt. Mutter und Vater umarmten einander, die Obersthofmeisterin beeilte sich, die freudige Nachricht den geduldig Wartenden mitzuteilen, und dann sandte der Kaiser telegraphische Depeschen in alle Welt hinaus. Franz Joseph und Sophie blieben bis halb zwei Uhr morgens bei Elisabeth. Am nächsten Tag fuhr der Kaiser nach Schönbrunn, um seinen Regierungsgeschäften nachzugehen, während die Schwiegermutter nach der Morgentoilette und dem Frühstück die Wöchnerin aufsuchte, die zwar nicht viel geschlafen hatte, sich aber recht wohl befand.

Die Geburt des Thronfolgers, der nach dem Ahnherrn des Hauses Habsburg auf den Namen Rudolf getauft wurde, war natürlich ein Ereignis von besonderer Tragweite. Die Freude des Kaisers und, wie man annehmen darf, auch seiner ehrgeizigen Mutter war riesig. Franz Joseph legte Rudolf den Orden des Goldenen Vlieses in die Wiege und ernannte ihn zum Oberst der k. k. Armee. Mit diesen beiden Entscheidungen demonstrierte der Kaiser abermals seine Vorliebe für das Militär und wies den Weg für die Ausbildung des noch in den Windeln liegenden Sohnes.

Die Rekonvaleszenz der Kaiserin beanspruchte Zeit. Sisi litt an Milchandrang und Fieber, von dem sie noch Wochen nach der Geburt immer wieder heimgesucht wurde. Es ist verständlich, daß sie sich unter diesen Umständen um ihren Sohn wenig kümmern konnte. Aber Rudolf war ohnehin bei der Großmutter, die die volle Verantwortung für seine Pflege und Betreuung übernommen hatte, gut aufgehoben. Der Säugling entwickelte sich, soweit wir das aus den spärlichen schriftlichen Aufzeichnungen, die uns vorliegen, folgern können, zufriedenstellend. „Der Kleine schläft in der Nacht sehr gut", berichtete der Kaiser seiner Mutter, „ist aber fast den ganzen Tag wach und schreit mit der kräftigsten Stimme sehr viel, hat auch einen enormen Appetit. Er ist nicht schön, aber magnifik gebaut und sehr stark, wovon ich mich gestern bei seinem Bade überzeugen konnte."

Erzherzog Ludwig Viktor, der, wenn er in der Hofburg weilte, die Kaiserkinder fast täglich besuchte, kommt in seinen Briefen an die Mutter häufig auf sie zu sprechen. „Gisella war gerade wach geworden", schrieb er ihr am 30. Oktober 1858, „und zu herzig, blühend und gesund, auch etwas gewachsen, Rudolf lachte außerordentlich freundlich." Im April 1860 fand er sie „herzig und toll vor Lustbarkeit", und ein halbes Jahr später berichtete er der Mama: „Hierauf speisten wir, und hernach kamen die lieben, lieben Kinder, die eine so maßlose Freude über mich hatten, daß ich vor Rührung hätte weinen mögen. Sie rauften um das Glück, mich umschlungen zu halten, und schrien in einem fort Onkl Ludwig, Onkl Ludwig" (21. Oktober 1860).

Auch der Kaiser beobachtete Rudolfs Entwicklung mit großer Aufmerksamkeit. „Der Kleine steht schon mit großer Entschiedenheit ganz ohne Stütze auf", teilte er am 1. September 1859 der Mama mit, „bleibt dann einige Zeit stehen und fällt dann immer um, woraus er sich aber gar nichts macht."

Die Gesundheit des kleinen Kronprinzen ließ in den ersten beiden Lebensjahren kaum etwas zu wünschen übrig. Aus dem Rezeptbuch der Alten Hofapotheke und der k. k. Hofapotheke in Laxenburg geht hervor, daß der Kinderarzt ausschließlich Mittel gegen banale Befindlichkeitsstörungen verordnete, wie sie bei kleinen Kindern üblich sind: gegen Verdauungsstörungen, Durchfall, Brechreiz, Appetitmangel und Zahnungsentzündung. Auf eine ernsthafte Erkrankung kann aus diesen Aufzeichnungen nicht geschlossen werden, wie mir von ärztlicher Seite versichert wurde.

Um die Gesundheit der Kaiserin war es hingegen weniger gut bestellt. Als sich Franz Joseph im Mai 1859 nach dem Ausbruch des Krieges mit Piemont-Sardinien und dem Frankreich Napoleons III. auf den Kriegsschauplatz begab, gab es einen herzzerreißenden Abschied. Elisabeth war völlig fassungslos, aß wenig, hörte nicht auf zu weinen, ängstigte sich um den Gemahl. Ihre Verzweiflung schlug schließlich in regelrechte Hysterie um. Sie machte täglich stundenlange Ausritte, blieb den von Sophie veranstalteten Familiendiners fern und begann zu rauchen. Der Kaiser, der bei Gott andere Sorgen hatte, ermahnte sie, von der Mutter darüber unterrichtet, mit ungewohnter Heftigkeit zur Vernunft: „Ganz desperat macht mich die entsetzliche Lebensweise, die Du Dir angewöhnt hast und die Deine theure Gesundheit ganz zerstören muß", schrieb er der Gattin. „Ich beschwöre Dich, gebe dieses Leben gleich auf und schlafe bei der Nacht, die ja von der Natur zum Schlafen und nicht zum Lesen und Schreiben bestimmt ist."

Es half nichts. Elisabeth führte ihr extravagantes Leben weiter. Sie setzte ihre Ausritte fort, unterzog sich ermüdenden Gymnastikübungen und brachte auf langen, im Eiltempo unternommenen Spaziergängen ihre Hofdamen zur Verzweiflung. Auch das Verhältnis zur Schwiegermutter besserte sich nicht. Die beiden Frauen trennte eine tiefe menschliche und weltanschauliche Kluft. Franz Joseph, der im Kreuzfeuer des Meinungsstreites zwischen Gemahlin und Mutter stand, reagierte diesmal ungewohnt: Er suchte und fand bei einer anderen Frau Trost. Die Untreue ihres

Mannes brachte die junge Kaiserin vollends aus der Fassung. Ganz gegen ihre sonstige Gewohnheit entfaltete sie gesellschaftliche Aktivitäten und veranstaltete in ihren Appartements Bälle, die als Provokation des Hofes gedacht waren und auch als solche empfunden wurden. Ihre Liebe zum kaiserlichen Gemahl begann zu erkalten. Die Ehekrise in der Hofburg steuerte einem Höhepunkt zu.

Im Juli 1860 verließ Elisabeth nach schweren Differenzen mit Franz Joseph mit der kleinen Gisela zum erstenmal fluchtartig die kaiserliche Residenzstadt und fuhr zu ihren Eltern nach Possenhofen. Es war gewissermaßen die Generalprobe für ihre spätere hektische Reisetätigkeit. Fernab vom Getriebe des Kaiserhofes, das sie mehr und mehr verabscheute, genoß sie das abgeschiedene, ruhige Leben in der vertrauten Umgebung ihrer Kinder- und Jugendtage. Mit der Rückreise ließ sie sich Zeit. Erst als es gar nicht mehr anders ging, kehrte sie am 18. August, zum Geburtstag Franz Josephs, wieder zurück.

Das Familienleben erfuhr keine wesentliche Veränderung. Beinahe täglich kam es der Kinder wegen zu Zusammenstößen mit der Schwiegermutter. Der Gesundheitszustand der Kaiserin verschlechterte sich. Sisi litt unter Hustenanfällen, Blutarmut und Depressionen, sie hatte Weinkrämpfe, ihre Nerven waren schwer angegriffen. Ihre schlechte körperliche Verfassung war wohl psychisch bedingt und wurde durch ihre ungesunde Lebensweise verschlimmert. Ende Oktober 1860 war ihr Zustand so besorgniserregend, daß Dr. Josef Skoda, der sie behandelnde Lungenfacharzt, von akuter Lebensgefahr sprach und dringend einen Klimawechsel empfahl.

Die ärztlichen Befürchtungen waren ohne Zweifel übertrieben. Der Arzt schlug die Insel Madeira im Atlantik als winterlichen Aufenthalt vor, obwohl es in der Monarchie genug geeignete Kurorte gegeben hätte. Elisabeth wollte jedoch möglichst weit weg von der Hofgesellschaft ein paar Monate ausspannen und alle lästigen Verpflichtungen hinter sich lassen. Für Elisabeths aufsehenerregenden Entschluß, auf einer fernen Insel Genesung zu finden, wurde offiziell eine schwere Krankheit vorgeschützt: Lungenschwindsucht.

Die Kunde von der schweren Erkrankung der österreichischen Kaiserin löste auf der ganzen Welt Mitgefühl aus. Königin Viktoria von England stellte für die Seereise ihre Privatjacht zur Verfügung. Erzherzogin Sophie, die mit keinem Wort auf die Krankheit der Kaiserin Bezug nimmt, notiert in ihrem Tagebuch: „Sie wird von ihrem Mann fünf Monate lang getrennt sein und von ihren Kindern, auf die sie einen so glücklichen Einfluß hat und die sie wirklich gut erzieht" (31. Oktober 1860). Dieses Lob aus Sophies Mund hört sich höchst seltsam an und steht in krassem Gegensatz zur herkömmlichen Meinung, Sisi habe ihre Kinder vernachlässigt.

In Madeira bewohnte Elisabeth mit ihrer Begleitung (Arzt, Geistlicher, Obersthofmeisterin, Hofdamen, Lakaien, Köche) eine Villa am Meer, die der kaiserliche Quartiermacher und Privatsekretär Ihrer Majestät, Regierungsrat Leopold Bayer, von einem Engländer gemietet hatte. Die Reise samt Aufenthalt kostete etwas mehr als 42.000 Gulden. Die Kaiserin vertrieb sich die Zeit mit Kartenspielen, las viel, beschäftigte sich mit ihren Tieren und nahm Lektionen in Ungarisch. Die Langeweile war dennoch bedrückend, das tägliche Einerlei zerrte an den Nerven. Man lebte frugal. Gefrorenes werde nur an Donnerstagen und Samstagen serviert, berichtete Graf Nobili dem Kaiser, und fügte hinzu: „Das Klima muß uns hier für

27

alles entschädigen, Gottlob schlägt es der Kaiserin gut an" (21. Dezember 1860).

Je länger der Aufenthalt dauerte, desto mehr sehnte sich Elisabeth nach ihren Kindern, denen sie von der fernen Insel durch kaiserliche Kuriere zärtliche Briefe überbringen ließ. „Mein lieber Rudolf", schrieb sie ihrem zweijährigen Sohn, „ich habe gehört, Du warst ganz bös, daß ich Dir nicht auch geschrieben habe. Ich habe gedacht, Du wärest zu klein, um das zu verstehen, aber Du bist ja jetzt auch schon ganz vernünftig, ich werde Dir recht viele und schöne Spielsachen mitbringen. Erinnerst Du Dich noch ein wenig an mich? Es küßt Dich innigst und von ganzem Herzen, mein liebes, liebes Bubi, Deine Mama" (undatiertes Schreiben). Und der vierjährigen Gisela schrieb sie: „Du weißt schon, was ich Dir für schöne, kleine Vögel mitbringen werde, in einem hübschen Vogelhaus, und dann werde ich Dir Musik machen und Dir auch eine ganz kleine Guitarre zum Spielen bringen."

Diese beiden Schreiben zeigen Elisabeth von ihrer liebenswertesten Seite: als verständnisvolle, einfühlsame Mutter. Die Sehnsucht der Kaiserin nach den Kindern war groß. Andererseits dachte sie mit Schaudern an das Wiedersehen mit der verhaßten Schwiegermutter. Aber natürlich konnte und wollte sie nicht ewig auf der verträumten Atlantikinsel bleiben.

Es war eine verwandelte Kaiserin, die nach Wien zurückkehrte. Zur vollen Schönheit aufgeblüht, war ihr schon auf Madeira nicht nur das Herz eines ihrer „Ehrenkavaliere", des Grafen Imre Hunyadi, zugeflogen. Elisabeth, die sich nun ihrer persönlichen Ausstrahlung und ihrer hohen Stellung bewußt geworden war, verströmte Selbstsicherheit, sie hatte zu sich selbst gefunden. Es dauerte freilich nicht lange, bis sich wieder die alten Leiden einstellten. Schon nach dem ersten „Cercle" mit der Hocharistokratie begann sie wieder zu husten und zu fiebern, verweigerte die Nahrung und suchte die Einsamkeit. Der (psychische) Zustand der Kaiserin war besorgniserregend. Dr. Skoda verordnete eine Kur auf Korfu. Wieder verließ Elisabeth Wien, von ihrem Gemahl bis nach Miramar bei Triest begleitet. In Korfu wurde die extravagante österreichische Kaiserin von der Bevölkerung freundlich begrüßt, und der begleitende Arzt, Dr. Albin Kumar, Sekundararzt am Wiener Allgemeinen Krankenhaus, stellte einen raschen Genesungsfortschritt fest. Wie in Madeira war aber auch auf der griechischen Insel das Leben fade und eintönig. Elisabeth wanderte viel, segelte, schwamm, saß am Strand und träumte vor sich hin. Als sie keine Anstalten machte, nach Hause zurückzukehren, wurde der Kaiser ungeduldig und fuhr persönlich nach Korfu, um Sisi nach Wien zurückzuholen. Er hatte die Reise umsonst unternommen, die Kaiserin setzte mit ungewohnter Energie einen Aufenthalt in Venedig durch, wo sie Ende Oktober 1861 eintraf.

Unterdessen weilten die Kaiserkinder mit ihrem Pflege- und Aufsichtspersonal in Reichenau an der Rax, wo sie in den Jahren 1859 bis 1865 den Sommer verbrachten, während sich Erzherzogin Sophie und ihr Gemahl in Ischl aufhielten. Der kleine Kronprinz feierte in Reichenau seinen dritten Geburtstag. Das ganze Dorf war, einem Bericht Erzherzog Albrechts zufolge, mit Blumen und Fahnen geschmückt, vor dem Eingang zur Kirche stand ein Triumphbogen mit den Anfangsbuchstaben des Kaisers, der für einige Stunden seine Amtsgeschäfte unterbrach, um ein wenig mitfeiern zu können, und Rudolfs, der an diesem Tag besonders lustig und herzig war. Als es in Reichenau zu kühl wurde, übersiedelten die Kinder für ein paar Wochen nach Laxenburg, um am 3. November 1861 mit einem Separatzug nach Venedig zu reisen, wo sie zwei Tage später, nach Zwischenaufenthalten in Graz und Görz, um die Mittagszeit ankamen. Elisabeth wollte sie den Winter über bei sich haben. Der Kaiser und Sophie hatten ihrem Wunsch nachgegeben, letztere nach erheblichem Widerstand. Das Hauptargument der Erzherzogin gegen einen Aufenthalt der Kinder in der Lagunenstadt war die schlechte Qualität des venezianischen Trinkwassers. Der Kaiser beschloß daraufhin, täglich frisches Quellwasser von Schönbrunn nach Venedig schicken zu lassen.

Gisela und Rudolf wurden von ihrem Arzt, Dr. Franz Mayr, der den Aufenthalt wärmstens befürwortet hatte und auch die ärztliche Betreuung der Kaiserin übernahm, von ihrer Aja, Baronin Charlotte Welden, der Kammerfrau Leopoldine Nischer, den Kindermädchen Anna von Csaby und Maria Legrenzi, einer französischen Sprachlehrerin namens Giraud, Hofkaplan Haspel und einer Reihe von Bediensteten begleitet, unter denen sich auch Rudolfs geliebter Leiblakai Martin Possega befand.

Mit welchen Gefühlen mögen die fünfjährige Erzherzogin und der dreijährige Kronprinz die Reise in die ferne Stadt am Meer angetreten haben, und wie sind sie der Mutter begegnet, die sie im vorangegangenen Jahr nur für ein paar flüchtige Tage gesehen hatten? Wir wissen es nicht. Die Berichte darüber sind verlorengegangen oder nicht auffindbar. Ein ungestümes, herzerfrischendes Wiedersehen wird es von seiten der Kinder wohl nicht gewesen sein.

Die Kaiserin hatte in der Lagunenstadt zunächst Mühe, Gisela und Rudolf ein wenig enger an sich zu binden. Von Wien aus versuchte die Schwiegermutter über ihre Vertraute, Obersthofmeisterin Gräfin Esterházy, die nach Venedig mitgekommen war, auf die Erziehung der Kinder weiter Einfluß zu nehmen.

Sie erteilte der Gräfin diesbezügliche Weisungen und erhielt im Gegenzug regelmäßig Berichte über Elisabeth und die Kinder. Die Kaiserin widersetzte sich dieser pädagogischen Fernsteuerung auf das entschiedenste und setzte es schließlich durch, daß Gräfin Esterházy, die sie ohnedies nicht ausstehen konnte, als Obersthofmeisterin durch ihre Hofdame Paula Bellegarde ersetzt wurde. Nun konnte sie wieder freier atmen. Für ihre seelische Verfassung war dieser neuerliche Sieg über ihre alte Rivalin offenbar nicht von entscheidender, dauerhafter Wirkung. Jedenfalls war ihre Stimmung erheblichen Schwankungen unterworfen. Erzherzog Ludwig Viktor, der sie im Jänner 1862 besuchte, traf sie gesund aussehend, heiter und gelöst an. „Die Kaiserin empfing mich so lieb, freundlich und herzlich, daß ich es nicht beschreiben und nur mit Rührung sagen kann", schrieb er der Mutter. „Ich war über eine Stunde bei ihr. Sie sieht, obwohl mägerer, aber viel gesünder aus. Ist sehr heiter und freut sich, was so wohlthuend zu sehen ist, Gottlob so sehr am Leben." Und über Rudolf und Gisela berichtete er: „Von ihr aus kam ich zu den Kindern, die mich mit einem maßlosen Jubel empfingen, *sehr gut* aussehen und gewachsen sind. Sie nannten mich nicht anders als lieber Engel. Als die Kaiserin wollte, daß ich etwas essen ginge, war des Abschieds kein Ende . . ." (4. Jänner).

Maria Ludovica, die herzogliche Mutter aus Bayern, fand Sisi einige Monate später oft traurig und deprimiert, mitunter aber auch wieder recht heiter und vor allem am Abend ungeheuer liebenswürdig und recht munter.

Der Gesundheitszustand der Kaiserin ließ weiterhin viel zu wünschen übrig. Davon konnte sich auch Franz Joseph überzeugen, der sie ein paarmal besuchte. Sisis Füße waren zeitweilig so geschwollen, daß sie nicht auftreten und nur mit fremder Hilfe gehen konnte. Die Zeit, in der sie an das Haus gefesselt war und keine Besucher empfing, vertrieb sie sich mit einem neuen Hobby: Sie sammelte Photos von Familienangehörigen, Diplomaten, Schauspielern, Clowns und schönen Frauen.

Den Kindern scheint es in Venedig sehr gut gegangen zu sein. Von kleinen Unpäßlichkeiten abgesehen, erfreuten sie sich bester Gesundheit. Sie waren viel in der frischen Luft, machten Gondelfahrten und kleine Ausflüge, sammelten am Lido Muscheln, nahmen an verschiedenen Veranstaltungen teil und schrieben unter der Anleitung ihrer Aja Briefe an den Papa, der in Wien wie immer pflichtgetreu seinen Amtsgeschäften nachging. Franz Joseph, der ein besorgter Vater und eifriger Briefeschreiber war, erledigte die Korrespondenz mit den Kindern so prompt wie den amtlichen Schriftverkehr und nahm dabei die Gelegenheit wahr, aus der Ferne erzieherischen Einfluß zu nehmen. So lobte er den Kronprinzen für das schöne Ungarisch, das er anläßlich eines Besuches der Offiziere seines Regimentes sprach, hielt aber auch mit Tadel und Kritik nicht zurück. „Ihr habt ja die Soldaten von Deinem Regiment tanzen gesehen", schrieb er ihm, „das muß sehr hübsch gewesen sein, nur höre ich, daß Du Dich gefürchtet hast, was eine Schande ist" (28. Februar 1862). Und ein andermal hob er abermals den pädagogischen Zeigefinger: „Gisella schrieb mir, daß Du schlimm warst, das thut mir sehr leid und wird hoffentlich nicht mehr geschehen", rügte er den noch nicht ganz Vierjährigen (15. April 1862).

Diese wenigen Sätze sind kennzeichnend für das pädagogische Konzept des Kaisers, das sich mit jenen Grundsätzen deckte, nach denen er selbst erzogen worden war. Es war vorwiegend von militärischem Drill, soldatischem Ordnungsdenken und körperlicher Ertüchtigung bestimmt. Gefühlsregungen hatten in ihm keinen Platz. Franz Joseph, selber eine unelastische, kantige Soldatennatur, vermied, zumal in der Öffentlichkeit, jedwede Gefühlsäußerung. Nach diesem Paradigma versuchte er auch seinen Sohn zu erziehen. Im Wertsystem des Soldaten haben „Feigheit" und Angst keinen Stellenwert; dementsprechend durfte ein für den Soldatenberuf ausersehener Knabe keine Angstgefühle äußern. Der von solchen pädagogischen Vorstellungen geprägte Kaiser nahm nicht zur Kenntnis, daß sein Sohn von seiner physischen Konstitution her für den Soldatenberuf weder geschaffen noch geeignet war. Franz Joseph wollte aus seinem „Krepierl" einen Helden machen. Der psychologische Druck, den er mit dieser Erziehungsmaxime auslöste, muß als ein schwerer, schädigender Eingriff in das von der Natur vorgegebene charakterliche Ausstattungsprofil des Kronprinzen gewertet werden.

Im Mai 1862 brach die unstete Kaiserin ihre Zelte in Venedig ab und fuhr nach einem kurzen Aufenthalt in Reichenau an der Rax – ohne in Wien Station zu machen – nach Bad Kissingen im bayerischen Regierungsbezirk Unterfranken weiter, wo sie auf Anraten ihres Arztes eine Kur absolvierte.

Für den Kronprinzen, der mit der Schwester in Wien blieb und wieder von der besitzergreifenden Großmutter in Obhut genommen wurde, waren die völlig ungetrübten, sorglosen Kindertage vorbei. Er erhielt nun regelmäßigen Unterricht in Religion, Rechnen und Schreiben und mußte Ungarisch und Tschechisch lernen. Zu seinem Lehrer wurde der 1822 in Böhmen geborene Heinrich Spindler bestellt. Spindler wurde dem Hofstaat Rudolfs zugeteilt, heiratete eine ungarische Kammerfrau der Kaiserin, wurde später in den Ritterstand erhoben und Leiter des kronprinzlichen Sekretariates. Der getreue Parteigänger des Kronprinzen schied nach der Tragödie von Mayerling mit Allerhöchstem Handschreiben im Generalsrang aus dem Dienst im Kaiserhaus und der k. u. k. Armee aus.

Die Kaiserin hielt sich nach der erfolgreichen Kur in Bad Kissingen ein paar Wochen im heimatlichen Possenhofen auf und kehrte dann, wenige Tage vor dem Geburtstag des Kaisers, überraschend nach Wien zurück, wo sie von der Bevölkerung mit großer Herzlichkeit empfangen wurde. Franz Joseph war selig. „Wie glücklich ich bin, Sisi bei mir zu haben und dadurch endlich nach langem Entbehren ein ‚zu Hause‘ zu besitzen, brauche ich nicht erst zu sagen", schrieb er der Mutter nach Ischl. So traut das klingt, von einer Familienidylle konnte keine Rede sein. Die Kinder waren in Reichenau auf Sommerfrische, der Kaiser ging seinen Amtsgeschäften nach und machte mehrtägige Jagdausflüge, und auch die Kaiserin nahm, kaum daß sie gesundet war, bald wieder ihr altes Leben auf. Sie beehrte nun zwar die wichtigsten Veranstaltungen mit ihrer Anwesenheit (Hofball, Fronleichnamsprozession), gab aber deutlich zu verstehen, wie wenig Freude ihr das machte. Sie nahm den Reitsport wieder auf, wanderte viel und begann in zunehmendem Maße ihre Individualität zu kultivieren. Die Beschäftigung mit ihrem Körper nahm kultische Formen an. Die tägliche Pflege ihres kastanienbraunen, fersenlangen Haares dauerte zwei bis drei Stunden, die Haarwäsche, die alle drei Wochen mit allen Anzeichen einer zeremoniellen Handlung vonstatten ging, einen ganzen Tag. Aus panischer Angst, auch nur ein Dekagramm zuzunehmen – Sisi wog bei einer Körpergröße von 1,72 Meter rund fünfzig Kilogramm –, unterzog sie sich Hungerkuren, unternahm schnelle Gewaltmärsche, nahm kalte Bäder und Massagen und trieb stundenlang Gymnastik am Barren, an den Ringen, mit Hanteln und Gewichten. Sie lebte nur der Schönheit. Um jung und schön zu bleiben, legte sie nächtliche Gesichtsmasken aus rohem Kalbfleisch auf; Olivenölbäder dienten der Erhaltung ihrer geschmeidigen Haut. Um ihre Schlankheit zu bewahren, schlief sie oft mit kalten Tüchern oberhalb der Hüften und trank eine gräßliche Mixtur von fünf oder sechs Eiweiß mit Salz, berichtet ihre Nichte Marie Larisch. Schönheitsfehler, wie etwa ihre schlechten Zähne, bemühte sie sich krampfhaft zu verbergen, indem sie nur mit halb geöffnetem Mund sprach, was nicht selten zu Verständigungsschwierigkeiten mit ihren Gesprächspartnern führte. Ihr Körperkult und ihre wachsende Ichbesessenheit gingen Hand in Hand mit der Vernachlässigung ihrer Kinder. Hatte Elisabeth als junge Mutter immer wieder den Wunsch geäußert, ihre Kinder bei und um sich zu haben, so begnügte sie sich jetzt mit immer selteneren, loseren und oberflächlicheren Kontakten. Die Kaiserin war so sehr mit sich selbst beschäftigt, daß sie für ihre Kinder kaum noch Zeit erübrigte und sich ihnen zunehmend entfremdete.

Der kleine Kronprinz entwickelte inzwischen einen für Kinder seines Alters überdurchschnittlichen Wissens- und Lerneifer, der sogar dem Vater Lob abnötigte. „Die Kinder studieren sehr fleißig", berichtete er der Mutter, „besonders Rudolf hat große Freude am Lernen, auch ist er für sein Alter schon sehr gebildet" (20. Oktober 1863). Um diese Zeit, also im Alter von fünf Jahren, erhielt der Kronprinz nun neben dem Religions- und Sprachunterricht auch Lektionen in Geographie. Mit den soldatischen Eigenschaften seines Sohnes war der Kaiser weniger zufrieden. Rudolf war außerordentlich intelligent, geistig frühreif und hatte eine rege Phantasie, aber er war körperlich schwach, ängstlich und äußerst liebesbedürftig.

Im Herbst 1864 kam es im Erziehungsbereich zu einer schwerwiegenden Veränderung: die von Frauen dominierte Kindskammer wurde aufgelöst. An ihre Stelle trat ein rein männlicher Hofstaat mit einem Obersthofmeister an der Spitze. Der kleine, sensible Rudolf mußte sich von seiner geliebten Aja, Baronin Welden, seiner Kinderfrau Leopoldine Nischer, die er zärtlich „Nono" nannte, vor allem aber auch von seiner Schwester Gisela trennen, mit der ihn eine innige Liebe verband. Es war ein tiefer Einschnitt in seinem Leben, eine regelrechte Zäsur. Der Kaiser schrieb an die Mutter: „Heute treten die großen Veränderungen bei den Kindern ein. Um ½1 Uhr reist die Welden ab und Rudolf hält dann sogleich seinen Einzug bei den Herren. Er ist bis jetzt sehr standhaft. Gisela weint schon etwas und wird wohl beim Abschied noch weicher werden" (1. November 1864).

Der neue Obersthofmeister und Erzieher des Kronprinzen, den Franz Joseph ausgewählt hatte, Generalmajor Leopold Graf Gondrecourt, ein Günstling Sophies, war ein Kommißknopf reinsten Wassers, ein harter, unbarmherziger Haudegen, der von Kindererziehung nichts, aber auch schon gar nichts verstand. Er führte den Auftrag des Kaisers, aus dem Kronprinzen einen strammen Soldaten zu machen, mit geradezu sadistischer Erbarmungslosigkeit durch. Der hartherzige, gefühlskalte Mann ließ den verängstigten Knaben bei jedem Wetter stundenlang exerzieren, versuchte ihn mittels Kaltwasserkuren abzuhärten und riß ihn durch Pistolenschüsse aus dem Schlaf. Der Kronprinz war diesem militärischen Drill nicht gewachsen. Rudolfs physischer und psychischer Gesundheitszustand verschlechterte, seine Neigung zur Kränklichkeit verstärkte sich. Im Februar 1865 mußte

Rudolf (wieder einmal) das Bett hüten. „Mein lieber Rudolf", schrieb ihm die Mutter aus Dresden, als sie davon erfuhr, „ich war sehr traurig Gestern Abend, als ich hörte, Du seiest krank, doch Gottlob geht es Dir schon besser, wie mir der gute Papa telegraphierte. Für Deinen schönen Brief danke ich Dir sehr. Recht froh werde ich sein, wenn ich wieder bei Euch bin, hier gefällt es mir gar nicht; gestern bin ich

Kaiserin Elisabeth in den sechziger Jahren

den ganzen Tag zu Hause geblieben, weil ich unwohl war. Da habe ich mich recht nach meinem Engel gesehnt" (14. Februar 1865).

Der Sohn des Kaisers wurde von seinem Zuchtmeister weiter geschunden, ohne daß Franz Joseph und Sophie daran Anstoß nahmen. Elisabeth intervenierte beim kaiserlichen Gemahl, stieß jedoch auf taube Ohren. Als alle ihre Bitten nichts fruchteten, entschloß sie sich zu einem ungewöhnlichen, drastischen Schritt. In einem Schreiben an den Kaiser verlangte sie ultimativ die Erziehungsvollmacht über ihre Kin-

37

der: „Ich wünsche", schrieb sie dezidiert, „daß mir vorbehalten bleibe unumschränkte Vollmacht in allem, was die Kinder betrifft, die Wahl ihrer Umgebung, den Ort ihres Aufenthaltes, die complette Leitung ihrer Erziehung, mit einem Wort, alles bleibt mir ganz allein zu bestimmen, bis zum Moment der Volljährigkeit." Im selben Atemzug verschaffte sie sich auch gleich Spielraum für ihre ureigensten, persönlichen Entscheidungen. „Ferner wünsche ich", fuhr sie fort, „daß was immer meine persönlichen Angelegenheiten betrifft, wie unter anderem die Wahl meiner Umgebung, den Ort meines Aufenthaltes, alle Anordnungen im Haus p. p. mir allein zu bestimmen vorbehalten bleibt.

Elisabeth. Ischl, 27. August 1865."

Franz Joseph gab nach. Gondrecourt mußte gehen, die Erziehung des Kronprinzen wurde in andere Hände gelegt. Der Einfluß der Erzherzogin Sophie war endgültig gebrochen.

Für den kleinen Rudolf kam die Entscheidung höchstwahrscheinlich bereits zu spät. Seine kindliche Seele hatte durch Gondrecourts pädagogische Roßkuren irreparable Schäden davongetragen. Der nichtsahnende Kaiser ließ es an Appellen zu mannhaftem Verhalten weiterhin nicht fehlen. „Ich hoffe", schrieb er dem Sohn zu seinem achten Geburtstag, „Du wirst der lieben Mama und mir immer Freude machen, recht muthig, männlich und fleißig sein."

Zum neuen Erzieher Rudolfs erkor die Kaiserin Oberst Graf Joseph Latour, einen liberal gesinnten Mann, der wohl auch kein ausgebildeter Pädagoge war, aber erzieherisches Fingerspitzengefühl besaß und der komplexen Persönlichkeit des Kronprinzen viel Verständnis entgegenbrachte. Die geistige Ausbildung erhielt nun den Vorzug vor der körperlichen, Kadavergehorsam und Drill wurden durch Einsicht und Zuneigung ersetzt. Auf Wunsch der Kaiserin erhielt der Kronprinz vorwiegend bürgerliche, liberal gesinnte Lehrer, die sein Weltbild entscheidend geprägt haben. Das Unterrichtspensum, das er zu bewältigen hatte, war freilich ungeheuer umfassend. Rudolf wurde mit Wissen aus allen wissenschaftlichen Bereichen förmlich vollgepumpt. Zum Spielen mit Gleichaltrigen blieb ihm kaum noch Zeit. Die Kaiserin hielt über die betont antihöfische Erziehung ihres Sohnes zwar ihre schützende Hand, kümmerte sich aber um Detailfragen überhaupt nicht und nahm auch auf die Koordination des Unterrichtes keinen Einfluß. Die intellektuelle und charakterliche Entwicklung des Kronprinzen interessierte sie nur wenig. Und auch der Kaiser ließ es im wesentlichen bei der Lektüre des ihm jährlich vorgelegten Erziehungsberichtes bewenden. Diese liberale Erziehung war es, die den Kronprinzen später in einen heftigen Gegensatz zum Hof, zu seinem Vater und zu dem von ihm verkörperten Herrschaftssystem bringen sollte und ihn in schwere seelische Konflikte stürzte.

Geistig machte Rudolf beachtliche Fortschritte. Er faßte leicht auf und bekundete früh ein waches Interesse für alle Vorgänge und Entwicklungen, die sich im Staat abspielten. So nahm er leidenschaftlichen Anteil an den militärischen Ereignissen des Jahres 1866, das durch die Niederlage bei Königgrätz zum Schicksalsjahr der Monarchie wurde. Die Kaiserin, die in diesen schweren Tagen und Wochen ihre persönlichen Probleme und Extravaganzen hintansetzte und sich endlich auf ihre Pflichten als Landesmutter besann, hielt ihren Sohn über die sich rasch verändernde Situation ständig auf dem laufenden. Nie mehr wieder waren Mutter und Sohn einander geistig und menschlich so verbunden wie zu dieser Zeit. Elisabeth besuchte in Ungarn Lazarette und Spitäler, sprach den verwundeten Soldaten Trost zu und ging ganz in ihrer karitativen Tätigkeit auf. Ihr persönlicher Einsatz für Kaiser und Vaterland löste in der Öffentlichkeit Erstaunen und beim Sohn Bewunderung aus. Der achtjährige Rudolf bestürmte die Mama mit Fragen. „Es wird die armen Soldaten sehr freuen, daß Du in die Spitäler gehst", schrieb er ihr. „Hat sich der Soldat den Arm abschneiden lassen, dem Du so oft zugeredet hast? Wie viele Spitäler sind in Ofen? Sind viele Verwundete dort? Sind Nonnen in den Spitälern? Sind noch Truppen in Ofen?" Von allen Seiten kamen Nachrichten und Informationen, die der Knabe gierig in sich aufnahm. Als die Preußen schließlich Wien bedrohten, wurden die Kaiserkinder von der Mutter nach Budapest gebracht. „Der Abschied war herzzerreißend", wie Ludwig Viktor seiner Mutter berichtete (14. Juli 1866).

Der Krieg wurde durch den Friedensschluß zu Prag beendet. Die Friedensbedingungen und die damit verbundenen Folgen durchschaute der kleine Kronprinz natürlich nicht, aber die militärische Niederlage hinterließ in ihm Spuren und vertiefte seine antipreußischen Gefühle. Und auch der lange Ungarnaufenthalt verfehlte nicht seine Wirkung: Wie seine Mutter brachte Rudolf den Magyaren zeitlebens große Sympathien entgegen. Als der Vater am 6. Juni 1867 in Ofen unter großem Prunk und dem Jubel der Bevölkerung zum König von Ungarn gekrönt wurde, löste dieses Schauspiel beim Kronprinzen Begeisterung aus. Stolz trug der Neunjährige zum erstenmal den Orden des Goldenen Vlieses, den ihm Franz Joseph kurz nach der Geburt verliehen hatte.

Zehn Monate nach der Krönung, am 22. April 1868, brachte die Kaiserin in Ofen ihr jüngstes Kind zur Welt, das auf den Namen Marie Valerie getauft wurde. Der zehnjährige Rudolf machte sich über den

Familienzuwachs natürlich Gedanken und stellte dem Papa eine Reihe von Fragen, die dieser umgehend und ausführlich beantwortete: „Der kleinen Schwester geht es Gott lob sehr gut . . .", schrieb der Kaiser. „Sie schläft in Deinem Schlafzimmer und wird in Deinem Salon gewaschen. Wenn das in der Früh fertig ist, wird sie zur Mama getragen, wo sie bis 7 Uhr Abends bleibt und sehr oft und mit großer Passion von der Amme trinkt. Wir nennen die Schwester Valerie, weil das ein hübscher Name ist. Sie ist recht hübsch, hat große, dunkelblaue Augen, eine noch etwas zu dicke Nase, sehr kleinen Mund, ungeheuer dicke Backen und so dichte Haare, daß man sie schon jetzt frisieren könnte. Auch am Körper ist sie sehr stark und sie schlägt sehr frisch mit Händen und Füßen herum. Sie schreit sehr selten, hat aber eine kräftige Stimme. Sie kanoniert öfter und dann stinkt sie meistens ein wenig, was bei kleinen Kindern nicht anders möglich ist" (28. April 1868).

Die Kaiserin widmete sich ihrer jüngsten Tochter mit einer glühenden, alles verzehrenden, geradezu hysterischen Mutterliebe. Sie war Tag und Nacht um ihr Wohlergehen bedacht, beschützte und beschirmte sie, nahm sie völlig für sich in Anspruch. „Jetzt weiß ich es, was für eine Glückseligkeit ein Kind bedeutet – jetzt habe ich schon den Mut gehabt, es zu lieben und bei mir zu behalten", sagte sie einmal zu ihrer Hofdame Marie Festetics. Marie Valerie wurde zum ausschließlichen, zentralen Bezugspunkt ihres Lebens. Um die Entwicklung ihrer beiden älteren Kinder kümmerte sie sich jetzt kaum mehr. Der sensible Kronprinz reagierte auf das Verhalten seiner Mama mit glühender Eifersucht auf seine kleine Schwester, die er als Rivalin um die mütterliche Gunst betrachtete. Er entwickelte Valerie gegenüber eine heftige Abneigung und behandelte sie grob und unfreundlich.

Rudolf war mit seinem Hofstaat in Wien viel allein. Die Kaiserin war fast ständig auf Reisen, der Kaiser vergrub sich in seinen Akten. Ein Familienleben gab es nicht. Die „Ersatzväter", allen voran Graf Latour, vom Kronprinzen als sein „liebes Alterle" bezeichnet, waren kein Dauerersatz für den Mangel an elterlicher Zuwendung, vor allem für die seit Rudolfs siebentem Lebensjahr immer wieder abwesende Mutter. Die Folgen waren schwerwiegend. Die gefühlsmäßige Reifung verzögerte sich, der Kronprinz entwickelte Angstzustände und Minderwertigkeitskomplexe, die mit zunehmenden Jahren zu Depressionen führten; seine angeborene Sensibilität wuchs sich zur beinahe pathologischen Empfindlichkeit aus. Auf diese seelischen Belastungen, die sich im übrigen in den Kinderzeichnungen Rudolfs reflektieren, die vor ein paar Jahren aufgefunden und psychologisch ausgedeutet wurden, reagierte der Kronprinz psychosomatisch: er wurde immer häufiger krank.

Dem Kaiser blieb die Anfälligkeit seines Sohnes für Krankheiten der Atemwege sowie des Magen- und Darmtraktes nicht verborgen, wenn er sich auch über die Ursachen nicht im klaren war, gar nicht danach fragte. „Rudolf war auch einige Tage im Bett mit seinem gewöhnlichen Übel", schrieb er der Mutter, „nämlich Katarrh der Schleimhäute, der im Bauch begann und mit Schnupfen und großer Heiserkeit geendet hat. Er hatte nur wenig Fieber, war immer bei bestem Appetit und ist gestern schon auf gewesen. Es dauert nur jede Kleinigkeit bei ihm so lang" (11. Mai 1866).

Je größer und verständiger Rudolf wurde, desto deutlicher durchschaute er natürlich die grundsätzliche Wesensverschiedenheit der Eltern, erkannte er die Gegensätzlichkeit ihrer Standpunkte und Auffassungen auf vielen Gebieten: in der Erziehung, in ihrem

Verhältnis zu Staat und Gesellschaft, zur Religion, zur Kunst. Die Erkenntnis, daß seine Eltern aneinander vorbeilebten, daß sie völlig verschiedene Welten repräsentierten, vertiefte die Verwirrung seiner Gefühle und führte zu einer schweren Identifikationskrise, die er sein ganzes Leben nicht zu bewältigen imstande war. An wen sollte er sich halten, mit wem identifizieren? Mit dem gestrengen Vater, dessen überragende Autorität er respektierte, dessen hohe Anforderungen an Pflichterfüllung und militärische Disziplin er zu erfüllen trachtete, der ihn im Grunde seines Herzens aber nicht ernst nahm? Oder an die feenhafte, schöne Mutter, die er verehrte und anbetete, die sich aber zunehmend weniger um ihn kümmerte und seine Gefühle nicht erwiderte? Rudolf hatte keinen Menschen, der ihm half, seine seelischen Probleme zu lösen, er war allein, einsam, schüchtern, introvertiert. Wie es in seinem Inneren aussah, wußte niemand. Er konnte sich niemandem voll anvertrauen.

Elisabeth lebte in den letzten drei Jahrzehnten ihres Lebens nur noch ihrer Selbstbestätigung. Die Probleme, mit denen sich ihr zum Mann heranreifender Sohn herumschlug, kümmerten sie nicht. Es war schon viel, wenn sie dem komplexbeladenen, jugendlichen Rudolf dann und wann aus irgendeinem Winkel der Welt ein paar nette, im wesentlichen aber doch ichbezogene, nichtssagende Zeilen schrieb. Das Mutter-Sohn-Verhältnis blieb äußerlich kühl, distanziert und auf seltsame Weise ambivalent. Rudolf bewunderte, verehrte und liebte die Mutter. Gräfin Festetics notierte im Oktober 1877 in ihrem Tagebuch: „Er hängt schrecklich an der Kaiserin, bewundert alles, was sie tut." Elisabeth liebte ihren Sohn, aber selbst in den wenigen Augenblicken, in denen sie beisammen waren, konnten sie ihren Gefühlen füreinander nicht Ausdruck geben, fanden ihre Herzen nicht zueinander. Der Kronprinz war offenbar zu scheu dazu, die Kaiserin zu narzißtisch, zu sehr mit sich selbst beschäftigt. Und dabei war Rudolf seinem geistigen Habitus und seiner charakterlichen Veranlagung nach ganz die Mutter: Hochintelligent, phantasiebegabt, von ungemein rascher Auffassungsgabe, anerkennungsbedürftig, übersensibel, lebhaft und unstet, war er intellektuell und physisch das Abbild Elisabeths. Nonkonformistisch veranlagt und gesinnt, waren sowohl die Kaiserin wie der Kronprinz antiaristokratisch, antiklerikal und liberal eingestellt, der Kronprinz aus rationaler Überzeugung, während bei der Kaiserin die Gefühlsmomente überwogen. Sowohl Elisabeth als auch Rudolf hielten die Monarchie als Staatsform für überholt, sahen oder ahnten den Untergang des Habsburgerreiches voraus und liebäugelten mit dem Gedanken, sich in einer Republik niederzulassen. Die Kaiserin rechnete durchaus ernsthaft mit einem Exil in der Schweiz, Rudolf schloß eine bürgerliche Existenz nicht aus. „Wenn man mich von hier fortjagt“, sagte er einmal zu einem journalistischen Mitstreiter, „trete ich in den Dienst einer Republik, wahrscheinlich in die Dienste Frankreichs.“

Rudolf ahmte die Mutter, wissentlich oder unwissentlich, in vielem nach und entwickelte allmählich die gleichen Vorlieben, Interessen, Ansichten und Anschauungen. Ihr Weltbild und ihre weltanschaulichen Positionen, wir haben es kurz darzulegen versucht, deckten sich weitgehend. Und dennoch haben die beiden, die im Grunde ihres Wesens frustrierte Naturen waren, nie ein politisches Gespräch miteinander geführt. In dieser weltanschaulichen Stummheit reflektiert sich die geistige Beziehungslosigkeit zwischen Mutter und Sohn.

Der Kronprinz war der Kaiserin gegenüber keineswegs unkritisch. Bereits der Zwölfjährige grämte sich

Kaiserin Elisabeth beim Hürdenritt. Stich von Thomas Louis Atkinson nach einem Gemälde von John Charlton, 1882

darüber, daß die Mutter den Papa des öfteren im Stich ließ und mit ihren Töchtern den Winter 1870/71 wieder einmal in Meran verbringen wollte. „So muß denn der arme Papa in dieser schweren Zeit von der lieben Mama getrennt sein", klagte er der Großmutter und erklärte sich stolz dazu bereit, die einzige Stütze des Vaters sein zu wollen. Auf die exzessive Begeisterung der Mutter für den Reitsport und ihre Neigung zum Spiritismus reagierte er später mit Enttäuschung und einer zumindest vorübergehenden emotionalen Distanzierung. Als dem Kronprinzen bei seinem Englandaufenthalt im Jahre 1878 Tratschereien über ein angebliches Verhältnis der Kaiserin mit ihrem Reitlehrer Bay Middleton zugetragen wurden, kam es zwischen Mutter und Sohn zu einem Zerwürfnis, bei dem auf seiten des Kronprinzen wohl auch Eifersucht und enttäuschte Liebe mit im Spiel waren.

Die Sorgen und Nöte, die Probleme, Heimsuchungen und Konflikte ihres erwachsenen Sohnes berührten die Kaiserin kaum. Rudolfs Seele war für sie eine terra incognita. Das Leben des Kronprinzen spielte sich weitgehend außerhalb ihres Gesichtsfeldes ab, ihre Existenzkrisen hatten keinen Berührungspunkt. Selbst entscheidende Lebenssituationen machten da keine Ausnahme. Die Hochzeit des Sohnes war für Elisabeth nicht mehr als eine lästige Verpflichtung, die sie ohne innere Anteilnahme über sich ergehen ließ. An der unfertigen, hausbackenen Prinzessin Stephanie von Belgien, die Rudolf eher aus Staatsräson denn aus Liebe zur Frau genommen hatte, ließ die Kaiserin kein gutes Haar. Das „Trampeltier", wie sie ihre Schwiegertochter unfein nannte, konnte ihr gestohlen werden. Sie ging Stephanie aus dem Weg, belächelte und bespöttelte sie nach Noten. Als die Ehe, die anfänglich leidlich funktionierte, schließlich und endlich schiefging, ließ es die Kaiserin tatenlos dabei bewenden; jedenfalls dachte sie nicht im entferntesten daran, mit Rudolf und Stephanie ein klärendes Gespräch zu führen oder gar einen Versöhnungsversuch zu unternehmen. Sie habe unter ihrer Schwiegermutter so namenlos gelitten, meinte sie, daß sie nicht den Vorwurf auf sich laden wolle, ähnliche Schuld zu tragen.

Auch die schwere Krankheit, die Rudolf im Frühjahr 1887 befiel, bereitete der Kaiserin keine besondere Sorgen. Die schweren Depressionen des Kronprinzen, seine Gereiztheit, seine Gemütsschwankungen und Verzweiflungsausbrüche, seinen für jedermann sichtbaren körperlichen Verfall nahm sie nicht

*Kaiserin Elisabeth mit der Hofdame Irma Gräfin Sztaray in
Territet am Genfer See, Ende der neunziger Jahre*

zur Kenntnis. Elisabeth hatte nur ein Auge für ihre
„Einzige", für ihre Tochter Marie Valerie, um deren
Wohlergehen sie sich gluckhennenhaft sorgte. Für die
Probleme ihres Sohnes war sie blind.

Trotz allen Enttäuschungen, die ihm die Mutter bereitet hatte, buhlte der Kronprinz bis zuletzt um ihre
Gunst. Noch zu Weihnachten 1888, einen Monat vor
seinem tragischen Ende, bemühte er sich um ihre Anerkennung und Liebe. Die Kaiserin, seit langem eine
Verehrerin Heinrich Heines, hatte für die Errichtung

eines Heine-Denkmals in Düsseldorf eine großzügige Geldsumme gespendet, was ihr prompt heftige Vorwürfe und Angriffe von antisemitischer Seite eintrug. Um seine geistige Verbundenheit mit der Mutter zu demonstrieren, seine Verehrung für sie zu bekunden und ihr Freude zu bereiten, legte ihr der Kronprinz elf kostbare Heine-Briefe, die er angekauft hatte, auf den Weihnachtstisch und hoffte auf eine angemessen freudige Reaktion der Kaiserin. Zu seiner maßlosen Enttäuschung widmete die Mutter dem Geschenk jedoch nur geringe Beachtung. Elisabeth, um diese Zeit völlig mit der Verlobung ihrer geliebten Valerie mit Erzherzog Franz Salvator beschäftigt, führte dem Kronprinzen die Schwester mit der Bitte zu, sich ihrer, wenn die Eltern einmal tot wären, warm anzunehmen. Da fiel ihr Rudolf um den Hals und brach in ein lang anhaltendes Schluchzen aus, worauf auch die Kaiserin und der Kaiser in Tränen ausbrachen. So jedenfalls schilderte Marie Festetics, die Hofdame Elisabeths, die Szene später einem Historiker. Aber selbst dieser letzte Aufschrei des verzweifelten, lebensmüden Kronprinzen wurde von der Mutter, von der Familie, nicht beachtet.

Und so nahm das Schicksal seinen furchtbaren Lauf. In der Nacht vom 29. auf den 30. Jänner 1889 setzte der Kronprinz seinem Leben ein Ende. Sein Selbstmord stürzte die kaiserliche Familie in eine schwere seelische Krise.

Elisabeth nahm die Nachricht vom Tod ihres Sohnes erstaunlich gefaßt auf. Sie gab die Hiobsbotschaft an den Kaiser weiter und war ihrem Gemahl in den beklemmenden Tagen vor und nach dem Leichenbegängnis eine echte Stütze. Ihre Trauer um Rudolf hatte Würde, ihr Schmerz Hoheit. Mit zunehmendem Abstand vom furchtbaren Ereignis verdüsterte sich jedoch ihr Gemütszustand. Die Kaiserin machte sich

Vorwürfe, ihre spiritistischen Neigungen verstärkten sich, ihre Todessehnsucht wuchs. Marie Valerie: „Mama wird wohl nie mehr, die sie ehedem war; sie neidet Rudolf den Tod und ersehnt ihn Tag und Nacht."

Am Ende des Trauerjahres verschenkte die Kaiserin alle ihre bunten Kleider, ihre farbigen Schirme, Schuhe und Tücher an ihre beiden Töchter und trennte sich auch von ihrem kostbaren Schmuck. Ganz in Schwarz gekleidet, geisterte sie als „Mater dolorosa" gespenstisch durch ein ihr längst zur Qual gewordenes, sinnentleertes Leben. Ihr mageres, faltig gewordenes Gesicht versteckte sie hinter einem schwarzen Fächer und einem weißen Schirm. Ihr Hauptinteresse galt in ihren letzten Jahren nicht mehr ihrer strahlenden Schönheit, die das Alter langsam ausgelöscht hatte, sondern ihrer Gesundheit. Auf ihrer Seele lagen schwere Schatten. Sie litt an Depressionen, ihre Gelenke schmerzten; sie war mißtrauisch geworden, zynisch, unnahbar. Ziellos reiste sie hierhin und dorthin, eine Heimatlose ohne inneren Halt, ohne Anker, ohne Hafen. „Eine Möve bin ich von keinem Land ... mich bindet nicht Ort und nicht Stelle, ich fliege von Welle zu Welle", hatte sie einmal, ihr wahres Wesen erkennend, gedichtet. Zuletzt kam sie auch das Fliegen schon schwer an. Die ruhelose Möwe namens Elisabeth von Österreich sehnte sich immer sehnlicher nach dem Tod. Als er sie in Gestalt eines italienischen Anarchisten unvorhergesehen holte, war es für sie eine Erlösung.

II. Kapitel

Geburt, Mutterliebe und adeliges Familienleben im Zeitalter Kaiser Franz Josephs

Um die Mitte des vorigen Jahrhunderts war die Geburt eines Kindes für Mutter und Kind mit großen Risken verbunden. Die Säuglingssterblichkeit war hoch, sie betrug zwischen 25 und 31 Prozent der Lebendgeburten. Mit anderen Worten: Lediglich drei von vier Säuglingen überlebten im Durchschnitt die ersten zwölf Lebensmonate. Die Mortalitätsraten, die für das heutige Staatsgebiet der Republik Österreich errechnet wurden, sind durch statistische Ermittlungen auch für andere Länder Europas festgestellt worden. Der Tod von Säuglingen gehörte zum Alltag, frühes Sterben war Schicksal, gottgewollte Fügung. Die Schwankungen der Sterblichkeitsrate erklären sich zum überwiegenden Teil durch das epidemische Auftreten von Infektionskrankheiten wie der Cholera, der Pest, der Pocken und des Fleckfiebers, die auch vor den Türen der Begüterten nicht haltmachten. Dazu kam eine Reihe lebensgefährlicher Infektionskrankheiten der Atemwege und des Magen- und Darmtraktes. In Epidemiejahren (1834, 1841, 1849, 1855, 1865 und 1866) erreichte die Säuglingssterblichkeit Spitzenwerte, in seuchenfreien Jahren sank sie unter den Durchschnitt ab.

Weitere Ursachen für die hohe Sterblichkeitsrate bei Säuglingen (wie der Gesamtbevölkerung überhaupt) sind in der außerordentlich tristen sozialen

Lage weiter Bevölkerungskreise zu suchen. Schon während der Schwangerschaft traten bei Frauen der sozialen Unterschicht Risikofaktoren auf, die den späteren Gesundheitszustand des Neugeborenen beziehungsweise dessen Überlebenschancen beeinflußten und beeinträchtigten. Da es keine Schwangerschaftsvorsorge und keine Mutterschutzbestimmungen gab, mußten schwangere Frauen zumeist bis unmittelbar vor der Geburt in den Fabriken und Werkstätten, im Haushalt ihrer Dienstgeber, auf den Feldern, in Scheune und Stall arbeiten. Bei Frauen, die keinem Beruf nachgehen mußten, fielen diese Risiken natürlich weg. Sie konnten sich schonen und auf die Geburt vorbereiten, so daß die Früh- und Totgeburtsquote in der sozialen Mittel- und Oberschicht im allgemeinen unter dem Durchschnitt lag. Zur hohen Mortalitätsrate bei der Geburt trugen in der Unterschicht auch die unzulängliche Ernährung vieler Mütter, die schlechte Wohnqualität und die völlig unzulänglichen hygienischen Verhältnisse bei. Nasse, schlecht durchlüftete und überbelegte Wohnungen waren die Ursache dafür, daß viele Säuglinge an Diphtherie, Lungenentzündung, vor allem aber an Tuberkulose und grippalen Infekten erkrankten, die nicht selten zum Tod führten. Dazu kamen die Infektionskrankheiten, die durch Nahrungsmittel (verseuchte Kuhmilch etc.) ausgelöst wurden. Sie zogen nicht selten Brechdurchfall mit tödlichem Ausgang nach sich.

Gegen viele dieser infektiösen Erkrankungen war die Gesellschaft bis zur Mitte des vorigen Jahrhunderts kaum gefeit. Der medizinischen Forschung gelang es nur mühsam, sich Klarheit über die Krankheitserreger und ihre Verbreitungsmechanismen zu verschaffen und wirksame Impfstoffe dagegen zu entwickeln. Schutzimpfungen waren kostspielig und blieben der privaten Initiative überlassen. Lediglich in England, das in der Vorsorge gegen Infektionskrankheiten eine Vorreiterrolle spielte, bestand seit den sechziger Jahren des 19. Jahrhunderts eine Pockenschutzimpfpflicht für Säuglinge.

Viele Eltern und die Gesellschaft als Ganzes standen dem Phänomen der Säuglings- und Kindersterblichkeit jahrhundertelang verständnislos und gleichgültig gegenüber. „Die Säuglingssterblichkeit", schrieb noch zu Beginn unseres Jahrhunderts der Arzt und Bevölkerungsstatistiker Friedrich Presl mit geradezu frivoler Freimütigkeit, „ist der Ausdruck des Darwinschen Lehrsatzes von der Auslese der Tüchtigsten, indem die Schwachen, zum Kampf ums Dasein Ungeeigneten oder die gegen die Ungunst der äußeren Verhältnisse Widerstandsunfähigen ausgeschieden werden."

Nur langsam begann sich im letzten Drittel des vorigen Jahrhunderts auch in dieser Frage das gesellschaftliche Bewußtsein zu verändern. Die größere Aufmerksamkeit, die man nun dem Thema widmete, war auf einen Umdenkprozeß zurückzuführen, der den frühen Tod als soziales Übel begriff, gegen das es sozialpolitische Maßnahmen einzuleiten galt. In diese Zeit fällt auch das Abklingen der verheerenden Epidemien, was einen Rückgang der allgemeinen Sterblichkeit und damit auch der Säuglingsmortalität zur Folge hatte. Der Bau von Wasserleitungen (1873 wurde die erste Wiener Hochquellenwasserleitung eröffnet) und Kanalisationssystemen, Fortschritte in der medizinischen Forschung, die Verbesserung der hygienischen Zustände sowie die Wirksamkeit staatlicher Sanitätskontrollen leisteten dazu einen entscheidenden Beitrag. 1876 lag die Rate der Säuglingssterblichkeit bereits bei knapp unter 26 Prozent, um die Jahrhundertwende ging sie auf 21 Prozent zurück.

Dieser Abwärtstrend setzte sich dann, allerdings mit Unterbrechungen, auch in der Folgezeit fort (zum Vergleich: 1946 betrug die Rate in Österreich 8 Prozent, 1986 1 Prozent).

Im vorigen Jahrhundert wurde die Mehrzahl der Frauen zu Hause entbunden. Die Hausgeburt hatte vor der Spitalsentbindung absoluten Vorrang. Sie war, so seltsam das heute auch klingen mag, weitaus ungefährlicher. Dies hatte eindeutige Gründe: Die primäre Ursache für die hohe Müttersterblichkeit war sowohl im Spital als auch zu Hause die hochseptische Umwelt. Wochenbettinfektionen, die das gefürchtete Kindbettfieber (Puerperalfieber: puerpera = Wöchnerin) auslösten, waren eine Alltäglichkeit. Das Puerperalfieber ist eine septisch-fieberhafte (Sepsis = Blutvergiftung) Erkrankung, die durch das Eindringen von Bakterien in die Geburtswege der Frau verursacht wird. Die Infektion erfolgt zumeist kurz vor der Geburt durch die Hände oder Instrumente des Geburtshelfers. Die Erreger gelangen in das Blut, werden im ganzen Körper verteilt und führen zu Schüttelfrost und lebensbedrohlich hohem Fieber. Die Sterblichkeit betrug vor der Entdeckung der Antibiotika (bakterientötender Medikamente) mehr als 80 Prozent.
Obwohl viele Frauen im vorigen Jahrhundert ihre Kinder unter äußerst mißlichen Umständen zur Welt brachten, starben arme Frauen seltener an Kindbettfieber als bessergestellte. Die Erklärung ist wahrscheinlich darin zu suchen – so meinen jedenfalls Medizinhistoriker –, daß diese Wöchnerinnen gegen ihren eigenen Schmutz mehr oder weniger immun (geworden) waren, während die Frauen, die der Mittel- und Oberschicht angehörten und in einer hygienischen Umgebung lebten, diese Immunität offenbar nicht entwickeln konnten.

Die durch das Kindbettfieber verursachte Müttersterblichkeit war jedenfalls in den Gebärkliniken höher als zu Hause. „Eine septischere Umwelt als die
Entbindungskliniken vor Einführung der Keimfrei-
heit am Ende des 19. Jahrhunderts läßt sich nicht vorstellen." Diese Meinung vertritt der amerikanische
Medizinhistoriker Edward Shorter (siehe Literatur-
verzeichnis) aufgrund eingehender Studien. Auch
Wien machte hiebei keine Ausnahme. In der von Kaiser Joseph II. 1784 für unerwünschte Kinder gegrün-
deten Gebärklinik, die 1834 in eine I. und II. Ge-
burtshilfliche Klinik geteilt wurde, betrug die Müttersterblichkeit in beiden Abteilungen im Jahresdurch-
schnitt 6 Prozent. Als 1840 die Ausbildung der Ärzte
von jener der Hebammen getrennt wurde, stieg in der
I. Klinik, in der die Ärzte und die Medizinstudenten
praktizierten, die Kindbettsterblichkeit auf 10 Prozent
an, während sie in der Hebammenklinik auf 3 Prozent zurückging.

Die Ärzte nahmen diese Tatsache achselzuckend
zur Kenntnis. Untersuchungen durch staatliche Kommissionen blieben ohne Ergebnis. Es war Ignaz Philipp Semmelweis, ein 29jähriger Assistenzarzt an der
I. Geburtshilflichen Klinik des Wiener Allgemeinen
Krankenhauses, der zwischen 1847 und 1849 nach
eingehenden Forschungen und Beobachtungen die
Ursachen des Kindbettfiebers entdeckte und damit
zum „Retter der Mütter" wurde. Semmelweis fand
heraus, daß es die Ärzte selbst waren, die die Frauen
infizierten! Viele von ihnen führten, ehe sie in der
Gebärklinik Visite machten und die Frauen unter-
suchten, Sektionen an Leichen durch (Sektion = Lei-
chenöffnung). Sie wuschen sich dann wohl die Hände
mit Seife, es blieben jedoch Bakterien auf der Haut
zurück, die auf die Mütter übertragen wurden. Es war
eine Erkenntnis, die in Ärztekreisen Erschütterung,

kopfschüttelnde Verwunderung und ungläubiges Erstaunen, aber auch feindselige Reaktionen gegen den jungen Sekundararzt auslöste. Semmelweis, von seinen Erkenntnissen überzeugt, verlangte von seinen Medizinstudenten, sich die Hände in desinfizierendem Chlorwasser zu waschen, bevor sie innere Unter-

Ignaz Philipp Semmelweis, der „Retter der Mütter"

suchungen vornahmen. Der Erfolg war verblüffend: Schon nach zwei Monaten sank die Sterblichkeit um ein Vielfaches. Trotz dieser eindrucksvollen Resultate blieb Semmelweis die Anerkennung in Wien versagt. Die neue Lehre wurde ignoriert, und der gebürtige Ungar kehrte enttäuscht nach Budapest zurück.

Die Wiener Gebärklinik wurde von den bemittelten Frauen weiter gemieden. Sie gebaren zu Hause, in der Regel unter der Assistenz einer Hebamme. Ein Arzt wurde im allgemeinen nur dann zur Hilfe gerufen, wenn bei der Geburt Komplikationen eintraten.

Auch bei den Geburten im Kaiserhaus hat sich die Geburtshilfe nicht viel anders abgespielt. Als Erzherzogin Sophie 1830 ihren ersten Sohn zur Welt brachte, der als Kaiser Franz Joseph I. von Österreich in die Weltgeschichte eingegangen ist, assistierte ihr zunächst eine Hebamme. Erst als sich der Geburtsakt in die Länge zog, schalteten sich die Ärzte ein, die schließlich zur Zange greifen mußten, um das Kind aus dem Mutterleib zu holen.

Ein Vierteljahrhundert später, bei der Geburt des ersten Kindes der knapp siebzehnjährigen Kaiserin Elisabeth, spielte die Erzherzogin mit einer Kammerfrau und einer Hebamme Geburtshelferin (siehe 1. Kapitel). Von einem Arzt ist in den Tagebuchaufzeichnungen Sophies nicht die Rede, doch ist es schwer denkbar, daß kein ausgebildeter Mediziner zugegen gewesen sein soll.

Der Geburtsakt wurde in vornehmen Häusern auf einem Gebärstuhl oder im Bett vorgenommen. Er dauerte im vorigen Jahrhundert länger als heute, die durchschnittliche Entbindungszeit betrug bis zu sechzehn Stunden, etwa ein Drittel der Geburten nahm mehr als zwanzig Stunden in Anspruch. Bei „normalen" Entbindungen warteten die Geburtshelfer im allgemeinen den natürlichen Geburtsablauf ab, ohne einzugreifen. Bei langsamen, „schweren" Geburten wurden Eingriffe vorgenommen, die nicht selten den Tod der Gebärenden zur Folge hatten. Selbst in den europäischen Herrscherdynastien des 17. und 18. Jahrhunderts entfiel bei fruchtbaren Frauen einer von vier Todesfällen auf das Kindbett. Einschlägige statistische Erhebungen über das Haus Habsburg (-Lothringen) gibt es meines Wissens nicht.

Die Geburt eines Kindes war im österreichischen Kaiserhaus jedenfalls ein halber Staatsakt. Sie vollzog sich – wie etwa jene Franz Josephs, von der hier kurz die Rede sein soll – vor den neugierigen Blicken des Hofstaates. Von nah und fern kamen die Verwandten angereist, um das freudige Ereignis nicht zu versäumen. Sie drängten sich im Kreißzimmer um das Bett der werdenden Mutter, hofften und bangten mit ihr, verfolgten mit gespannter Aufmerksamkeit jede Regung ihres Körpers. Während die engsten Verwandten an der Geburt aus nächster Nähe Anteil nahmen, füllten zahlreiche Hofbedienstete, Hofdamen und Zofen, Adjutanten und Generale die umliegenden Räume. Auch sie warteten anteilnehmend auf die entscheidende Stunde. Erfrischungen wurden gereicht, man machte es sich, so gut es ging, auf Sesseln und Kanapees bequem. Endlich setzten die Wehen ein, das Schreien und Wehklagen der Wöchnerin wollte kein Ende nehmen. Schließlich war es dann soweit: Ein kräftiger Knabe erblickte das Licht der Welt. Die Spannung löste sich, ein hörbares Aufatmen erfüllte die Räume. Die Eltern des Kindes umarmten einander, die Familienmitglieder sprachen der glücklichen Mutter ihre Glückwünsche aus. Hände wurden geschüttelt, Freudentränen vergossen, Kanonenschüsse donnerten, die Kirchenglocken wurden geläutet, es gab Gottesdienste, Fackelzüge und Aufmärsche. Das große Ereignis sollte den Untertanen möglichst ohren- und augenfällig nahegebracht werden.

Der erleichterten Mutter wurde von den Ärzten, wie das damals üblich war, eine Bettruhe von ein bis zwei Wochen verordnet. Von der Notwendigkeit des Wochenbettes war die Medizin absolut überzeugt. Nicht einmal beim Bettenmachen sollte die Wöchnerin die Liegestatt verlassen. Wer es sich also leisten konnte, blieb nach der Geburt im Bett. Wer es sich nicht leisten konnte, und das war die überwiegende Mehrheit der Frauen, war bereits am zweiten oder dritten Tag wieder auf den Beinen. Die Arbeitskraft der Mutter wurde benötigt: im Haushalt, auf dem Feld, in der Fabrik.

Im Kaiserhaus kam der Säugling bald nach der Geburt in eine sogenannte „Kindskammer". Er wurde dort unter der Leitung eines „Ajos" (männlichen Erziehers) oder einer „Aja", von einer Kinderfrau und Kindermädchen, denen für die „niedrigere" Arbeit Gesinde beigegeben war (Kammerweib, Leibwäscherin, Lakaien etc.), seelisch und körperlich betreut.

Die wichtigste Bezugsperson war in den ersten Wochen (und Monaten) seines jungen Lebens zweifellos die Amme. Die Gepflogenheit, das eigene Kind von einer fremden Mutter stillen zu lassen, war im 17. und 18. Jahrhundert weit verbreitet, in Adelskreisen war sie die Regel. Ein Kind selbst zu stillen, war gleichbedeutend mit dem Eingeständnis, nicht zur besseren Gesellschaft zu gehören. Das Stillen wurde als unschicklich, lächerlich und ekelhaft empfunden und dagegen vor allem zwei Argumente ins Treffen geführt: Einerseits hieß es, es schade der Gesundheit der Mutter. Ein Argument, das, wie wir heute wissen, absolut falsch ist und wohl auch nur als Vorwand und Ausrede diente. Der Vorwandcharakter dieser Argumentation wurde bereits im ausgehenden 18. Jahrhundert an den Pranger gestellt. „Diejenigen, die sich gerne auf ihre Gebrechlichkeit und ihre schlechte Gesundheit berufen", schrieb ein kritischer Zeitgenosse, „veranstalten entsetzliche Bankette und essen Gerichte, die äußerst unverdaulich sind, gehen tanzen, bis sie vor Müdigkeit umfallen, und rennen bis zum

Ersticken in alle Theatervorstellungen." Das zweite Argument war ein ästhetisches: Das Stillen lasse die Brüste erschlaffen und verunstalte sie, hieß es (und heißt es zuweilen auch heute noch). Diese (und andere) Gründe wurden von den adeligen Damen mit Billigung der Gesellschaft nur vorgeschützt, um frei und ungehindert ihr eigenes Leben leben, man würde heute sagen: um sich verwirklichen zu können. Sie frönten ihrer Lebenslust, gingen weit lieber ihren gesellschaftlichen Verpflichtungen und ihren Vergnügungen nach, als sich um ihre Sprößlinge zu kümmern. Kinder, vor allem aber Säuglinge bedeuteten eine Last, wurden geringgeschätzt. Eine tief empfundene, emotionale Mutter-Kind-Beziehung war selten. Die gesundheitlichen Risiken, die damit verbunden waren, daß die Mütter ihre Kinder nicht stillten, nahm man leichthin in Kauf. Die Zahlen sprechen eine deutliche Sprache: Säuglinge, die von (schlechten) Ammen versorgt wurden, hatten gegenüber den Kindern, die von ihrer Mutter gesäugt wurden, eine um die Hälfte verringerte Überlebenschance. Aber darüber machte man sich wenig Gedanken. Das Kind hatte im 17. und 18. Jahrhundert keine gesellschaftliche Bedeutung.

Mit dem Aufstieg des Bürgertums beginnt sich zu Beginn des 19. Jahrhunderts die Familiensituation zu verändern. Es entsteht nach und nach die moderne Kernfamilie, die um ihr Privatleben eine Mauer errichtet, sich in ihre eigenen vier Wände zurückzieht. Die Familienbande werden enger, Gemütlichkeit, Vertraulichkeit und Intimität bestimmen das Familienleben, es entwickelt sich das, was die Psychologen später als „Nestwärme" bezeichnen. Das Mutterbild wird einem (radikalen) Wandel unterzogen, die Rolle und die Bedeutung der Mutter für die Gesellschaft neu definiert. Die Mutterliebe erhält einen neuen

Stellenwert: die Mutter wird zur zentralen Persönlichkeit in der Familie. Ihr Kind selbst zu stillen, es zu baden, anzuziehen, zu beaufsichtigen und zu pflegen, wird zu ihrer vordringlichsten Aufgabe, zur mütterlichen Pflicht. Der Gesundheit des Kindes gilt das Hauptaugenmerk der Eltern. Aber auch die Befreiung des Säuglings von der Zwangsjacke des Wickelkissens macht eine neue Mutter-Kind-Beziehung möglich. Die Mutter kann ihre Kinder nun leichter anfassen, mit ihnen spielen, sie streicheln, einen engeren Körperkontakt pflegen. Das Muttergefühl, das offenbar von vielen (zeitbedingten) gesellschaftlichen Faktoren abhängig ist, entfaltet sich, das Kind wird von der Gesellschaft beachtet, es wird zum geliebten, unersetzlichen Wesen, dem die Eltern ihre Aufmerksamkeit und Zuwendung schenken.

Natürlich zogen diese umwälzenden Veränderungen in der Eltern-Kind-Beziehung kein einheitliches Mutterverhalten nach sich. Die neue Mutterliebe blieb zunächst auf die bürgerliche Familie beschränkt und griff erst allmählich auf die anderen sozialen Schichten über. Aber auch die Frauen der oberen Gesellschaftsschichten veränderten nun langsam ihre Gewohnheiten. Im österreichischen Kaiserhaus war bereits mit Maria Theresia ein neuer Familiensinn eingezogen. Die Regentin kümmerte sich trotz ihrer umfangreichen, zeitraubenden Herrscherpflichten persönlich um die Pflege ihrer Kinder, gab genaueste Anweisungen für deren Erziehung und nahm an ihrer körperlichen und geistigen Entwicklung regen Anteil. Sie lobte ihre Vorzüge, sparte aber auch nicht mit Ermahnungen und Tadel, wenn sie es für nötig hielt. Die ausgesprochen sorgsame, strenge kaiserliche Hausmutter arrangierte Familienfeste und führte mit ihrem Gemahl Franz Stephan von Lothringen gewissermaßen eine „großbürgerliche" Ehe. Diese bürgerli-

*Kaiser Franz I. und seine Gemahlin Maria Theresia im Kreis
ihrer zahlreichen Kinder. Gemälde von Martin van Meytens,
um 1752*

che Familientradition wurde von Kaiser Franz I. (von
Österreich) zu Beginn des 19. Jahrhunderts fortgesetzt. Unter ihm zog biedermeierliche Häuslichkeit in
die Wiener Hofburg ein. Seine zweite Gemahlin, Maria Theresia, die ihm in siebzehnjähriger Ehe zwölf
Kinder schenkte, war ihren Söhnen und Töchtern in
strenger mütterlicher Liebe und Fürsorge zugetan.

Auch Erzherzogin Sophie, die Mutter Franz
Josephs, war vom neuen bürgerlichen Muttergefühl
geprägt, obwohl sie ansonsten konsequent und rigo-

ros dynastische Grundsätze vertrat. Sie genoß ihr Mutterglück, besuchte ihre Kinder sehr häufig in der „Kindskammer", überwachte ihre Ernährung, half dann und wann beim Wickeln und Anziehen. Die Briefe an ihre Mutter, Königin Karoline von Bayern, reflektieren die zärtliche Anteilnahme, die sie an der Entwicklung ihres ältesten Sohnes (und natürlich auch ihrer anderen Kinder) nahm.

„Er liegt so hübsch in seinem Bettchen", schrieb sie ihrer „guten, verehrten Mama" am 20. September 1830, und ein paar Tage später berichtete sie: „Das liebe Kind ist so leutselig, die grantigsten Menschen sind ihm willkommen ... auch den Kaiser lächelt er so freundlich an und das macht ihn glücklich" (24. September).

Die Erzherzogin beobachtete ihren kleinen Liebling sehr genau: „Er aß die Suppe mit riesigem Appetit ... er schaut ordentlich danach und bläst die Bakken auf ... er sieht aber auch so glücklich aus, wenn er seine Suppe bekommt", frohlockte sie (8. Jänner 1831). Und in dieser Tonart geht es in einem Gemisch aus flüssigem Französisch und niveauvollem Deutsch weiter.

Auch der erste Zahn wurde von der Mutter gebührend registriert. Am 9. März ging die Nachricht nach München: „Das liebe Kind hat zu unserer großen Freude seinen ersten Zahn bekommen und das ohne jede Unpäßlichkeit, mit Ausnahme der Nacht zuvor, in der er viel weinte." Zwei Monate später gab es wieder eine bedeutende Neuigkeit zu vermelden: Der Kleine sprach das Wort „Papa" zum erstenmal gelassen aus (8. Mai 1831). Alle diese mütterlichen Beobachtungen wären wohl Jahrzehnte zuvor nicht so selbstverständlich gewesen. Sie waren das Resultat intensiver Zuwendung und emsiger Fürsorge der Mütter für ihre Kinder, auch im Kaiserhaus.

Erzherzogin Sophie stillte ihren Franz Joseph nur in den ersten Tagen nach der Geburt, dann wurde er einer Amme übergeben, wie das – zweieinhalb Jahrzehnte später – auch Kaiserin Elisabeth tun mußte. Sisi wäre offenbar bereit gewesen, ihre Kinder selbst zu stillen. Sie litt jedenfalls nach der Geburt ihres Sohnes (und wohl auch der beiden erstgeborenen Töchter) an starkem Milchandrang. Ihre schwache Konstitution und ihre Stellung bei Hof ließen es allerdings geboten erscheinen, vom Stillen des Kindes Abstand zu nehmen.

Das Familienleben des Kaiserpaares war in den ersten Jahren der Ehe durchaus harmonisch. Franz Joseph und Elisabeth liebten einander, der Kaiser himmelte seine blutjunge, feenhafte Gemahlin an. Nach und nach traten jedoch die charakterlichen Unterschiede der beiden Eheleute und ihre völlig konträren Lebensauffassungen immer deutlicher in Erscheinung. Ihre Beziehung begann sich abzukühlen. Elisabeth verabscheute das Hofleben, kam mit ihrer Schwiegermutter Sophie nicht zurecht, und auch die Gerüchte über gelegentliche Flirts und Eskapaden des Kaisers wollten nicht verstummen. Eine Verfehlung des Ehemannes, ein Seitensprung, galt in Adelskreisen freilich lediglich als Kavaliersdelikt und wurde auch von der Gesellschaft insgesamt nicht als moralisch verurteilenswert empfunden. Ehe und Liebe spielten sich in den privilegierten Schichten auf zwei verschiedenen Ebenen ab: Sie wurden zwar nicht als unvereinbar angesehen, aber Liebe galt nicht unbedingt als Voraussetzung für eine Eheschließung. Außereheliche Liebschaften wurden demzufolge nicht nur toleriert, man hielt sie geradezu für standesgemäß: Ein adeliger Herr, der keine Mätresse hatte, mußte entweder sexuell oder finanziell impotent sein, eine adelige Dame ohne Geliebten galt als reizlos. Das schließt natürlich nicht aus, daß es auch Ehen gab, für die diese Feststellungen nicht gelten. Man lebte aber zumeist nicht miteinander, sondern aneinander vorbei, ging seine eigenen Wege, vergnügte sich getrennt auf Jagden und beim Reitsport (Herren), in Salons (Damen) und besuchte gemeinsam Bälle, Soireen und andere gesellschaftliche Veranstaltungen, um das Decorum zu wahren.

Der adelige Tagesablauf war zwar nicht bis ins Detail geregelt, verlief aber doch nach bestimmten Gesetzmäßigkeiten. Nach dem „Lever", dem Aufstehen (zumeist zwischen 8 und 10 Uhr), widmete sich der Herr des Hauses der Zeitungslektüre und ging seinen beruflichen Pflichten nach (Verwaltung der Güter etc.), während sich seine Gattin den notwendigen Fragen des Haushaltes zuwandte, Morgenbesuche empfing (selten) und/oder Ausfahrten unternahm.

Das wesentlichste gesellschaftliche Element im Tagesablauf der Adelsfamilie bildete das Diner, das gewöhnlich für 14 Uhr angesetzt war (der Zeitpunkt wurde unter dem Einfluß englischer Lebensart immer weiter hinausgeschoben) und ungefähr zwei Stunden in Anspruch nahm. Die Speisenfolge umfaßte, wenn man Gäste hatte, was häufig der Fall war, drei bis fünf Gänge, die im engsten Familienkreis entsprechend reduziert wurden. Das Diner wurde gelegentlich durch Tafelmusik untermalt. Nach dem Aufheben der Tafel wurden in einem angrenzenden Salon Kaffee und Liköre gereicht.

Die Abendgestaltung hing vom gesellschaftlichen Ehrgeiz der einzelnen Familien ab und reichte vom einfachen Pfänder- und Tanzspiel bis zur glanzvollen Theateraufführung oder musikalischen Veranstaltung. Theaterbesuche im Hofburgtheater oder der Besuch von Konzerten gehörten natürlich ebenfalls zum guten Ton.

Die Pflege und Erziehung der Kinder übertrug man im aristokratischen Haushalt weitgehend ausgewähltem Pflege- und Lehrpersonal. Kleinkinder wurden von Ammen gestillt, von Kindermädchen und Kinderfrauen betreut und umsorgt.

In der adeligen Erziehung hatte die standesgemäße Verhaltens- und Lebensschulung einen essentiellen Stellenwert. Urbane Umgangsformen, Takt, Religiosität, Traditionsbewußtsein, Gehorsam und Treue gegenüber der Dynastie waren die Eckpfeiler aristokratischer Bildungsethik. Sie wurden den Kindern von den Eltern gemeinsam mit Hauslehrern nahegebracht, denen auch die Aufgabe der Wissensvermittlung oblag. Hiebei setzte sich allmählich die Tendenz durch, für bestimmte Spezialdisziplinen (Staatsrecht, Wirtschaftswissenschaften etc.) angesehene Fachgelehrte heranzuziehen.

Die Ausbildung von Knaben und Mädchen war geschlechtsspezifisch: Die Knaben wurden auf ihre berufliche Laufbahn vorbereitet (unternehmerische Tätigkeit, Politik, diplomatischer Dienst, Beamtenkarriere), die Erziehung der adeligen Töchter wurde gewöhnlich Gouvernanten übertragen, die vorwiegend Fremdsprachen, Religion, Musik, Tanz sowie hausfrauliche Belange unterrichteten. Eine Berufsausbildung im bürgerlichen Sinn erhielten sie also nicht.

Die Aristokratie war im Zeitalter Kaiser Franz Josephs eine privilegierte, aber keineswegs in sich geschlossene Gesellschaftsschicht. Die Spitzenschicht, die sogenannte „Crème de la crème", war die Hocharistokratie, in der vor allem die regierenden Häuser und Fürsten den Ton angaben. Diese (hoffähige) geburtsadelige Oberschicht war durch ein engmaschiges Netz verwandtschaftlicher Beziehungen verbunden. Ihre hervorstechendsten Merkmale waren ihre Exklusivität und ihr elitäres Selbstbewußtsein. Sie fühlte sich

als die „Gesellschaft" schlechthin und grenzte sich
streng vom Geldadel ab, den vielen Bankiers, Indu-
striellen und Offizieren, die aufgrund von persönlichen Verdiensten um Staat und Wirtschaft vom Kaiser
nobilitiert wurden. Häufiger gesellschaftlicher Kontakt zwischen den beiden Adelsgruppen wurde nach
Tunlichkeit vermieden, doch stiegen zahlreiche
Neuadelige in Verwaltung und Diplomatie in so maß-
gebliche Positionen auf, daß ein direkter Verkehr mit
ihnen oft nicht zu umgehen war. Mit der zunehmenden Bedeutung des Wirtschaftslebens im Gefolge der
Industrialisierung verschoben sich mehr und mehr die
Maßstäbe für die Einschätzung der Persönlichkeit: Es
zählte nicht mehr nur oder vordringlich das Vorrecht
der Geburt, die Zugehörigkeit zu einer bestimmten
Gesellschaftsschicht, sondern das persönliche Pre-
stige, das man sich durch Tüchtigkeit und Leistung
erarbeitete.

III. Kapitel

Fürsorgliche Ersatzmütter:
Amme, Kinderfrauen und Aja

Schon bald nach der Geburt wurde der Kronprinz der „Kindskammer" übergeben und dort der Obhut jener Frauen anvertraut, die im Dienst der kaiserlichen Familie die Aufgabe hatten, die Kinder zu behüten, zu betreuen und zu pflegen. Für Rudolf war natürlich bereits alles vorgesorgt, das Pflege- und Betreuungspersonal stand bereit. Es war, vermehrt um ein Kindermädchen, dasselbe, das sich auch um die um zwei Jahre ältere Erzherzogin Gisela zu kümmern hatte.

Rudolfs wichtigste Bezugsperson war zunächst zweifellos die Amme. Sie hieß, wie einem Brief des Kaisers an seine Gemahlin zu entnehmen ist (9. Juni 1859), Marianka und stammte, dem Namen nach zu schließen, offenbar aus Böhmen. Über ihr Alter, ihren Bildungsgrad, ihre Charaktereigenschaften, ihre Familienverhältnisse sind wir nicht unterrichtet. Es gibt darüber keine Aufzeichnungen, und das, obwohl von ihrer Gesundheit und Fürsorge in den ersten Wochen und Monaten das Gedeihen des männlichen Erben eines Großreiches abhing. Ich habe über sie trotz emsiger Nachforschungen in den Akten des Obersthofmeisteramtes, die im Österreichischen Staatsarchiv liegen, lediglich festzustellen vermocht:

- daß sie großzügig entlohnt wurde: Sie erhielt für ihre Tätigkeit die Summe von 1.000 Gulden ausbezahlt (der Jahreslohn eines Fabriksarbeiters betrug vergleichsweise 400 bis 500 Gulden),

- daß sie offenbar keine Analphabetin war: Sie sandte an ihre Angehörigen wöchentlich ein bis zwei Briefe ab, deren Porto ihr rückvergütet wurde (die Möglichkeit, daß jemand für sie die Korrespondenz erledigte, ist natürlich nicht auszuschließen), und
- daß sie von weither kam: Für ihre An- und Heimreise wurde ein verhältnismäßig hoher Betrag ausgegeben (was auf eine längere Fahrt mit der Bahn schließen läßt).

Die Amme der Erzherzogin Gisela wird in diesen Unterlagen sogar namentlich erwähnt: Sie hieß Johanna Kitzler und hat die Übernahme ihrer Entlohnung mit ihrer Unterschrift recht passabel bestätigt. Ich folgere daraus, daß der Kaiserhof an den Ammendienst wohl keine bildungsmäßigen Voraussetzungen knüpfte, daß dafür jedoch nur Frauen in Frage kamen, die über ihre körperlichen Befähigungen hinaus auch im geistig-seelischen Bereich ansprechbar waren.

Die Auswahl der Amme traf der kaiserliche Leibarzt, wobei sich die Bewerberinnen entweder selbst freiwillig anboten oder der Medicus nach einer geeigneten Frau Ausschau hielt. Dieser Auswahlmechanismus wird aus zwei Briefpassagen des Kaisers an seine Mutter, Erzherzogin Sophie, deutlich. Am 23. April 1868, einen Tag nach der Geburt seiner jüngsten Tochter Marie Valerie, schrieb er ihr: „Die Kleine hat aber schon bei der Amme getrunken, die eine reiche Bäuerin aus dem Tolnaer Komitat ist, die aus Patriotismus ihre Anstellung freiwillig gesucht hat und in jeder Beziehung vortrefflich zu sein scheint." Und am 30. Oktober berichtete er der Frau Mama: „Leider muß eine neue Amme kommen, die morgen eintritt, da Rozi schon zu wenig Milch hat. Es ist eine Bäuerin

Die Amme des Kronprinzen

aus dem Nachbardorf, die Widerhofer (der Leibarzt des Kaisers, Anm. d. Verf.) entdeckt hat und von der er Ausgezeichnetes erwartet."

Der Wechsel von einer Amme zur anderen war natürlich nicht unproblematisch und hätte zu gesundheitlichen Komplikationen führen können. Marie Valerie war zu diesem Zeitpunkt allerdings bereits ein halbes Jahr alt.

Die Auswahlkriterien waren für den behandelnden Arzt wohl eine Selbstverständlichkeit. Sie wurden im übrigen in zahlreichen zeitgenössischen Büchern und sonstigen Publikationen ausführlich dargelegt und definiert. Es ist nicht uninteressant, ein wenig darin zu blättern. So heißt es etwa in einer Schrift: „Die Pflege und Behandlung des gesunden und kranken Kindes während der ersten Lebensmonate", die 1842 in Wien erschien (Autor war das Mitglied der k. k. Gesellschaft der Ärzte in Wien, Joseph Michael Götz):

„1. Am tauglichsten zum Ammendienst sind Mädchen, welche nur in Folge eines schwachen Augenblicks Mütter geworden sind, die aber sonst ein stilles, eingezogenes Leben führen . . . Darum sind auch einfache Landdirnen den raffinierten Städterinnen vorzuziehen, da die Ersteren in der Regel schüchterner, stiller, sanfter und verträglicher sind.

2. Ihr Hauptaugenmerk richte die Mutter darauf, daß die zu wählende Amme ihrem Äußeren nach mit ihr selbst möglichst übereinstimme, d. h. daß sie der Mutter in Betreff ihres Wuchses, ihrer Haut- und Gesichtsfarbe, Färbung der Haare, ihres Temperamentes etc. möglichst ähnlich sei.

3. Die Amme soll nicht unter 20 und nicht über 30 Jahre alt und womöglich eine Erstgebärende seyn.

4. Sie soll höchstens 4–6 Wochen früher als die Mutter des zu stillenden Kindes geboren haben, weil die Milch einer Amme, welche bereits vor mehreren Monaten entbunden worden, für den Neugeborenen zu fett, mithin unverdaulich ist . . . Am besten wäre es freilich, eine Amme zu bekommen, welche gleichzeitig mit der Mutter des betreffenden Kindes gebären würde, weil alsdann dem Säugling die allererste Milch zu Gute käme.

5. Der Körper der Amme sei wohlgebaut und vollkommen gesund. Zeichen einer dauerhaften Gesundheit sind: vollkommen reine, weiche, elastische, mit blauen Adern durchwebte Haut, festes Fleisch, lebhafter Blick, ein scharfes Gehör, hochroth gefärbte Lippen, vollzählige, unversehrte, weiße und vollkommen reine Zähne, natürlich geröthete Zunge, ein wohlriechender oder ganz geruchloser Athem und eine sanfte

Stimme . . . Daß die Brüste der Amme sich in einem ganz vollkommenen Zustande befinden sollen, braucht wohl nicht gesagt zu werden. Man überzeuge sich daher, daß dieselben mäßig voll, nicht zu fest und nicht zu weich, gehörig gewölbt und vollkommen elastisch seien."

Und in einem „Ratgeber bei der Wahl der Amme" von Pierre Maigne, Leipzig 1838, werden folgende Eigenschaften für eine gute Amme als wesentlich angesehen: „Eine gute Amme muß jung und von gesunden Eltern geboren sein; sie muß gesunde Zähne, gut entwickelte obere und untere Extremitäten, so wie einen wohlgebauten Brustkorb haben; ihre Brüste müssen gehörig hervorragen und ihre Warzen gut geformt sein; sie muß ferner einen gesunden Verstand, einen fröhlichen Charakter, einen gesunden Mann, der sie glücklich macht, und eine gesunde, gut gelegene Wohnung besitzen; endlich muß sie sich anständig benehmen und vor Allem die Reinlichkeit lieben."

Man kann mit Fug und Recht annehmen, daß die Leibärzte des Kaisers alle diese Gesichtspunkte berücksichtigt haben und die Ammen einer gründlichen Untersuchung unterzogen, ehe sie dem Kaiser empfahlen, die Frauen in den Dienst zu nehmen. Sie wurden natürlich auch während ihrer Tätigkeit ärztlich betreut.

Die Amme wurde in der Hofburg in der Nähe der erzherzoglichen Kindskammer untergebracht, da sie Tag und Nacht zur Verfügung stehen mußte. Sie wurde außer dem Säugen zu keinem anderen Dienst herangezogen. Ihre Unterkunft bestand in der Regel aus einem einzigen Raum mit bescheidener Möblierung. Sie hatte offenbar im Normalfall das eigene Kind bei sich, wie aus den Rechnungsverzeichnissen des Obersthofmeisteramtes für die Kindskammer ersichtlich ist. In diesen Abrechnungen ist vom Kostgeld, von einem Wagen und einem Saugglas für das Kind der Amme die Rede; im Februar 1859 wurden dem Mann der Amme 200 Gulden für das erkrankte Kind ausbezahlt. Es existiert auch eine Rechnung, in der die Kosten für die Rückreise des Kindes der Amme ausgewiesen sind.

Die Amme wurde natürlich kostenlos verköstigt und erhielt, wie das in der Wiener Gesindeordnung festgelegt war, die sogenannte große Livree. Mit anderen Worten: sie wurde mit Kleidung ausgestattet (Rock, Unterkleider, Schuhe, Strümpfe, Hut), die sie nach Beendigung ihres Dienstverhältnisses behalten durfte. Ihre Wäsche wurde auf Regimentsunkosten, sprich: auf Kosten des Hofes, gewaschen, für ihre Körperpflege stand eine Badewanne zur Verfügung. Das klingt wie eine Selbstverständlichkeit. Man muß aber bedenken, daß selbst den höchsten Hofchargen eine solche Annehmlichkeit nicht zur Verfügung stand. In den erwähnten Rechnungsunterlagen scheint aber auch mehrmals ein Ausgabeposten zur Bezahlung eines Bades auf. So wurde etwa für die Amme der Erzherzogin Gisela ein bestimmter Betrag „zum Gebrauch der Donaubäder" ausgelegt. Die gesamten Ausgaben für ihre Ausstaffierung beliefen sich übrigens auf 459 Gulden, ein nicht unwesentlicher Betrag.

Eine genaue Arbeitszeitregelung, Urlaubs- und Pensionsansprüche gab es für das Dienstpersonal am Kaiserhof selbstverständlich nicht. Freizeit für Besorgungen, für Besuche etc. wurde natürlich gewährt. Die Bediensteten erhielten bei ihrem Ausscheiden aus dem Dienst Geschenke und wurden je nach Dienstrang von ihren Dienstgebern testamentarisch mit kleineren oder größeren Legaten bedacht. In Notfallssituationen (Krankheit, Verarmung etc.) erhielten sie wohl auch, zumindest über eigenes Ersuchen, eine Gnadenpension oder eine andere Unterstützung. Daß die Familie einer kaiserlichen Amme pensionsberechtigt war, wie man ab und zu hören kann, ist dokumentarisch nicht belegt.

Der kleine Kronprinz wurde Anfang Juni, etwas mehr als acht Monate nach seiner Geburt, wie übrigens seinerzeit auch Franz Joseph, von der Brust entwöhnt. Als der Kaiser, der sich gerade auf dem italienischen Kriegsschauplatz befand, davon Mitteilung erhielt, fragte er seine Gemahlin geradezu rührend arglos: „Was ißt denn unser Sohn, seit dem Marianka weg ist?" (Brief an Elisabeth vom 9. Juni 1859).

Er machte sich unnötige Sorgen, Rudolf war in besten Händen. Er erhielt gegen Ende der Stillperiode Tee, Suppe und die eine oder andere Breimahlzeit (Brief Leopoldine Nischers an ihre Tochter). Die Muttermilch wurde durch – mit Wasser verdünnte – Kuhmilch aus den kaiserlichen Hofstallungen ersetzt. Die Weisungen für die Ernährung und Pflege der kaiserlichen Kinder kamen in der Hauptsache gewiß von der Mutter des Kaisers, die aus eigener Erfahrung schöpfen konnte, während dem Leibarzt (Kinderarzt) wohl nur eine medizinische Überprüfungsfunktion zukam.

Die wichtigste Rolle in der Kindskammer Rudolfs und seiner Schwester Gisela spielte mit Sicherheit die Kammerfrau Leopoldine Nischer, die offiziell wohl nicht die Leitung innehatte, aber aufgrund ihres Alters, ihrer menschlichen Reife und ihrer jahrzehntelangen Praxis im Umgang mit Kindern den Ton angab. Leopoldine Nischer ist der typische Fall einer Hofbediensteten, wie sie im vorigen Jahrhundert nicht selten anzutreffen waren. Sie war dem Kaiserhaus, der kaiserlichen Familie in unwandelbarer Liebe und Treue zugetan. Selbstlos stellte sie ihre eigenen

Bedürfnisse und die ihrer Familie hinter jene des Hofes zurück und brachte ihre reiche (Lebens-)Erfahrung für die Pflege und Erziehung der kaiserlichen Kinder ein, wann immer es gewünscht wurde. Sie genoß am Kaiserhof eine Vertrauensstellung, die über Jahrzehnte währte. Ihre Tätigkeit bei Hof, ihr Verhältnis zur kaiserlichen Familie, vor allem aber ihre (lebenslange) Beziehung zu den ihr anvertrauten Schützlingen ist nicht nur sozialhistorisch von Interesse. Ich möchte sie kurz darstellen, zumal die Unterlagen glücklicherweise dafür ausreichen.

Leopoldine Nischer (geb. Huber) trat am 23. Juli 1830 als Kindsmädchen in den Dienst des österreichischen Kaiserhofes. Sie bildete zusammen mit einer Kindsfrau, zwei Leiblakaien, einer Köchin und zwei Kammerweibern das Personal, das Erzherzogin Sophie, die Gemahlin Erzherzog Franz Karls, eines Sohnes von Kaiser Franz I., für die Betreuung und Pflege ihres ersten Kindes ausgewählt hatte. Die Leitung der Kindskammer übertrug die Erzherzogin der Baronin Louise Sturmfeder.

Das Kind erblickte am 18. August 1830 das Licht der Welt und wurde auf den Namen Franz Joseph getauft. Leopoldine war ganze siebzehn Jahre alt, als sie an den Hof kam. Sie war die Tochter eines Hofbediensteten – der Vater brachte es später bis zum Hofbeleuchtungsinspektor – und die zweitälteste von fünf Geschwistern. Von ihrem Vater der Erzherzogin höchstwahrscheinlich empfohlen, brachte sie für ihre Stellung offenbar genug häusliche Erfahrung im Umgang mit kleinen Kindern mit, um vor dem kritischen Auge Sophies bestehen zu können. Welche Tätigkeiten sie verrichtete, verrichten durfte, ob sie den späteren Kaiser wickelte, spazierenführte, auf dem Arm trug, ihm aus dem Märchenbuch vorlas, mit ihm spielte, muß der Phantasie überlassen bleiben. Sie hat leider keinen Bericht darüber hinterlassen. Jedenfalls muß sie sich bewährt haben, denn mit Wirkung vom 1. September 1834 wurde sie zum Kammermädchen mit einer Jahresgage von 800 Gulden ernannt, wozu ihr der stolze Vater natürlich (schriftlich) herzlichst gratulierte.

Leopoldine Nischer („Nono"), die geliebte Kammerfrau der Kaiserkinder

Als die Erzherzogin einer Tochter das Leben schenkte (Maria Anna, geb. 1835, gest. 1840), wurde die Nischer in deren Kammer transferiert und avancierte 1837 zur k. k. Kammerdienerin, eine Rangerhöhung, die sich auch finanziell bezahlt machte: ihr Jahresgehalt erhöhte sich auf eintausend Gulden.

Um diese Zeit trat auch eine Wende im persönlichen Leben der Leopoldine Nischer ein: Am 14. November 1838 heiratete sie in der Hofburgkapelle in Anwesenheit einiger Mitglieder des Kaiserhauses den Polizeikommissär Carl Nischer. Er war um sechzehn

Jahre älter als sie, die Ehe wurde glücklich. Beruflich änderte sich nichts. Leopoldine Nischer blieb weiter in Hofdiensten, auch dann, als sie Nachwuchs bekam. Insgesamt schenkte die k. k. Kammerdienerin und spätere Kammerfrau des Kronprinzen Rudolf drei Töchtern und drei Söhnen das Leben. Bei zwei Töchtern, die auf den Namen Sophie getauft wurden, übernahm die Erzherzogin die Patenschaft. Vier Kinder sind jung verstorben, der älteste Sohn erreichte nur ein Lebensalter von dreißig Jahren. Lediglich einer der Söhne, der übrigens im kaiserlichen Schloß Laxenburg zur Welt kam, überlebte die Eltern. Fürwahr ein schweres Schicksal! Leopoldine Nischer trug es mit Fassung, Geduld und einem unerschütterlichen Gottvertrauen. Und doch: Wie schwer muß es ihr gefallen sein, zwischen Schwangerschaften und Todesfällen ihre Pflicht am Kaiserhof zu erfüllen, für fremde Kinder zu sorgen, ohne die eigenen zu vernachlässigen, immer wieder für längere Zeit von ihrem Mann getrennt zu sein.

Im Oktober 1848, kurz nach dem Tod einer Tochter, machte sie die Flucht des kaiserlichen Hofes nach Olmütz mit, während sich Carl Nischer, der in Wien zurückblieb, als hoher Polizeioffizier in der Stadthauptmannschaft mit den Revolutionären herumschlug und für seine beiden kleinen Söhne sorgte. Seine Verdienste in den Revolutionstagen wurden belohnt: er erhielt den Titel „Regierungsrat" und avancierte zum Vize-Stadthauptmann. Die Gattin kehrte im Frühjahr 1849 mit dem Kaiserhof nach Wien zurück. Das Familienleben der Nischers mündete nun in ein ruhigeres Fahrwasser ein. Um sich ganz ihren Pflichten als Gattin und Mutter widmen zu können, bat Leopoldine Nischer um ihre Entlassung aus dem Hofdienst. Dem Ersuchen wurde stattgegeben. Einige Jahre stand sie nun ganz ihrer Familie zur

Verfügung. Dann, im Juli 1857, wurde sie „auf dringendes Verlangen der Majestäten als Kammerfrau der Erzherzogin Gisela rekrutiert", wie sie in ihrem Tagebuch vermerkte. Die Formulierung spricht Bände. Die neuerliche Berufung an den Kaiserhof war gewiß ehrenvoll, aber sie bedeutete die Trennung von Heim und Herd, von Mann und Kindern. Man kann es Frau Nischer wohl nicht verargen, daß sie darüber keine Freudentränen vergoß. Sie war jetzt 44 Jahre alt, die jüngste Tochter war erst ein paar Monate vorher gestorben, ein zwölfjähriger Sohn war zu versorgen, der Mann ging auf die sechzig zu. Für Leopoldine war ihre „Rekrutierung" bestimmt eine arge Belastung. Aber die Kammerfrau ließ sich natürlich nichts anmerken. Sie erfüllte wie eh und je ihre Pflicht, hegte und pflegte die Kinder des Kaisers und erwarb sich rasch deren Zuneigung und Liebe. Die warmherzige, kluge, fürsorgliche Leopoldine, die aber auch resolut sein konnte, vertrat Mutterstelle, war Anlaufstation in Freud und Leid. Gisela und Rudolf nannten sie zärtlich „Nono", hingen mit kindlicher Zutraulichkeit an ihr und blieben zeitlebens mit ihr verbunden.

Sieben Jahre lang blieb die Nischer diesmal im Dienst des Hofes, so lange, bis die Erziehung des Kronprinzen nach Vollendung seines sechsten Lebensjahres in andere, rauhere (Männer-)Hände gelegt wurde. Die gebildete, intelligente, wortgewandte „Nono", die Französisch in Wort und Schrift beherrschte und noch in fortgeschrittenem Alter Englisch lernte, wurde Zeugin so mancher bewegenden Szene im Kaiserhaus, wie etwa jener Ende Mai 1859, als der Kaiser von der Familie Abschied nahm, um sich zu seiner Armee nach Italien zu begeben. „Der gestrige Tag war für mich in jeder Beziehung ein trauriger", schrieb sie ihrem Mann. „Nachdem ich diesmal Euch und mein Haus schwerer als je verlassen, drückte des Kaisers Abreise meine Stimmung unter Null herab. Um $\frac{1}{2}$11 Uhr wurden die Kinder zum Abschied heruntergerufen und ich nahm Gisela auf den Arm, um den Kaiser noch zu sehen. Im Begriff in das nächste Zimmer zu gehen, wandte er sich nochmals um und durchschritt das ganze Stiegenzimmer, um zu mir hinzugehen; er reichte mir die Hand und sagte: ‚Leben Sie recht wohl.'

Ich habe seine liebe Hand lange gehalten, geküßt und mit Tränen bedeckt. Die arme Erzherzogin Sophie, welche mir auch bei dieser Gelegenheit wieder besondere Herzlichkeit erwies, war doch noch ziemlich gefaßt im Vergleich zur Kaiserin, welche gänzlich in Schmerz aufgelöst war ... Die Fassungslosigkeit der Kaiserin übersteigt alle Grenzen, sie hat seit gestern früh nicht zu weinen aufgehört, ißt nichts und bleibt immer allein, – höchstens mit den Kindern ... Die Kinder sind sehr vergnügt in Laxenburg, nur ist die arme Gisela durch die immerwährenden Thränen etwas aus der Fassung gebracht. Gestern abends saß sie ganz still in einem Winkel und hatte ganz nasse Augen. Als ich sie frug, was ihr fehle, sagte sie: Gisela muß ja auch weinen um den guten Papa."

Natürlich erlebte Leopoldine Nischer auch die Entfremdung zwischen Franz Joseph und Elisabeth mit und mußte die Auseinandersetzungen zwischen der Kaiserin und ihrer Schwiegermutter mit ansehen, von denen sie in ihrer Tätigkeit gewiß betroffen und beeinträchtigt wurde. Sie wird in ihrem Familienkreis wohl davon gesprochen haben, schriftlich festgehalten hat sie diese Vorkommnisse aber nicht.

Während sie in Begleitung der Kaiserin des öfteren von Wien abwesend war – Reichenau, Possenhofen, Venedig etc. waren die Reiseziele –, wurden ihrem Mann hohe Auszeichnungen zuteil: Im März 1860 wurde er in den Ritterstand erhoben, kurze Zeit später verlieh ihm der Kaiser den Titel eines k. k. Hofrates, 1863 erhielt er das Ritterkreuz des Leopolds-Ordens. Obwohl ihn diese Avancements und Ehrungen gewiß sehr gefreut haben, litt er doch sehr unter der Trennung von seiner Frau. „Die Abende sind in der That höchst widerwärtig, o' wärest Du doch heim", schrieb ihr der 64jährige im Oktober 1861, und am 25. Hochzeitstag, den sie nicht gemeinsam feiern konnten, sandte er seiner Gattin herzliche Glückwünsche und gratulierte ihr zum bevorstehenden Namenstag, „bis es mir vergönnt ist, Dir mündlich zu sagen, wie unendlich lieb und werth Du mir bist. Möchte sich doch bis dahin Dein jetziges Leiden, wenn nicht verloren, so doch in wünschenswerter Weise gelindert haben", fügte er hinzu. Es war offensichtlich eine Anspielung auf ein hartnäckiges Übel, das sich schwer kurieren ließ. Leopoldine Nischer hielt durch und schied erst Ende 1864 aus dem Hofdienst. Erzherzogin Sophie dankte ihr „für die Treue und gänzliche Hingabe, mit welcher Du meine lieben Enkel gepflegt und überwacht hast, die Dir Gott reichlich an Deinen Kindern lohnen möge". Die hohe Frau bedachte die Nischer sogar in ihrem Testament. Sie vermachte ihr einen breiten, massiven Goldreifen mit einem großen brasilianischen Topas. Wahrscheinlich hat ihr auch die Kaiserin, die sie sehr schätzte, ihren Dank nicht versagt.

Hofrat Carl Nischer von Falkenhof, der nun bereits die Pension genoß, und seine Frau mögen von einem geruhsamen Lebensabend geträumt haben. Sie sollten sich nur vier Jahre ihrer Beschaulichkeit erfreuen.

Im August 1868 flatterte ein Brief der Kaiserin ins Haus, der sie in nicht geringe Verwunderung und Erregung versetzt haben mag. „Liebe Nischer!" schrieb

Elisabeth (Garatshausen, 15. August 1868). „Kaum sind es mehr als drei Monate, daß unsere liebe Kleine geboren ist (gemeint ist die jüngste Tochter des Kaiserpaares, Marie Valerie, die am 22. April 1868 zur Welt kam, Anm. d. Verf.) und schon sind wir zur Überzeugung gekommen, daß ohne Ihre sichere Hand keine Kindskammer möglich ist. Ich weiß, es ist eine recht unbescheidene Bitte, die ich an Sie stelle, nach so vielen Jahren der Mühe und Plage wieder anzufangen, aber ich denke, dem Kaiser zuliebe bringen Sie uns vielleicht doch das Opfer. Ich habe eine englische Kindsfrau, die mir gut scheint, doch nachdem andere das Gegenteil behaupten, und Frau v. Lośy zeitweilig auf Urlaub geht, könnten wir nur ruhig sein, wenn Sie die ganze Leitung der Kammer übernehmen würden; Sie werden ja dann bald beurteilen, ob die Kindsfrau verläßlich ist oder nicht.

Der Kaiser, der eben so sehnlich Ihre zustimmende Antwort erwartet wie ich grüßt Sie herzlichst. Wenn Sie sich also entschließen können, sich für einige Wochen dieser Aufgabe zu unterziehen, so ersuche ich Sie, sich hieher zu begeben und mich sogleich davon in Kenntnis zu setzen. Auf eine günstige Antwort wartend, bleibe ich liebe Nischer

Ihre dankbare
Elisabeth."

Was blieb Leopoldine Nischer anderes übrig, als der Bitte der Kaiserin zu willfahren? Sie war jetzt 55 Jahre alt, ihr Mann hatte das 70. Lebensjahr überschritten, beide sehnten sich nach Ruhe. Aber wieder verließ sie ihr Haus, fuhr nach Garatshausen in Bayern und begleitete die rastlose Kaiserin nach Ofen, Gödöllö und Ischl . . .

Leopoldine Nischer regelte den Dienst, gab Anweisungen und war bemüht, das Kammerpersonal so einzuschulen, daß es sich ohne ihre Anleitung in allen

Situationen zurechtfand und selbständig arbeiten konnte. Aus den paar Wochen, für die man sie engagiert hatte, wurde mehr als ein Jahr.

„Ich fange nun an, mich unmerklich aus meinem Dienstbetrieb zurückzuziehen", schrieb sie ihrem Sohn Karl im Juli 1869, „und die Dame in den Vordergrund treten zu lassen und in Ischl werde ich mich noch mehr frei zu machen suchen . . ." Es dauerte aber dann doch noch bis Ende September, ehe sie ihrer Tätigkeit Adieu sagte und zu ihrem Mann zurückkehrte.

Die Kaiserin fand sich mit dem Abgang der Nischer nur schwer ab und sprach ihr in schönen Worten ihre Anerkennung aus. „Wie sehr Sie uns abgehen", schrieb sie ihr aus Gödöllö (16. Oktober 1869), „vor allem aber mir, brauche ich Ihnen nicht zu sagen. Die Kleine nennt Ihren Namen sehr sehr oft, sucht Sie in allen Zimmern und singt, wie Sie es ihr bei der letzten Fahrt nach Schönbrunn gelehrt haben. Gottlob und unberufen ist sie wohl. Wiederhofer (der kaiserliche Leibarzt, Anm. d. Verf.) umgibt sie mit Sorgfalt und sucht wirklich so viel er kann Ihre Stelle zu ersetzen. Das kann aber doch Niemand, und einen ganz ruhigen Augenblick habe ich nie, seit Sie uns verließen . . ."

Leopoldine Nischer kehrte nicht wieder in den Hofdienst zurück, aber sie blieb mit der Familie des Kaisers in (engem) Kontakt. Gisela, Rudolf und Marie Valerie entboten ihr Wünsche zum Namenstag, sandten ihr Worte des Trostes nach dem Tod ihres ältesten Sohnes und des Gemahls, schickten ihr Photos und luden sie zu Gesprächen in die Hofburg ein. Die Kaiserkinder blieben ihrer „Nono", die ihnen so viel Liebe und Fürsorge geschenkt hatte, in großer Anhänglichkeit und Liebe verbunden.

Ihre Briefe an sie spiegeln die Dankbarkeit und innige Verbundenheit mit ihrer „Ersatzmutter" wider. So schrieb ihr der zwölfjährige Kronprinz am 10. August 1870:

„Liebe Nono!

Hiemit schicke ich Dir diese Kleinigkeit als Andenken an Mariazell. Gestern waren wir dort und verrichteten unsere Andacht; ich betete für Dich. Deinem Mann viele Grüße und Dich oft umarmend bin ich Dein Dich liebender Rudolf." Und noch der Sechzehnjährige empfing sie in der Hofburg, wie sie ihrem Sohn stolz berichtete, mit einem herzhaften Kuß. Rudolf schickte ihr nach seiner Verlobung mit Stephanie von Belgien ein Photo von seiner Braut und sprach ihr 1876 beim Tod ihrer Mutter Worte innigster Anteilnahme aus.

„Liebe Nono!" schrieb ihr der Kronprinz,

„Mit großem Bedauern habe ich den Tod Deiner armen Mutter erfahren; ich beeile mich, Dir mein innigstes Beileid zu diesem großen Unglück, das Dich getroffen hat, auszusprechen. Ich kann mir lebhaft vorstellen, wie sehr Dich dieser schwere Schlag angegriffen hat, besonders, da Du in den letzten Jahren durch den Tod Deines armen Sohnes schon so hart geprüft warst. Es wird Dir zum Troste gereichen, daß Deine selige Mutter ein so schönes und glückliches Alter erreicht hat und noch bis in die letzten Jahre so frisch und gesund war."

Sechs Jahre später kondolierte er ihr von der Prager Garnison aus zum Tod ihres Mannes mit folgenden Worten: „Liebe Nono! In den ersten Tagen nach dem schweren Unglück, das Dich getroffen, wollte ich Dich nicht stören, nicht durch einen Brief belästigen; es drängt mich aber, Dir auch schriftlich zu sagen, wie sehr ich an Dich dachte; an Dein namenloses Elend; wenn man selbst so glücklich verheiratet ist wie ich, versteht man es gut, was für einen unheilba-

ren Schmerz, für eine unersetzliche Lücke der Tod
Dir beigebracht hat . . ."

1882, ein Jahr nach seiner Verehelichung, war die
private Welt des Thronfolgers noch in Ordnung.

Auch die Kaiserin war Leopoldine Nischer zeitlebens in besonderer Herzlichkeit verbunden. Sie stat-
tete ihr im Oktober 1871 in ihrem Haus unangemel-
det einen halbstündigen Besuch ab, der in der Familie,
die gerade beim Kartenspiel saß, offenbar große Verwirrung auslöste (Leopoldines Mann und ihr Neffe
flohen ins Schlafzimmer, um nicht gesehen zu werden), und schrieb ihr nach dem Tod ihres ältesten
Sohnes, der im Februar 1873 an den schwarzen Blat-
tern starb, einen ungemein tröstlichen Brief, aus dem
so viel inniges Mitgefühl und so viel wärmende
Menschlichkeit spricht, daß ich ihn hier wiedergeben
möchte:

„Liebe Nischer!" schrieb die Kaiserin,

„Mein erster Gedanke war, zu Ihnen zu eilen und
Ihnen mündlich meine so innige Theilnahme an
Ihrem furchtbaren Unglück auszusprechen. Ihr Brief
an Frau von Ferentzy (die Vorleserin Elisabeths, Anm.
d. Verf.) hielt mich davon ab, da sie von der Möglichkeit einer Ansteckung sprechen, an die ich gar nicht
gedacht hatte.

Wie sehr ich mit Ihnen fühle, brauche ich Ihnen
nicht erst zu sagen, aber es wäre mir eine Beruhigung,
Sie zu sehen. Trost kann man leider nicht bringen in
solchen Fällen, das weiß ich wohl, doch hätte ich
gerne mit Ihnen geweint, und mir erzählen lassen von
dem lieben Kind, das nun seinen früh vorangegangenen Schwestern gefolgt ist, und Ihr geprüftes Leben
nun so ganz gebrochen hat. Doch dürfen Sie den
Muth und die Kraft nicht verlieren, es sind ja noch so
viele für die Sie sich erhalten müssen und der liebe
Gott wird Ihnen helfen.

Auch Ihren Mann und Ihre Mutter bedauere ich so sehr. Ich bitte, sagen Sie es ihnen.

Sicher hoffe ich, Sie bald sehen zu können, einstweilen werde ich für Sie beten. Es umarmt Sie, liebe Nischer

Ihre dankbare
Elisabeth."

Leopoldine Nischer war eine Frau von warmherziger Mütterlichkeit. Sie schenkte Liebe, Hingabe und Zärtlichkeit und erntete dafür Vertrauen, Zuneigung und Dankbarkeit. Sie war zuverlässig, treu und ergeben, sie ging ganz in ihren Pflichten auf und brachte dem Kaiserhaus Ehrfurcht und Verehrung entgegen. Die kaiserliche Familie ihrerseits vermittelte ihr ein Gefühl der Geborgenheit, schätzte ihre Dienste und nahm Anteil an ihrem privaten Glück, an ihren Sorgen und Nöten. Diese menschliche Grundhaltung und wechselseitige Fürsorge waren damals die Voraussetzung für ein gedeihliches patriarchalisches Zusammenleben zwischen den Untergebenen und ihren Herren.

Mit der Leitung der kaiserlichen Kindskammer betraute Erzherzogin Sophie die Freifrau Charlotte Welden. Die amtliche Bestellung zur Aja des „Allerhöchst anzuhoffenden Kindes" erfolgte mit kaiserlicher Entschließung vom 30. Jänner 1855 bei einem Jahressalär von viertausend Gulden. Ihrer Leitung unterstanden neben Leopoldine Nischer die Kindsfrau Anna Kathrein, eine befugte Hebamme, die mit sechshundert Gulden pro Jahr entlohnt wurde, sowie die Kindsmädchen Gabriele Tlamka, Anna von Csaby und Maria Legrenzi, deren Jahresverdienst sich auf vierhundert Gulden belief. Zum Kammerpersonal gehörten noch zwei Leiblakaien, eine Leibwäscherin, ein Hausknecht und ein Kammerweib, die die manu-

Das Kammermädchen Maria Legrenzi

elle Arbeit zu verrichten hatten und schlecht bezahlt waren. Die Leibwäscherin erhielt dreihundert, das Kammerweib 150 Gulden jährlich. Kost und Quartier wurden dem Kammerpersonal kostenlos zur Verfügung gestellt. Der tägliche Verpflegssatz für die Kindsfrauen und Kindermädchen betrug zwei Gulden. Nicht nur die Löhne, auch die übrigen Kosten für die Kammer wurden vom Hofzahlamt und ab 1862 vom Hofärár bestritten, aus dem auch die Bezüge für die Lehrer und Erzieher der Kaiserkinder flossen.

Weshalb ausgerechnet Charlotte Welden zur Aja erwählt wurde, läßt sich nicht mit Sicherheit sagen. Die Vermutung, die verschiedentlich geäußert wurde, das Kaiserhaus habe mit ihrer Bestellung seinen Dank für die Dienste und Verdienste ihres Mannes, Feldzeugmeister Franz Ludwig Welden, in den Revolutionsjahren 1848/49 abstatten wollen, hat wenig für sich. Die Leitung der kaiserlichen Kindskammer war ganz gewiß kein Versorgungsposten. Die Person, die diese wichtige Aufgabe übernehmen sollte, mußte das Vertrauen der kaiserlichen Familie besitzen und wohl auch bestimmte menschliche und charakterliche Voraussetzungen erfüllen. Eine fachliche Qualifikation im Sinne einer einschlägigen pädagogischen Ausbildung scheint hingegen keine Vorbedingung gewesen zu sein. Baronin Louise Sturmfeder, die Aja Franz Josephs, besaß keinerlei Erfahrung im Umgang mit (kleinen) Kindern, als sie in ihr hohes Amt berufen wurde, aber sie verfügte über Mutterwitz, Herzenswärme, Verantwortungsgefühl und Einfühlungsvermögen in die kindliche Seele, Eigenschaften, die auch heute noch einem Erzieher gut anstehen. Sie war ein pädagogisches Naturtalent, das sich bei allen seinen schweren und wichtigen Entscheidungen von ihrem Hausverstand und fraulichen Instinkten leiten ließ. Mag sie auch nicht immer das Richtige getroffen haben, so gewann sie jedenfalls die Liebe und Zuneigung ihres Schützlings. Ähnliches läßt sich auch von der Aja der Kinder des Kaisers sagen.

Charlotte Welden war 43 Jahre alt, seit zwei Jahren verwitwet und kinderlos, als sie mit der Leitung der

Kindskammer betraut wurde. Sie war gebildet, mildtätig, fromm und hatte, wie sich herausstellen sollte, eine gute Hand für Kinder. Die Hofgesellschaft sah es freilich anders. „Aber sage mir ganz unter uns: welche Wahl von einer Aja! Die gute Welden, die in ihrem Leben kein kleines Kind gesehen hat, die gar nichts davon versteht und etwas sehr Unentschlossenes hat. Dabei eine schwache Gesundheit. In München ging sie zur Zurheim, um nur zu lernen, ein Kind auf den Arm zu nehmen. Sie war diesen Herbst hier (gemeint ist Würzburg, Anm. d. Verf.). Ich sah sie. Ohne den Titel des Mannes wäre sie unbedeutend wie früher. Sie ist herzlich gut, aber langweilig. Aber halte nur reinen Mund. Wer ist denn auf diesen Gedanken gekommen? Sie hat aber vermutlich nur den Namen, ohne die Anordnungen treffen zu müssen. Es fiel ihr auch schwer, die Stelle anzunehmen, sagt man."

Aus diesen Zeilen sprechen Voreingenommenheit, Animosität und Standesdünkel. Baronin Welden wurde achtzig Jahre alt, die Kinder mochten sie und fanden sie ganz und gar nicht langweilig. Um ein guter Erzieher zu sein, braucht man auch nicht unbedingt eigenen Nachwuchs; das war nicht nur im 19. Jahrhundert so. Die kaiserliche Familie war jedenfalls mit den Diensten der Feldzeugmeisterswitwe zufrieden, sonst wäre sie vorzeitig abgelöst worden. Baronin Welden blieb in ihrem Amt, sie blieb bis zu dem Zeitpunkt, zu dem die Kindskammer Rudolfs aufgelöst und für den Kronprinzen ein eigener Hofstaat eingerichtet wurde.

Charlotte Welden wurde am 4. August 1812 in Innsbruck geboren und in der dortigen Stadtpfarrkirche zum hl. Jakob nach katholischem Ritus getauft. Ihr Vater, Theodor von Lamey, war Berufsoffizier. Er diente in der bayerischen Armee, zeichnete sich in

*Kaiserin Elisabeth und die Aja, Baronin Charlotte Welden, mit
den Kaiserkindern in Venedig, 1862*

den Napoleonischen Kriegen mehrfach aus und heiratete 1810 mit Bewilligung des Kurfürsten von Bayern Maria Anna von Redwitz zu Kips. Der Ehe ent-
sprossen zwei Kinder, die jedoch sehr früh zu Halb-
waisen wurden, da der Vater, der es zuletzt bis zum
Oberstleutnant der Artillerie gebracht hatte, im Feld-
zug gegen Rußland an Typhus erkrankte und am
11. Jänner 1813 starb.

Charlotte, die Zweitgeborene, wuchs vaterlos auf. Über ihre Erziehung und Ausbildung ist denkbar wenig bekannt. Mit einer Militärpräbende des bayerischen Kriegsministeriums ausgestattet, dürfte sie in katholischen Mädcheninstituten erzogen worden sein. Sie wurde später bayerische Theresienordensdame, Stiftsdame des St.-Anna-Ordens und gehörte ab 1833 dem adeligen Sternkreuzorden an, der seine Mitglieder zum Dienst an Gott und zur tätigen Nächstenhilfe verpflichtete.

Die fromme, kunstsinnige Reichsfreiin (sie war eine begabte Malerin) heiratete am 27. September 1839 im Alter von 27 Jahren Feldmarschalleutnant Franz Ludwig Welden, der zu dieser Zeit als Divisionär in Graz stationiert war. Welden, um 32 Jahre älter als seine dritte Gattin, stand seit 1802 in kaiserlichen Diensten. Er diente in den Napoleonischen Kriegen als Generalstabsoffizier unter Fürst Karl Philipp Schwarzenberg und war in den Jahren nach dem Wiener Kongreß in verschiedenen Funktionen, unter anderem als Präsident der Militär-Zentralkommission beim Deutschen Bund in Frankfurt am Main, tätig. Seine militärische Karriere erreichte in den Revolutionstagen 1848/49 ihren Höhepunkt, als er, zum Feldzeugmeister befördert, mit dem Oberkommando der Armee in Ungarn betraut wurde. 1851 ging er in Pension, zwei Jahre später, am 7. August 1853, starb der verdiente Offizier, der als Militärschriftsteller tätig war und sich auch als Botaniker einen Namen gemacht hatte – eine Reihe von Pflanzen ist nach ihm benannt –, in Graz.

Seine junge Gattin scheint sich unter seinem Einfluß für das Militär erwärmt zu haben. Sie hielt jedenfalls einige militärische Ereignisse des Revolutionsjahres in Kunstblättern fest. Die Schlachtenszenen, die von August Ritter von Pettenkofen und Franz Xaver

Sandmann lithographiert wurden, sind im Besitz der Porträtsammlung der Österreichischen Nationalbibliothek.

Die verwitwete Baronin bezog nach dem Tod ihres Mannes eine jährliche Pension von zweitausend Gulden. Mit dem doppelten Salär wurde sie, wie bereits erwähnt, 1855 zur Aja in der kaiserlichen Kindskammer bestellt. Charlotte Welden nahm die ihr anvertraute verantwortungsvolle Aufgabe sehr ernst. Sie fand sich trotz ihrer Unerfahrenheit in ihrem neuen Betätigungsfeld rasch zurecht und kam offenbar sowohl mit der Kaiserin als auch mit Erzherzogin Sophie gut aus. Der Kaiser schätzte sie. Was aber noch wichtiger war: Sie gewann spielend das Herz und die Zuneigung der Kinder, die sie in die Sommeraufenthalte und auf allen ihren Reisen begleitete. Sie sorgte für deren Wohlergehen und überwachte interessiert ihre Entwicklung. Nach mehr als neun Jahren, die gewiß zu den erfülltesten ihres Lebens gehörten, nahm ihre erzieherische Tätigkeit am Kaiserhof ein Ende. Sie wurde nicht entlassen. Die Baronin mußte, nachdem der Kronprinz sein sechstes Lebensjahr vollendet hatte, männlichen Erziehern das Feld überlassen.

Der Abschied von den Kindern ist ihr sehr schwer gefallen, wie einer Briefstelle des Kaisers zu entnehmen ist.

„Sie werden schon wissen, liebe Mama", schrieb Franz Joseph am 27. August 1864 seiner geliebten Mutter, „daß wir die neue Gouvernante für Gisella glücklich erobert haben und daß sie am 1. November eintritt. Jetzt bleibt nur noch die Aufgabe, es der Welden beizubringen." Wer diese Aufgabe übernahm, wissen wir nicht. Die Baronin benahm sich bei ihrem Abgang jedenfalls dann „sehr edel und standhaft", wie der Kaiser anerkennend feststellte. Sie verließ noch am gleichen Tag Wien.

Das Verhältnis zwischen den Kaiserkindern und ihrer ehemaligen Aja blieb zeitlebens warm und herzlich. Die Baronin nahm an der Entwicklung des Kronprinzen weiterhin aufmerksam Anteil, registrierte jede Veränderung seines labilen Gesundheitszustandes und reagierte darauf. Als der kleine Rudolf von der schweren seelischen Erschütterung, die der Erzieherwechsel und die unpassende Behandlung durch den Grafen Gondrecourt in ihm ausgelöst hatten, wieder genas, schrieb sie ihm am 19. August 1865 aus München: „Mit so großer Beruhigung höre ich von Allen, die Sie sehen, wie wohl, heiter, ja muthwillig mein lieber Kronprinz wieder geworden ist. Im Oktober hoffe ich mich selbst davon zu überzeugen und mich recht daran zu erfreuen."

Die Aja vergaß keinen seiner Geburts- und Namenstage, sie kaufte ihm Spielsachen, schickte ihm Photos, besuchte ihn in Schönbrunn und in der Hofburg und schloß ihn in ihre Gebete ein. „Meine Gedanken sind oft mit Ihnen beschäftigt", schrieb sie ihm ein andermal, „und in Erinnerung der glücklichen Tage, welche ich mit Ihnen und der lieben Erzherzogin durchlebte."

Auch Giselas Herz hing an ihrer gütigen, mütterlichen Erzieherin. „Hast Du schon unsere gute alte Wowo (die Baronin wurde von den Kindern so genannt, Anm. d. Verf.) gesehen?" schrieb sie im Februar 1870 an ihren Bruder. „Sage ihr, daß ich sie herzlich küsse." Sie lud „Wowo" nach ihrer Verehelichung des öfteren in ihr Heim nach München ein, wo sich die alte Dame im Kreis der Familie der Erzherzogin sehr wohl fühlte. Auch in der Ischler Kaiservilla war Charlotte Welden so manchen Sommer zu Gast. Sie fuhr dann von Gmunden, wo sie bei ihrer Stieftochter Anna, die mit dem kaiserlichen Ministerpräsidenten der Jahre 1865–67, dem Grafen

Richard Belcredi, verheiratet war, die Sommermonate verbrachte, hinüber in die Stadt an der Traun, um ein wenig zu plaudern und alte Erinnerungen aufzufrischen.

Die Winter verbrachte sie in ihrer „düsteren" Wohnung in der Wiener Predigergasse Nr. 3. Sie fühlte sich mit zunehmenden Jahren ein wenig einsam und gichtgeplagt, verfolgte aber mit intellektueller Wachsamkeit die politischen Vorgänge und das Leben am Kaiserhof. Die offiziellen Auftritte des Kronprinzen in der Öffentlichkeit, seine Reden bei den verschiedensten Anlässen, seine zahlreichen Reisen erregten ihr besonderes Interesse, seine militärischen Avancements erfüllten „das militärische Herz der alten Wowo" mit Stolz. Über seine privaten Fehltritte wird sie mit Bestimmtheit nicht informiert, über das Scheitern seiner Ehe als tiefgläubige Katholikin wohl konsterniert, über sein tragisches Ende tief betroffen gewesen sein.

Auch das Leben der hochbetagten Baronin, die längst ihren Frieden mit Gott und der Welt gemacht und bereits im Jänner 1883 ihre Stieftochter Anna Belcredi in ihrem Testament als Universalerbin eingesetzt hatte, neigte sich langsam dem Ende zu. Charlotte Welden schied nach kurzer Krankheit am 8. Juni 1892 im 80. Lebensjahr durch eine Herzlähmung sanft und ohne jeden Todeskampf aus dem Leben. Der Leichnam wurde im Trauerhaus aufgebahrt. Generaladjutant Graf Eduard Paar drückte im Auftrag des Kaisers der Stieftochter und ihrem Gemahl telegraphisch sein Beileid aus, die Kaiserin, die Witwe des Kronprinzen, Stephanie, sowie die Erzherzoginnen Gisela und Marie Valerie ließen an der Bahre Kränze niederlegen. Die Verstorbene wurde am 10. Juni 1892 im Beisein zahlreicher Mitglieder des Hochadels in der Pfarrkirche St. Maria Rotunda bei den P. P. Dominikanern eingesegnet und anschließend nach Graz übergeführt, wo Charlotte Welden auf dem Kirchhof St. Peter im Familiengrab an der Seite ihres Mannes ihre letzte Ruhestätte fand.

Bei allen Entscheidungen, die die Gesundheit und das körperliche Wohlergehen der Kinder betrafen, mußte sich das Pflege- und Erziehungspersonal natürlich an den Rat des kaiserlichen Leib- oder Kinderarztes halten. Im Krankheitsfall lag die medizinische Betreuung selbstverständlich ausschließlich in seinen Händen. Auswahl, Qualifikation, Anstellungserfordernisse, Arbeitsbedingungen, Entlohnung, Persönlichkeit und Einfluß der am Wiener Kaiserhof tätigen Ärzte sind meines Wissens zusammenfassend leider noch nicht erforscht und dargestellt worden. Die Geschichtswissenschaft sollte sich dieses Themas bald einmal annehmen, war doch der Arzt neben dem Beichtvater nicht nur in der Wiener Hofburg eine wichtige Vertrauensperson des Herrschers.

Die ärztliche Betreuung der Kinder Kaiser Franz Josephs wurde in die denkbar besten Hände gelegt: Sie wurde einem Mann anvertraut, der zu den Pionieren der österreichischen Kinderheilkunde zählt. Es war Dr. Franz Mayr, dessen Name und Wirken heute weitgehend vergessen sind.

Franz Mayr wurde am 4. Oktober 1814 in ärmlichen Verhältnissen in Uderns im Zillertal geboren. In früher Kindheit durch den Tod des Vaters zur Halbwaise geworden, trat er 1828 nach dem Besuch der Dorfschule in das Innsbrucker Gymnasium ein, wo er die Matura mit ausgezeichnetem Erfolg ablegte. Sein nächster Ausbildungsweg führte ihn nach Wien. In der ihm fremden Großstadt mußte der mittellose Student harte Entbehrungen auf sich nehmen, ehe er im Alter von 29 Jahren sein Studium der Medizin erfolgreich abschließen konnte. Der junge Mediziner war zunächst als Sekundararzt am Allgemeinen Krankenhaus tätig. Nachdem er sich vergeblich um eine Anstellung in der Provinz bemüht hatte, wechselte er 1845 auf einen Sekundarposten am St.-Josefs-Kinderspital über, mit dessen Leitung er bereits ein Jahr später betraut wurde. Seine medizinische Karriere führte rasch weiter steil nach oben. 1857 vertraute ihm der Kaiser die ärztliche Betreuung seiner Kinder an, im Jahr darauf wurde er zum Direktor des St.-Anna-Kinderspitals und zum Professor für Kinderheilkunde an der Wiener Universität ernannt. Somit war der arme Tiroler Bauernbub innerhalb kürzester Zeit im kaiserlichen Wien in seinem Beruf zu den höchsten Rängen aufgestiegen. Diese beinahe amerikanisch anmutende Karriere bezog ihre Antriebskraft aus einer unermüdlichen Einsatzbereitschaft, einem hehren Berufsethos und einer unbändigen wissenschaftlichen Neugier.

Dr. Franz Mayr war (Kinder-)Arzt mit Leib und Seele. Er brachte seine Beobachtungen am Krankenbett in zahlreichen, zum Teil umfassenden Abhandlungen zu Papier, schrieb mit Vorliebe Artikel über die Hautkrankheiten von Kindern und gab in einer kurzen programmatischen Schrift Anleitungen für eine naturgemäße und verständnisvolle Kinderpflege. Sein größtes wissenschaftliches Verdienst war jedoch die Schaffung einer Semiotik (Wortbedeutungslehre) der Kinderheilkunde, in die er seine reiche diagnostische Erfahrung einfließen ließ. Er schuf damit gewissermaßen das Alphabet der Kinderheilkunde.

Franz Mayr liebte Kinder, er brachte ihnen als Arzt und als Mensch großes Verständnis entgegen, behandelte sie einfühlsam und aufopferungsvoll. Er sorgte sich in dem Spital, das er leitete, Tag und Nacht um ihr Befinden und verlieh seinen Wünschen und Anordnungen Nachdruck. Sein immenses Fachwissen, seine Gewissenhaftigkeit, sein einfaches und schlichtes Wesen nötigten, ob reich oder arm, seinen Patienten, aber auch seinen Kollegen Achtung und Respekt ab.

Auch in der Hofburg genoß der bescheidene, stets freundliche Arzt höchstes Ansehen. Er begleitete Anfang November 1861 den Kronprinzen und seine Schwester Gisela nach Venedig und übernahm dort die ärztliche Betreuung der Kaiserin. „Darf ich Sie bitten", schrieb der Kaiser kurze Zeit später Baronin Welden, „dem Doktor Maier in meinem Namen für seinen Brief und für die Vorsicht und Sorgfalt zu danken, mit denen er die Behandlung der Kaiserin begonnen hat." Schon nach wenigen Tagen gab es also höchstes Lob für den sympathischen Arzt.

Dr. Mayr blieb bis zum Frühjahr 1862 bei der kaiserlichen Familie in der Lagunenstadt. Als er nach Wien zurückkehrte, wurden ihm allerseits Anerkennung zuteil und Verehrung entgegengebracht. Er stand nun auf dem Höhepunkt seiner Karriere. Der hilfsbereite, beliebte Pädiater sollte sich aber seines Glückes nicht lange erfreuen. Im Sommer warf ihn eine Lungenblutung auf das Krankenlager. Ein altes Tuberkuloseleiden, das er sich in seiner entbehrungsreichen Studienzeit zugezogen hatte, war wieder akut geworden. Über den letalen Ausgang der Erkrankung wußte niemand besser Bescheid als er. Noch einmal schöpfte er Hoffnung, als sich nach einem Kuraufenthalt in Görz im Frühjahr 1863 eine Besserung seines Zustandes einstellte. Aber der „Morbus Viennensis" ließ im vorigen Jahrhundert seine Opfer nur selten aus seinen Krallen, und er machte auch bei Dr. Franz Mayr keine Ausnahme. Der großartige Arzt schloß am 3. August 1863, im Alter von nur 49 Jahren, nach unsagbarem Leiden für immer die Augen. In den letz-

95

ten Wochen seines qualvollen Daseins war ihm durch den persönlichen Besuch des Kaiserpaares am Krankenlager noch die allerhöchste Bestätigung für sein hervorragendes Wirken und herzliche Anteilnahme erwiesen worden. Die tröstliche Erinnerung an diese Visite erfüllte ihn bis zum letzten Augenblick seines Lebens.

Die kaiserliche Familie benötigte nun einen neuen Leibarzt und fand ihn in der Person des Dr. Hermann Widerhofer, eines Schülers des Verewigten.

IV. Kapitel

Die liebevoll-gestrenge Großmutter: Erzherzogin Sophie

Als Prinzessin Sophie von Bayern im Oktober 1824 nach Wien kam, war sie ein junges, quicklebendiges Geschöpf von neunzehn Jahren. Sophie war zwar keine ausgesprochene Schönheit, aber sie hatte ein anziehendes, anmutiges Gesicht und eine gute Figur, wirkte frisch, gesund und natürlich. Sie war willensstark, hatte Temperament und einen scharfen Verstand. Mit ihren hübschen Ringellocken und ihren romantischen Neigungen paßte sie rein äußerlich recht gut in das Biedermeier, war sie der Typ des „süßen Mädels", für das man in der Kaiserstadt an der Donau damals viel übrig hatte. Die bayerische Prinzessin, die so herzerfrischend wirkte, war noch keine fertige Persönlichkeit. Aber sie war gebildet – ihre Ausbildung wurde von dem berühmten deutschen Altphilologen Friedrich Wilhelm Thiersch geleitet –, energisch, ehrgeizig und eine überzeugungstreue Katholikin.

Sophie kam nicht zu ihrem Vergnügen nach Wien. Sie kam, um zu heiraten. Ihr Vater Maximilian Joseph I., seit 1806 König von Bayern von Napoleons Gnaden, hatte sie mit Erzherzog Franz Karl, dem zweiten Sohn des Kaisers aus dessen zweiter Ehe, verkuppelt. Die blutjunge Prinzessin war darüber alles andere als begeistert. Sie kannte den ihr zugedachten zukünftigen Gatten seit dem Frühjahr, als sie ihn in Tegernsee anläßlich der Brautschau zum erstenmal zu

Gesicht bekommen hatte. Und in der Tat: Franz Karls Erscheinung war nicht dazu angetan, das Herz einer Frau höher schlagen zu lassen. Er war klein, sein länglicher Kopf saß unproportioniert auf einem schmächtigen Körper. Er war in jeder Hinsicht unauffällig und unbedeutend, seine geistigen Interessen reichten über die Jagd nicht weit hinaus.

Königin Karoline von Bayern, die Mutter Sophies, fand ihn völlig unattraktiv. „Was soll ich Ihnen von unserem Erzherzog sagen?" schrieb sie nach der Tegernseer Begegnung ihrer Mama. „Er ist ein bon garçon, bestrebt Gutes zu tun. Er fragt jedermann um Rat, mais il est terrible... mich würde er zu Tode langweilen... Mein Trost ist die unbeschreibliche Anhänglichkeit der Brüder des Kaisers", fügte sie quasi zur eigenen Selbstermunterung hinzu, um abschließend festzustellen: „Ein Erzherzog ist nämlich wie der andere. Wenn man einen gesehen hat, kennt man sie alle..."

Dieses abschätzige Pauschalurteil mochte etwas für sich haben. Allein, Franz Karl war kein gewöhnlicher Erzherzog: Er war der Sohn des österreichischen Kaisers mit guten Aussichten auf die Thronfolge. Denn der Erstgeborene, der nach dem Gesetz der Primogenitur dem Vater einmal nachfolgen sollte, Ferdinand mit Namen, kam für die Kaiserwürde wohl kaum in Frage: Seine epileptischen Anfälle und seine Geistesschwäche ließen ihn regierungsunfähig erscheinen. Von diesem Blickwinkel aus betrachtet, war Franz Karl eine gute Partie, und gute Partien waren selten. Das wußten die Königin und der König von Bayern, und daher fiel es ihnen auch gar nicht schwer, ihre hoffnungsvolle Tochter diesem Mann zur Frau zu geben. Und das erkannte möglicherweise auch die kluge, ehrgeizige Sophie, als sie Ferdinand zum erstenmal sah. Jedenfalls machte sie gute Miene zum

Erzherzogin Sophie als junge Frau

bösen Spiel. Wäre es anders gewesen, es hätte ihr nichts genützt, sie hätte ihrem Schicksal keine Wendung geben können. Die elterlichen Entscheidungen waren unabänderlich. Aber Sophie, ihren Eltern abgöttisch ergeben, machte ohnehin keine Schwierigkeiten und fügte sich widerstandslos. Die Trennung von ihnen im Oktober 1824 schmerzte sie tief.

„Liebe theure Mama, heißgeliebte Eltern", schrieb sie nach München, „wenn Ihr Euch nach Eurem armen Kinde sehnt, so denkt, daß ihm auch schon innige Sehnsucht nach Euch das Herz brechen möchte ... ich kann mich nicht mehr an Euer Herz drücken, die lieben Backen nicht mehr küssen, ach ich bin doch recht unglücklich, daß ich es nicht mehr kann." Und am 17. Oktober 1824 klagte sie der Mutter: „Deine Sophie ist nun weit, recht weit von Dir und möchte vor Sehnsucht und Heimweh vergehen." Und ein andermal zählte sie die Tage bis zum Wiedersehen. Dann werde sie, so glaubte sie jedenfalls, wieder ganz glücklich sein.

Vorerst freilich wartete auf die heimwehkranke bayerische Prinzessin die Hochzeit, die am 4. November 1824 in der Wiener Augustinerkirche stattfand. Sophies Jawort klang zwar etwas beklommen, aber mit ihrem Gatten hatte sie sich abgefunden. So sah es jedenfalls die Frau Mama, die ihrer Mutter berichtete: „Alle Tage muß ich Gott danken, daß sich die Dinge so entwickelt haben ... denn Sophie ist mit ihrem Mann völlig zufrieden" (12. November 1824). Und drei Tage später frohlockte sie: „Sophie ist mit ihrem Mann so glücklich von ihm begeistert, wie sie als Verlobte unzufrieden war." Und auch der nächste Satz läßt aufhorchen: „Sie und Marie (eine ihrer Schwestern, Anm. d. Verf.) bewegen sich immer in Extremen. Jetzt finden sie alle Erzherzoge charmant."

In Extremen bewegte sich die nunmehrige Erzherzogin, die nicht die einzige Wittelsbacherin am Kaiserhof war – ihre Stiefschwester Karoline Auguste aus des Vaters erster Ehe war die vierte Frau des Kaisers Franz und nunmehr auch ihre Stiefschwiegermutter –, in späteren Jahren keineswegs. Sie hatte feste, unverrückbare Standpunkte, vor allem in der Politik.

Sophie von Bayern zog in die Hofburg ein, in die Kaiserresidenz im Herzen Wiens, von der aus die Habsburger seit Jahrhunderten ein bunt zusammengewürfeltes Reich regierten oder, besser gesagt, schlecht und recht verwalteten. Kaiser Franz I., der Schwiegervater Sophies, der gute alte Kaiser Franz des Biedermeier, herrschte nicht, er wurde beherrscht, und zwar von keinem Geringeren als von seinem Staatskanzler, dem Fürsten Klemens Lothar Wenzel Metternich, dessen Staatskunst ganz Europa umspannte.

Die junge Erzherzogin kümmerte sich um Politik zunächst herzlich wenig. Sie war damit beschäftigt, am Wiener Hof heimisch zu werden und ihre dynastischen Aufgaben zu erfüllen, sprich: ihrem Gatten einen männlichen Erben zu gebären. Damit wollte es vorderhand allerdings nicht so recht klappen. Es dauerte zwei Jahre, ehe sich die mit Ungeduld erwartete erste Schwangerschaft einstellte. Aber Sophie konnte das Kind nicht austragen, und auch beim zweitenmal endete die Niederkunft mit einer „fausse couche", einer Fehlgeburt.

Sophie war betroffen, aber noch viel zu unbeschwert, um daraus eine Tragödie zu machen. Sie nahm das Leben von der heiteren Seite, ließ sich vom Herzog von Reichstadt, dem liebenswürdigen, hübschen und gescheiten Sohn aus der Ehe Napoleons mit der Habsburgerin Marie Louise den Hof machen und tanzte mit ihm durch den Fasching. Mit dem Napoleoniden verband sie mehr als nur die Kunst Terpsichores. Sie standen einander geistig nahe und hatten gemeinsame Interessen: das Theater, die Musik, die Dichtkunst. Den üblichen Hoftratsch, der sich mit unschicklicher Eilfertigkeit um die beiden rankte, ignorierten sie. Als den reich- und hoflosen Sproß Napoleons 1832 im Alter von 21 Jahren die Schwindsucht dahinraffte, war Sophies Herz tieftraurig.

Mittlerweile hatte sich das Leben der Erzherzogin aber entscheidend verändert: sie war Mutter geworden. Nach einigen anstrengenden Kuren in den Solbädern von Ischl, die sie auf Anraten des kaiserlichen Leibarztes, Dr. Johann Edler von Malfatti, absolviert und die ihr offensichtlich gutgetan hatten, war das erhoffte Wunder eingetreten: Sophie schenkte am 18. August 1830 einem gesunden Knaben das Leben. Es war zwar eine schwere, aber, wie sich später herausstellen sollte, für die Familie Habsburg und das habsburgische Kaiserreich geradezu schicksalhafte Geburt.

Sophie war offensichtlich von allem Anfang an klar, daß sie einen zukünftigen Kaiser zur Welt gebracht hatte. Sie tat jedenfalls in Hinkunft alles, um diese Vision Realität werden zu lassen. Sie dachte jetzt nur noch dynastisch. Schon der Säugling wurde von den Hofdamen wie ein Herrscher von Gottes Gnaden umhegt und umsorgt. Die Erzherzogin kümmerte sich höchstpersönlich um das Gedeihen ihres geliebten Franzi. Da sie sich ihren Gemahl Franz Karl kaum als achtunggebietende Herrschergestalt vorstellen konnte, träumte sie von der Kaiserkrone für ihren erstgeborenen Sohn. Ihr Schwager, der epileptische Ferdinand, konnte doch um Himmels willen nicht Kaiser werden! Er war nicht regierungs- und nicht heiratsfähig. Aber Sophie täuschte sich. Eines Tages überraschte sie Kaiser Franz mit der Mitteilung, daß er für Ferdinand eine Braut ausgesucht habe, und zwar die Prinzessin Maria Anna, eine Tochter König Viktor Emanuels I. von Sardinien-Piemont. Die erzherzogliche Schwiegertochter fiel bei dieser Nachricht beinahe in Ohnmacht. Wenn Ferdinand heiratete, wenn er gar einen Sohn zeugte: was würde dann aus ihrem Kaisertraum werden? Sophie konsultierte die Ärzte, die den armen Ferdinand behandelten, und erfuhr Tröstliches. An Kindersegen, davon waren sie überzeugt, sei nicht zu denken. Sophie fiel ein Stein vom Herzen. Unverzüglich gab sie die frohe Botschaft an die Frau Mama in München weiter.

Um ihre großen Pläne zu realisieren, mußte sich Sophie vorderhand mit Geduld wappnen. Wenn Ferdinand auch nicht zeugungsfähig war, die Herrscherwürde würde nach dem Tod Kaiser Franz' I. trotzdem auf ihn übergehen. Dafür sorgte der allgewaltige Metternich, der alle Überlegungen, Ferdinand von der

Thronfolge auszuschließen, weit von sich wies. Metternich dachte europaweit in den Bahnen der Legitimität, und er dachte auch an sich selbst. Mit Ferdinand als Kaiser konnte er sein persönliches Regiment unangefochten weiterführen. Aber wer weiß, vielleicht erlebte der epileptische Erzherzog den Tod seines Vaters gar nicht. Mit seiner Gesundheit stand es zuzeiten tatsächlich nicht zum Besten. Wer konnte damals schon ahnen, daß dieser kränkelnde Ast am Stamm des Hauses Habsburg bei relativ guter Gesundheit 78 Jahre alt werden würde?

Sophie fügte sich vorerst in das Unvermeidliche. Sie machte sich das Weltbild des Staatskanzlers zu eigen, profilierte sich am Wiener Kaiserhof mehr und mehr, wurde unter dem Einfluß ihres Beichtvaters Joseph Columbus zur Vorkämpferin eines gesinnungstreuen Katholizismus und zur energischen, konsequenten Verfechterin dynastischer Interessen und einer gottgewollten Herrschaftsordnung.

Am 2. März 1835 starb Kaiser Franz. Die Erzherzogin schilderte am nächsten Tag der Mama in München in einem langen, ausführlichen Schreiben die näheren Umstände seines Todes und die Reaktionen am Kaiserhof. Das Hinscheiden des kaiserlichen Schwiegervaters, der mit unerschütterlichem Gleichmut und sorgsamer Beharrlichkeit den habsburgischen Vielvölkerstaat durch die Fährnisse des napoleonischen Zeitalters gesteuert hatte, ging ihr nahe.

„Ach, Mama", klagte sie, „wir sind sehr unglücklich, nachdem wir durch so viele Jahre glücklich waren – von ihm, unserem Vielgeliebten, beschützt, geliebt und gelenkt. In dieser schrecklichen Nacht, die uns unsere einzige Stütze genommen hat, unser einziges Heil, schien für mich die Welt einzustürzen, und ich glaubte, daß alles zu Ende sei."

Sophie verrichtete an ihrem verstorbenen Schwiegervater den letzten menschlichen Liebesdienst: Nachdem er den letzten Seufzer getan hatte, schloß sie ihm die Augen und den halb geöffneten Mund. Der Tod war rasch gekommen. Nach einer Lungenentzündung und acht Aderlässen, die ihm die Ärzte verordnet, die aber mehr geschadet als genützt hatten, verstarb der Kaiser binnen Wochenfrist. Der Maler Johann Ender fertigte noch in der Todesnacht eine Porträtskizze des Verblichenen an, und dann wurde der Leichnam seziert und aufgebahrt.

Für den kleinen, fünfjährigen Franz Joseph war der Tod des geliebten Großvaters die erste große schmerzliche Erfahrung seines Lebens. Die liebevollfürsorgliche Mama schildert im erwähnten Schreiben detailliert das Verhalten, den Schmerz und die Reaktion des Sohnes.

„Als er mich Montag morgens sah und ich ihn unter Tränen an mich preßte", schrieb sie, „benahm er sich wie ein Erwachsener, setzte sich – still und in sich gekehrt – zum Frühstückstisch, wollte jedoch nichts zu sich nehmen und konnte partout nicht zum Sprechen gebracht werden." Als ihm die Mutter den Grund ihres Leides mitteilte, bat er sie, für den guten Großpapa das Morgengebet zu sprechen. „Wie er denn immer praktisch und gescheid ist", notierte Sophie nicht ohne Mutterstolz.

Der kleine Franz Joseph, der bis zu diesem Tag „keine andere Idee vom Tod gehabt hatte als jene des sterbenden Christus auf dem Kreuz", wollte den Großvater noch einmal sehen und stellte bohrende Fragen. Ob ihn der Großvater vom Himmel aus sehen könne, wollte er wissen. Als die Mutter ein wenig ausweichend antwortete, sie glaube es, drang er in sie: „Aber ist es auch gewiß?" Die Mutter erklärte nun mit Bestimmtheit, „daß alles, was der liebe Gott für uns thut, das Beste ist". Dem Kleinen wollte das freilich nicht so recht einleuchten. „Aber für uns ist es nicht das Beste", erklärte er mit – unter den gegebenen Umständen – durchaus logischer kindlicher Stringenz, um abschließend festzustellen: „Ich habe das Sterben nicht gern."

Dieser Satz, den ein ahnungsloses Kind vor mehr als einenhalb Jahrhunderten sprach, nimmt im historischen Rückblick eine geradezu tragische Dimension an. Franz Joseph sollte seine nächsten Angehörigen auf nicht alltägliche Weise verlieren: Die Gemahlin starb durch Mörderhand, der Sohn endete durch Selbstmord, der Bruder Maximilian wurde exekutiert. Für den zuletzt gramgebeugten Kaiser waren diese Todesfälle Schicksalsschläge, über die er nur schwer hinwegkam.

Nach dem Tod Franz' I. ging die Kaiserwürde, wie es Metternich gewollt und auch durchgesetzt hatte, auf den unfähigen Ferdinand über. Das absolutistisch regierte Österreich war nun im Grunde eine Monarchie ohne Monarchen. Sophie, die sich letztendlich verärgert in das Unvermeidliche gefügt hatte, konzentrierte sich nun voll auf die Erziehung und Ausbildung ihres Erstgeborenen.

Nach seinem sechsten Geburtstag kam Franz Joseph zum Leidwesen seiner Aja, Baronin Louise von Sturmfeder, die wie eine leibliche Mutter an ihm hing, in männliche Hände. Über Vorschlag Metternichs sollte der bis in die Knochen monarchie- und kaisertreue Graf Heinrich Bombelles die Leitung der Erziehung übernehmen. Die Erzherzogin war mit dieser Wahl sogleich einverstanden. Konservative Grundsätze waren für sie gleichbedeutend mit geistiger und charakterlicher Qualität, jeder Hauch von Liberalismus ekelte sie an, löste in ihr Abscheu aus.

Das Lernprogramm, das Bombelles mit ihrer Zustimmung entwarf, war enorm. Der sechsjährige Knabe erhielt pro Woche dreizehn Stunden Anfangsunterricht, doch wurde das Pensum rasch auf achtzehn erhöht, und schon ein Jahr später hatte der Siebenjährige 32 Unterrichtsstunden zu bewältigen. Neben Französisch, Tschechisch und Ungarisch sah der Stundenplan Religion vor, Deutsch, Geographie, Geschichte, Mathematik, Turnen, Tanzen, Fechten und Schwimmen. Unaufhörlich pumpten die Lehrer (unergiebigen) Wissensstoff in den Kopf des bedauernswerten präsumtiven Thronfolgers, der willenlos zur Angepaßtheit erzogen wurde, zur Disziplin, zum Gehorsam. Für die Entfaltung von Eigeninitiative blieb bei diesem Dressurakt kaum Zeit übrig. Die einzige Zerstreuung, die man dem Jüngling bot, war die Jagd. Die Mutter überwachte die Ausbildung ihres Erstgeborenen mit Argusaugen, wohnte den Unterrichtsstunden bei, vor allem in Religion und Geschichte, den beiden Fächern, denen sie besondere Bedeutung beimaß, und beobachtete die erzieherischen Fortschritte mit Wohlwollen. Die Erzherzogin hatte klare pädagogische Zielvorstellungen. Sie orientierte sich offenbar am Erziehungsprogramm Maria Theresias, deren herbe Mütterlichkeit sie sich in manchen Dingen zum Vorbild nahm.

Sophie widmete sich in diesen Jahren vordringlich der Familie und ging ihren Vorlieben und Neigungen nach. 1835 schenkte sie nach drei Söhnen (Franz Joseph, Maximilian 1832, Karl Ludwig 1833) einer Tochter, Maria Anna, das Leben, die jedoch Epileptikerin war und keine fünf Jahre alt wurde. Als Maria Anna Anfang Februar 1840 starb, trug die Erzherzogin bereits wieder den Keim neuen Lebens in sich. Das Kind, ein Knabe, kam Ende Oktober tot zur Welt. Nach diesem traurigen Ereignis erlebte Sophie nur noch einmal Mutterfreuden: Im Mai 1842 gebar sie, siebenunddreißigjährig, einen Sohn, der auf den Namen Ludwig Viktor getauft wurde. Das kaiserliche Nesthäkchen entwickelte sich, wie dies auch in anderen Familien nicht selten der Fall zu sein pflegt, zum Sorgenkind. Ludwig Viktor, von den Eltern und Geschwistern „Bubi" gerufen, machte sich, zum Leidwesen seines ältesten Bruders, vor allem durch öffentliche Skandale und Tratschgeschichten einen Namen. Die Mutter, die er sehr schätzte und verehrte, las ihm nur ab und zu die Leviten.

Neben ihren familiären Pflichten und zwischen ihren Schwangerschaften lud die resolute Erzherzogin zu Diners und Konzerten in die Hofburg ein und besuchte eifrig die Hofoper und das Hofburgtheater. In ihrem Nachlaß finden sich zuhauf Programmzettel von Theater- und Opernaufführungen, denen sie beiwohnte, sowie Zeitungsausschnitte mit Nachrufen auf Schauspieler und Dichter, die ihr großes Interesse und ihre innige Verbundenheit mit der Schauspielkunst bekunden.

Auf die Politik nahm Sophie offiziell keinen Einfluß, hinter den Kulissen mischte sie aber über ihren Onkel, Erzherzog Ludwig, der gemeinsam mit Metternich und dem Grafen Franz Anton Kolowrat in der Staatskonferenz tätig war, in der die Entscheidungen fielen, eifrig mit. Sophie war politisch hellhörig. Sie spürte, wie die Kraft des gewieften alten Staatskanzlers aus dem Rheinland allmählich nachließ, sah, wie da und dort der „böse Geist" der Freiheit und des Liberalismus sein Haupt erhob. „Welch traurige Zeiten sind die unsrigen", notierte sie am 10. Jänner 1848 in ihrem Tagebuch. „Die leidenschaftliche Erhitzung der Geister breitet sich immer mehr aus und insbesondere in diesem armen, schönen Italien, das so glücklich sein könnte, wenn es vernünftig wäre ..."

Wie das enden solle, fragte Sophie besorgt. Das wußte natürlich niemand, das konnte niemand voraussagen. Aber daß es in zahlreichen Ländern Europas nach Revolution roch, wußte jeder, der sich nur ein bißchen für Politik interessierte. Die vom Gottesgnadentum des Herrschers überzeugte Erzherzogin sollte es bald am eigenen Leib zu spüren bekommen.

In den Morgenstunden des 13. März 1848 bewegt sich ein langer Zug von Studenten durch die Wiener Innenstadt. Ziel der Demonstration ist das niederösterreichische Landhaus in der engen Herrengasse, wo an diesem Tag eine Sitzung der Stände stattfindet. Eine große Menschenmenge hat sich, teils aus Neugier, teils aus Schaulust den Studenten angeschlossen. Eine Demonstration: Das hat es in Wien schon seit Menschengedenken nicht mehr gegeben. Aus vielen Fenstern, aus Haustoren und Geschäftslokalen werden die Marschierer mit Beweisen der Zustimmung und Sympathie überhäuft. Die Herrengasse und die umliegenden Straßen sind dicht mit Menschen gefüllt, die Stimmung ist gereizt. Die Menge drängt in den Hof des Landhauses. Dort erklettert der Mediziner Dr. Adolf Fischhof einen abgedeckten Brunnen und hält unter dem Jubel der Zuhörer eine flammende Rede gegen das bestehende Herrschaftssystem. Er fordert Presse- und Versammlungsfreiheit, die Einberufung einer Volksvertretung, die Freiheit der wissenschaftlichen Lehre, eine Konstitution. Rufe gegen Metternich werden laut, werden von der versammelten Menge aufgenommen, schwellen zum Chor an. „Nieder mit Metternich" ist die Parole.

Das Beispiel Fischhofs findet Nachahmung. Weitere Redner entflammen die Menge zur zerstörerischen Tat. Tobende Demonstranten stürmen in den Sitzungssaal des Landhauses und zertrümmern die gesamte Einrichtung: Sessel, Tische, Spiegel, Luster. Die verschreckten, vor Angst schlotternden Standesherren begeben sich in die Hofburg, wo Mitglieder des Kaiserhauses und die Militärs die Lage beraten. Einige sind für Nachgiebigkeit, andere für energisches, hartes Durchgreifen.

Inzwischen ist es Mittag geworden. Noch immer stehen die Menschenmassen dicht gedrängt vor der Hofburg, auf dem Michaelerplatz, dem Kohlmarkt, der Freyung, Am Hof, in der Herrengasse. Kurz nach ein Uhr rücken die ersten Truppen in die Innenstadt ein, die Stadttore werden geschlossen. Die Soldaten haben Befehl, die Straßen zu räumen. Sie werden von der Menge verlacht, verhöhnt, ausgepfiffen. Steine und Holztrümmer wirbeln durch die Luft. Eines dieser Wurfgeschosse trifft Erzherzog Albrecht, den Landeskommandanten von Wien und Niederösterreich. Albrecht verliert die Fassung und gibt Befehl, von der Waffe rücksichtslos Gebrauch zu machen. Die Soldaten feuern in die Menschenmenge, gehen gegen die Demonstranten mit gefälltem Bajonett vor. Die Menschen stieben wild auseinander, Verletzte stürzen zu Boden, die Fliehenden stürmen über sie hinweg. Fünf Menschen bleiben in der Herrengasse tot zurück: vier Männer und eine Frau.

Nun aber gibt es kein Halten mehr. Die wütende Volksmenge reißt Ankündigungstafeln nieder, wirft Pfähle um, zerstört Wachehäuschen, stürmt Polizeiwachen. Barrikaden werden errichtet, der Ruf nach Waffen ertönt. Das aufgebrachte Volk versucht, die beiden Zeughäuser Am Hof und in der Renngasse zu stürmen, wo Gewehre und anderes Kriegsmaterial lagern.

Die Vorgänge in der Innenstadt entfachen die Volkswut auch in den Vorstädten und Vororten. Gaslaternen werden aus dem Boden gerissen, Fleisch-

hauer- und Bäckerläden geplündert, Fabriken ange-
zündet, Maschinen zerstört. Aus einer ursprünglich
friedlichen Demonstration ist eine Revolution geworden.

In der Hofburg tagt unterdessen – so würde man
heute sagen – ein Krisenstab. Anwesend sind der
kranke, regierungsunfähige Kaiser Ferdinand, Staatskanzler Metternich, Erzherzog Ludwig, Graf Franz
Anton Kolowrat, Erzherzogin Sophie und weitere
Mitglieder des Kaiserhauses. Sie empfangen eine Ab-
ordnung des Volkes nach der anderen. Forderungen
werden laut, Entscheidungen beraten. Auch in dieser
bedrohlichen Situation bleibt Fürst Metternich seinen
Grundsätzen treu. „Wer der Menge nachgibt", meint
er, „wird von der Masse erdrückt." Er hat damit nicht
ganz unrecht. Aber die Meinung des alten, nieren-
kranken Herrn hat an diesem Tag nicht mehr viel Gewicht. Die Mehrheit der Anwesenden spricht sich für
Zugeständnisse an die Revolution aus. Auch Erzherzogin Sophie soll an diesem sturmbewegten Märztag
den Rücktritt Metternichs verlangt haben. Schriftliche
Beweise dafür gibt es keine, aber auszuschließen ist es
nicht. Die Erzherzogin mag im geheimen schon an
die Ablösung Kaiser Ferdinands durch ihren ältesten
Sohn gedacht haben, den sie als den künftigen Herrscher Österreichs ansah.

Am 14. März erfolgt die Aufhebung der Zensur,
den Wiener Bürgern wird die Aufstellung einer Nationalgarde bewilligt. Am nächsten Tag verspricht der
Kaiser seinen Untertanen eine Verfassung. Damit ist
vorerst das Ärgste abgewendet.

In ihrem Tagebuch gab sich die Erzherzogin bei der
Schilderung der Vorgänge zwischen dem 13. und
15. März 1848 auffallend wortkarg. Die Revolution
war ihr offenbar so zuwider, daß sich sogar die Feder

dagegen sträubte. „Schreckliche, unheilvolle Tage", notierte sie knapp, „die in meinem Herzen einen Schmerz zurückgelassen haben, eine herzzerreißende Erinnerung, die mich niemals verlassen wird und eine Schande für mein teures Wien ist . . ." – „Am 15. wurde vom Kaiser eine Konstitution erlassen", fügte sie hinzu, und, „am Montag abend hat unser guter alter Metternich seine Demission gegeben."

Der „gute alte Metternich" demissionierte nicht, er wurde demissioniert. Da er sich zu guter Letzt im revolutionären Wien nicht mehr wohl und sicher fühlte, verließ er, vom Hof völlig im Stich gelassen, die Haupt- und Residenzstadt und fand Zuflucht im liberalen England, für das er stets nur Verachtung übrig gehabt hatte.

Die Flammen der Revolution griffen auf halb Europa über. Erzherzogin Sophie sah überall, wohin sie schaute, „die Geister der Unruhe und des Aufruhrs". Beinahe jeden Tag erreichte sie von irgendeinem Winkel Europas eine schlechte Nachricht. Sie litt so sehr unter diesen Meldungen, daß sie nicht einmal mehr in der vielgeliebten Natur Trost fand. „Die Ankunft des Frühlings, der immer meine ganze Freude gewesen ist, läßt mich heute, wo ich so aufgeregt, so traurig und ohne jeden ruhenden Pol für mein armes Herz bin, unberührt", klagte sie am 19. März 1848 ihrem Tagebuch.

Nach Wochen angespannter Ruhe wurde Wien im Mai von der nächsten revolutionären Welle überspült. Akademische Legion und Nationalgarde belagerten die Hofburg und erzwangen die Zusage, einen Reichstag einzuberufen, der eine demokratische Verfassung beschließen sollte. Um dem Druck der Straße zu entgehen, entschloß sich der Hof, die Hauptstadt zu verlassen. Sophie: „Wir müssen fort, denn wir sind ja hier wie in einer Mausefalle gefangen. So haben

Franz Karl und ich mit unseren Kindern unsere traulichen Zimmer verlassen, wo wir so liebe Dinge und Erinnerungen zurücklassen mußten, wo wir volle dreiundzwanzig Jahre ruhig und glücklich waren. Wir gaben eine Spazierfahrt in unserer gewöhnlichen Kalesche vor und taten so, als würden wir zur Frau des Paladins fahren. Aber mit einem Umweg fuhren wir mit denselben Pferden bis nach Sieghartskirchen."

Von Sieghartskirchen ging es weiter nach Westen, mit Innsbruck als Endziel. Die kaiserliche Familie wurde von der Bevölkerung freudig begrüßt, die Beweise der Liebe und Zuneigung steigerten sich von Ort zu Ort und erreichten in Tirol ihren Höhepunkt. So jedenfalls sah es Sophie, die sich im sicheren Innsbruck wie neugeboren fühlte.

Schon wurden die Stimmen lauter, die einem Thronwechsel das Wort redeten; der arme, kranke Ferdinand sollte zugunsten seines Neffen abdanken. Aber Sophie, die immer mehr zum beherrschenden Mittelpunkt der kaiserlichen Familie wurde, winkte ab. Die Zeit war für ihren Erstgeborenen noch nicht reif. Auch Erzherzog Ludwig, der ihr politisch und weltanschaulich besonders nahestand, war derselben Meinung. „Ich glaube", schrieb er ihr, „der Franzi sollte nicht vor der Zeit abgenützt werden. Auf ihn [sic] ruhen unsere Hoffnungen. Wenn die Reihe an ihn kömmt, muß er ganz unbefangen antreten. Nur so kann er wirklich, nur dann etwas zuwege bringen, wenn er noch nicht gekannt ist. Zudem ist er auch noch sehr jung und bey allen seinen ansprechenden Eigenschaften, fehlt ihm doch die Erfahrung und Menschenkenntnis, ohne welche man in unserer trostlosen Zeit nicht weiter kömmt" (Brief aus Salzburg vom 31. August 1848).

Unterdessen war der Kaiserhof wieder in die Hauptstadt zurückgekehrt, aber nur für ein paar Wochen. Am 7. Oktober 1848, nach einem neuerlichen heftigen Aufflammen der Revolution, hieß es abermals die Koffer packen. Über Stift Herzogenburg, Göttweig, Krems, Znaim und Austerlitz zog die kaiserliche Karawane, wie Sophie die Reisegesellschaft nannte, unter militärischer Bewachung nach Olmütz, wo sie eine Woche später eintraf und in der fürsterzbischöflichen Residenz Quartier bezog.

Die Erzherzogin war verständlicherweise auf die aufmüpfigen Wiener nicht gut zu sprechen. „Gott erbarme sich der armen und verblendeten Wiener", schrieb sie an Erzherzog Ludwig. „Ich fürchte aber, daß ihr Mangel an Verstand und an selbständigem Urteil ihre Heilung noch verzögern wird" (30. Oktober 1848).

Die Heilung, von der die Erzherzogin sprach – sie war mittlerweile zur Zielscheibe des Volkshasses geworden –, wurde den Wienern mit Kanonen eingebläut. Am 31. Oktober 1848 wurde die Stadt von der kaiserlichen Armee unter dem Oberbefehl des Fürsten Alfred Windisch-Graetz erobert, wobei 2.000 Aufständische den Tod fanden. In Olmütz atmete man hörbar auf, als die Nachricht von der Einnahme der aufständischen Hauptstadt die Runde machte. Sophie: „Bei einem herrlichen Morgen war ich mit Bubi und Fritzi Auersperg auf den hies. Berg und als ich zurückkehrte, kam mir Franz mit der Freudenbotschaft entgegen, daß sich Wien *unbedingt* ergeben habe. Gott sey gelobt und gedankt!"

Die Revolution hatte offenbar ihren Höhepunkt überschritten, und die Erzherzogin baute im Exil schon an einer neuen Zukunft. Sie war voll der Hoffnung, daß „die guten Geister wieder die Oberhand gewinnen und ihre Kinder stützen und schützen" würden, zumal ihren armen Franzi, „der einem so schweren Beruf entgegengeht". „Möge er eine neue

Grundlage der Ordnung und Gesetzlichkeit vorfinden – auf der er dann einen festeren Bau aufführen kann", schrieb sie abschließend in dem Schreiben an ihren verehrten Onkel, aus dem wir zuletzt zitiert haben.

Die Nachfolge für Kaiser Ferdinand war nun spruchreif geworden. Österreich brauchte in dieser bewegten, aufgewühlten Zeit nicht nur eine starke Regierung, sondern auch einen jungen, unverbrauchten Kaiser.

Der starke Mann, dem der kaiserliche Hof die Energie und Willensstärke zutraute, den revolutionären Kräften die Stirn zu bieten, war rasch gefunden. Er war 48 Jahre alt, schlank, hochgewachsen, früh ergraut und hieß Fürst Felix Schwarzenberg. Schwarzenberg wurde am 1. November 1848 zum Ministerpräsidenten des Kaisers ernannt. Sogleich machte er sich gemeinsam mit Erzherzogin Sophie an die Aufgabe, den Thronwechsel in die Wege zu leiten, das österreichische Kaiserreich von der Spitze her zu regenerieren. Schwarzenberg und Sophie begannen im Schloß des Fürsterzbischofs von Olmütz ihre Fäden zu spinnen. Die Erzherzogin redete mit dem alten Kaiser, mit ihrem Gemahl, ihrem Sohn. Ferdinand war für die Idee, auf den Thron zu verzichten, leicht zu haben, es bedurfte dazu keiner großen Überredungskünste. Mit Franz Karl hatten Schwarzenberg und Sophie kein so leichtes Spiel. Erst in langen, mühsamen Gesprächen konnte er dazu gebracht werden, zugunsten seines ältesten Sohnes auf seine Thronrechte zu verzichten.

Der künftige Kaiser, der junge, unerfahrene Erzherzog, konnte sich mit der Vorstellung, daß er schon bald das zweitgrößte Reich in Europa lenken sollte, nur langsam anfreunden. Er war von innerer Unruhe erfüllt, konnte nächtelang nicht schlafen, sah blaß und

114

schmal aus. Aber schließlich fügte er sich in sein Schicksal. Bevor der feierliche Akt der Thronübernahme abrollte, mußte er noch zu seinem neuen Herrschernamen überredet werden. „Bald hätte ich vergessen zu erwähnen", berichtete die Mama an Erzherzog Ludwig (Schreiben vom 13. Dezember 1848), „daß mein Sohn sich lange nicht zu dem Namen Franz Joseph I. entschließen konnte – noch am Morgen des 1. Dezember ging er im Zimmer seines Vaters mit Felix Schwarzenberg allein in langen Schritten auf und ab streitend und widerstehend – aber sämmtliche Minister legten einen so großen Werth auf diesen Namen, daß er endlich nachgab. Als mir viel früher Felix Schwarzenberg davon sprach konnte ich gegen seine guten Gründe nichts einwenden, verbarg ihm aber nicht meine widerstrebenden Gefühle; ich weinte dann still in meinem Zimmer über diesen neuen Raub an dem Gedenken unseres seligen Kaisers, der mir so weh tat."

Erzherzog Franz sollte sich also Kaiser Franz Joseph I. nennen. Der Name Joseph sollte die Erinnerung an den Reformkaiser Joseph II. wachrufen, der Doppelname des jungen Monarchen ein neues Zeitalter einleiten, in dem Tradition und Fortschritt einander ergänzen und befruchten sollten. Franz Joseph: das war für viele Persönlichkeiten am Kaiserhof zunächst nichts weiter als eine unnötige, ungewöhnliche Koppelung zweier Namen. Daß der österreichische Kaiser dieses Namens dann der ganzen zweiten Hälfte des 19. Jahrhunderts und den ersten eineinhalb Jahrzehnten des 20. einmal sein Gepräge geben würde: wer konnte das damals schon ahnen?

Der 2. Dezember 1848 war der erste große Tag im jungen Leben Franz Josephs. Es war aber auch der Tag seiner Mutter. Sie hatte diesen Tag jahrelang her-

beigesehnt, auf ihn hingearbeitet. Nun war er ange-
brochen. Sophie war am Ziel ihrer Wünsche angelangt.

Die in Olmütz anwesenden Mitglieder der kaiserlichen Familie, die kaiserlichen Minister und Feldmar-
schälle sind für acht Uhr früh in den Thronsaal der
fürsterzbischöflichen Residenz bestellt. Der geräu-
mige Saal ist für den geplanten feierlichen Staatsakt in
den bestmöglichen Zustand gebracht worden. Hofbedienstete haben tagelang Hand an ihn gelegt, haben
ihn entstaubt, geputzt, gereinigt. Der Parkettboden ist
frisch gewachst, Spiegel und Fenster sind blitzblank,
die Farben der goldbestickten Wandteppiche strömen
eine frische und satte Wärme aus, die venezianischen
Kronleuchter erstrahlen im Kerzenlicht. An der Stirn-
seite des Saales ist der Thron mit einem Baldachin aus
scharlachfarbenem Samt aufgebaut, auf dem Samtpol-
ster des Thronsessels liegen Krone und Zepter.

Punkt acht Uhr öffnen sich die Türen des Saales,
um die ersten Festgäste einzulassen. Feldmarschall
Windisch-Graetz und Feldmarschall-Leutnant Jellačić
nehmen neben dem Thron Aufstellung, die Mitglieder
des Kaiserhauses postieren sich im Halbkreis. Dann
erscheinen die beiden Majestäten – der Kaiser im ge-
wohnten Zivil – und nehmen auf zwei Lehnstühlen
vor dem Thron Platz. Zuletzt betritt Erzherzog Franz
mit seinen Eltern den Saal. Die Mutter des künftigen
Kaisers hat sich für diesen Anlaß besonders heraus-
geputzt. In ihrem Tagebuch schildert sie das Ereignis
breit und ausführlich. Über ihre Toilette berichtet sie:
„Kleid aus weißem Moiré; Kopfputz in rosa und
weiß; das Halsband und die Ohrringe mit Türkisen
und Diamanten, die mein Gemahl mir anläßlich der
Geburt des lieben Franzi geschenkt hat; ein Bouqet
aus Türkisen und Diamanten am Oberteil des Klei-
des; eine indische Schärpe in rot und gold."

*Franz Josephs Thronbesteigung am 2. Dezember 1848
in Olmütz*

Der achtzehnjährige Franz Joseph, in roter Hose und weißem Waffenrock, wirkt frisch, offen, natürlich, ungekünstelt. Im Saal herrscht atemlose, feierliche Stille. Nun tritt der kaiserliche Protokollchef, Legationsrat Alexander Hübner, vor und überreicht dem Kaiser mit tiefer Verbeugung ein handgeschriebenes Blatt Papier.

Sichtlich bewegt, beginnt Ferdinand mit zittriger Stimme zu lesen: „Wichtige Gründe haben Uns zu dem unwiderruflichen Entschlusse gebracht, die Kaiserkrone niederzulegen und zwar zugunsten Unseres geliebten Neffen Erzherzog Franz Joseph, höchstwelchen Wir für großjährig erklärt haben . . .“

Nachdem der Kaiser am Ende seiner Erklärung angelangt ist, verliest Fürst Schwarzenberg, tief ergriffen, die Großjährigkeitserklärung Franz Josephs und

117

die Verzichtserklärung des Erzherzogs Franz Karl, die diese mit ihrer Unterschrift besiegeln. Blaß vor Erregung, mit Tränen in den Augen, geht nun der junge Kaiser ein paar Schritte auf seinen Onkel zu und beugt vor ihm wortlos das Knie. Ferdinand neigt sich zu ihm herab, legt die Hände auf seinen Kopf, macht das Kreuzeszeichen und sagt kaum hörbar: „Gott segne dich, bleib brav, Gott wird dich schützen." Den Dank seines Neffen wehrt er ab: „Es ist gerne geschehen", sagt er einfach und schlicht. So jedenfalls schildert es ein Augenzeuge.

Die ersten, die Franz Joseph zu seiner neuen Würde gratulieren, sind die Eltern. Vor innerer Erregung bebend, wirft sich der junge Kaiser der geliebten Mutter weinend in die Arme. Gerührt sieht die Hofgesellschaft der Szene zu. „Kein Auge blieb trocken", berichtet der Chronist. Anschließend nimmt Franz Joseph die Glückwünsche aller Anwesenden entgegen. Die Monarchie hat einen neuen Herrscher. Ein neuer Abschnitt in der jahrhundertelangen Geschichte Österreichs hat begonnen.

Der junge Franz Joseph will kein konstitutioneller Herrscher sein wie der schwache, nachgiebige Ferdinand, sondern ein „Kaiser von Gottes Gnaden". Er ist erfüllt von seiner göttlichen Sendung, von der Würde und Autorität seines kaiserlichen Amtes. Seine ganze Erziehung war auf diesen Endzweck ausgerichtet, und sie hat reiche Früchte getragen. Die Mutter registriert es mit großer innerer Befriedigung. Die ehrgeizige Sophie hat ihr Ziel erreicht. Im Hintergrund wirkend, hat sie erfolgreich Politik gemacht: Aber mit der Thronbesteigung ihres geliebten Erstgeborenen ist ihre politische Rolle nicht ausgespielt. Sophie bleibt auch nach dem 2. Dezember 1848, seit welchem sie, wie sie selbst formulierte, „die Auferstehung in ihrem

Herzen trägt", die wichtigste Bezugsperson des jungen Kaisers, der seine Mutter liebt und verehrt, ihren Rat schätzt und auf ihre Meinung hört.

Die Erzherzogin beobachtet wohlwollend und bewundernd die ersten Schritte ihres kaiserlichen Sohnes und wird nicht müde, ihre Wahrnehmungen, Überlegungen und Gedanken ihrem alten Vertrauten, Erzherzog Ludwig, mitzuteilen. „Nach dem zweiten Dezember waren die Tage sehr anstrengend", schreibt sie ihm. „Er mußte öfters bis Mitternacht am Schreibtisch sitzen. Gleich den vierten Tag hatte er eine Conferenz mit seinen Ministern, die *vier* Stunden dauerte – wohl sehr ungewohnt für einen 18jährigen Jüngling solchen gediegenen, ausgezeichneten Männern gegenüber." Und auch die Minister, teilte sie Ludwig mit, seien voll des Lobes über den jungen Kaiser (Brief vom 13.–16. Dezember 1848).

In die Bewunderung und den Stolz der Mutter mischte sich aber auch zunehmend die Sorge um die Gesundheit des Sohnes. „Für unseren lieben Kaiser habe ich die letzte Zeit wieder die marterndste Angst ausgestanden", gestand sie am 7. Jänner 1850, „denn die Geschäfte häuften sich so daß er mehrere Tage nacheinander schon nach 6 Uhr früh am Schreibtisch saß – *oft* geschieht es daß er ihn von 9 Uhr früh bis 4 Uhr nachmittags nicht verläßt – dann untertags auf Luft und Bewegung verzichten muß und täglich setzt er sich gleich nach Tisch wieder an den Schreibtisch ... Oft sieht er sehr angegriffen und müde aus – zumal an den Audienztagen – wo leider sich so viele dazudrängen. Und das Alles mit 19 Jahren!!! Wäre er 26 oder 30 Jahre alt so wollte ich mich noch zufrieden geben – aber in der Entwicklung, im Wachstum *diese* Anstrengung!"

Die politische Entwicklung verfolgte die Mutter des Kaisers mit wachsamem Auge und nimmermüdem

Interesse. Nach der Einnahme Wiens durch die kaiserliche Armee befand sich die Revolution auf dem Rückzug. Am 7. März 1849 erließ der Kaiser eine zentralistische Verfassung, am selben Tag wurde der Reichstag, der zuletzt in Kremsier getagt und eine föderalistische Verfassung ausgearbeitet hatte, aufgelöst.

Die Erzherzogin war sichtlich erleichtert. „Die Konstitution", schrieb sie an Onkel Ludwig, „ist so weise und verständig aufgesetzt als man es nur im jetzigen Augenblick – wo dem Zeitgeist in mancher Hinsicht Rechnung getragen werden muß – verlangen kann." Und das Ende der Volksvertretung versetzte sie in regelrechte Freudenstimmung. „Über die Schließung des Reichstages", frohlockte sie, „jubeln alle Rechtlichgesinnten – denn sie hat den letzten Rest von Schmach vom Kaiserreich genommen, für das es doch sehr demüthigend war Gesetze aus den Händen von solchen Menschen zu empfangen, die rastlos an seiner Vernichtung arbeiteten" (Brief vom 10. März 1849).

Für die Volksvertreter hatte die adelsstolze Erzherzogin nur Verachtung übrig. „Sieben der saubern Herren Deputierten", registrierte sie im selben Schreiben mit Genugtuung, „sollen vor Gericht gezogen werden, zwei wurden noch glücklich in Kremsier erwischt ... Die Uebrigen – worunter natürlich Füster und Kudlich – hofft man bald zu bekommen – Gott gebe es!"

Nach diesen entscheidenden politischen Erfolgen für das Kaiserhaus näherte sich das Olmützer Exil seinem Ende. Franz Joseph kehrte am 5. Mai 1849 unter dem Jubel der Bevölkerung in die kaiserliche Metropole zurück, der Rest der Familie folgte. Man blieb zunächst in Schönbrunn und bezog erst im Herbst die Gemächer in der Hofburg. „Wie mir zu Muthe war, als wir doch endlich in die Stadt ziehen mußten, in diese sonst so liebe, heimische Stadt, kann Ihr Herz mir ganz nachfühlen", schrieb sie ihrem Gesinnungsfreund Erzherzog Ludwig. „In meinem Zimmer fand ich überall die schmerzlichsten und schmachvollsten Erinnerungen", fuhr sie fort und schilderte dann breit und detailreich die Ereignisse vom 17. Mai des Vorjahres, dem Tag, an dem der kaiserliche Hof vor der Revolution nach Innsbruck geflüchtet war (Brief vom 9. Dezember 1849).

Die Revolution, die für die konservative, wenn nicht sogar reaktionär gesinnte Erzherzogin die Verkörperung des Bösen, die Heimsuchung der Welt durch das Diabolische schlechthin darstellte, war im Herbst 1849 längst niedergekämpft. In Italien hatte der greise Feldmarschall Radetzky reinen Tisch gemacht, in Ungarn hatte es, nach der mit russischer Waffenhilfe erfolgten Niederschlagung des Aufstandes, ein blutiges Köpferollen gegeben. Die alten historischen Kräfte, der Kaiser, der Adel und die Kirche, waren, gestützt auf die Macht der Bajonette, wieder Herr der Lage.

Am 2. Dezember 1849 gedachte man in den Kirchen des ersten Jahrestages der Thronbesteigung des jungen Monarchen, die guten Olmützer schickten eine Deputation in die Hauptstadt, nur den Wiener Bürgern kam es nicht im entferntesten in den Sinn, am Tag der „Auferstehung und Rettung" des Staates dem Kaiser auch nur das leiseste Zeichen des Dankes zu bekunden, wie die Erzherzogin beinahe grimmig anmerkte.

Von Felix Schwarzenberg und der Mutter politisch beraten und gelenkt, nahm der junge Kaiser Schritt für Schritt die Zugeständnisse zurück, die der Hof in den Revolutionstagen hatte machen müssen. Am 20. August 1851 wurde die parlamentarische Ministerverantwortlichkeit aufgehoben und das Ministerium dem Willen des Monarchen unterworfen. „Wir haben das Konstitutionelle über Bord geworfen, und Österreich hat nur noch *einen* Herrn", teilte Franz Joseph der Mutter mit, die ob dieser Freudenbotschaft in ein Lob Gottes ausbrach.

Am 31. Dezember 1851 wurde durch das kaiserliche „Silvester-Patent" der Absolutismus wiederhergestellt. Das österreichische Kaiserreich war wieder, was es vor dem 13. März 1848 gewesen war: eine unumschränkt regierte Monarchie.

Erzherzogin Sophie hätte mit dem Erreichten zufrieden sein können. Aber in ihrem staatspolitischen Konzept, in ihrem politischen Weltverständnis fehlte noch ein wesentlicher Baustein: die Verbindung von Staat und Kirche, der Abschluß eines Konkordats mit Rom. Die Mutter des Kaisers war eine fromme, ja bigotte Frau. „Mit innigem Entzücken folge ich den Spuren der Allmacht und Weisheit Gottes", schrieb sie am 29. Jänner 1849 an Erzherzog Ludwig. „Mir ist immer als wenn er mir leise zuflüsterte: ‚Sei nur ruhig – laß mich nur machen!‘ Wenn man den guten Willen hat sein weises Walten zu *verstehen* so kann man Ihm nur innig danken und fühlt Vertrauen zu Ihm ... Die böswilligen und die albernen Menschen läßt Er an ihren Schlechtigkeiten und Albernheiten und falschen Theorien nach und nach machtlos untergehen. Diejenigen die mit fester Überzeugung und Muth das Gute wollen und vermöge ihrer Stellung berufen sind es durchzuführen, sind fest entschlossen von dem Platze nicht zu weichen, auf den sie Gott gestellt, und fühlen sich – wie sie selbst sagen – gestützt und gehalten durch den neuen Anker, den uns Gott in seiner Gnade gegeben."

Es war ein persönliches Glaubensbekenntnis, eine Offenbarung ihrer innersten Überzeugung und seelischen Regungen. Die Durchflutung aller Lebensbe-

Erzherzogin Sophie im Kreis ihrer Familie: von links nach rechts: die Erzherzöge Ferdinand Max und Karl Ludwig, Kaiserin Elisabeth mit ihrer Tochter Sophie, Kaiser Franz Joseph, Erzherzog Franz Karl und Sophie mit ihrem jüngsten Sohn Ludwig Viktor. Stich von Ignaz Lechleitner nach einem Gemälde von Ferdinand Laufberger, um 1856

reiche mit christlichem Geist, die geistige Vormacht-stellung der katholischen Kirche im Staatskörper war ihr ein kardinales Anliegen, ein Herzensbedürfnis. Und so stellte sie sich mit ihrer ganzen moralischen

Autorität und ihrer Entschlossenheit hinter die Gruppierung um Kardinal Joseph Othmar von Rauscher, den ehemaligen Religionslehrer des Kaisers, die für eine Neudefinition der Beziehung zwischen Kirche und Staat eintrat. Die Vereinbarungen, die schließlich im August 1855 zustande kamen und der katholischen Kirche in Österreich eine privilegierte Stellung im öffentlichen Leben einräumten, trugen die geistige Handschrift der Erzherzogin, die mit dem Abschluß des Konkordats den Höhepunkt ihres Einflusses am Wiener Kaiserhof erreicht hatte. Nicht zu Unrecht hat man die bayerische Prinzessin in dieser Zeit und Lebensspanne als die heimliche Kaiserin Österreichs bezeichnet.

Die energische Erzherzogin stand nicht nur hinter manchen politischen Entscheidungen des kaiserlichen Sohnes, sie griff auch in dessen Privat- und Intimleben ein. Sie ließ sich hiebei von Herzensregungen, jedoch auch von Überlegungen der Staatsräson leiten: Es galt, durch eine glückliche Ehe den Fortbestand der Dynastie zu sichern, dabei aber auch die politischen Interessen Österreichs nicht außer acht zu lassen.

Sophie dachte für ihren Erstgeborenen in erster Linie an eine deutsche Prinzessin. Zwei ihrer Schwestern waren mit deutschen Potentaten verheiratet: Schwester Elise mit König Friedrich Wilhelm IV. von Preußen, Marie mit König Friedrich August II. von Sachsen. Was lag näher, als zu ihnen (geheime) Fäden zu knüpfen, um eine eheliche Verbindung Franz Josephs mit einer Berliner oder Dresdener Königstochter anzubahnen? Natürlich spielte die kluge Erzherzogin ihre Ehevermittlungsprojekte hintereinander und nicht gleichzeitig. Trotzdem scheiterten beide: das sächsische, weil der junge Kaiser nicht mitmachte:

die Auserwählte war ihm nicht hübsch genug. Das preußisch-berlinerische, weil eine dynastische Verbindung mit den Habsburgern nicht in das Konzept der preußischen Politik paßte. Die Kaisermutter mußte es daher billiger geben. Ihr Blick schweifte in das beheimatete Bayern, wo Ludovica, eine weitere ihrer Schwestern, die mit dem exzentrischen Herzog Max in Bayern verheiratet war, nach Sophies Meinung über eine passable, heiratsfähige Tochter verfügte. Die Herzoge in Bayern waren eine wittelsbachische Seitenlinie und dem österreichischen Kaiserhaus durchaus nicht ebenbürtig, aber das focht Sophie offenbar nicht an, genausowenig wie die nahe Verwandtschaft. Die Auserkorene, die neunzehnjährige Helene, Nené gerufen, war nicht unhübsch, sie besaß intellektuelle wie moralische Qualitäten und einen festen katholischen Glauben. Sie war zwar nicht für das Leben an einem Kaiserhof erzogen worden, aber sie würde schon in ihre neue Rolle hineinwachsen.

Ludovica hatte gegen die Wahl ihrer resoluten Schwester nichts einzuwenden, im Gegenteil, sie fühlte sich ob dieser Rangerhöhung geschmeichelt. Sie versprach, zum 23. Geburtstag des Kaisers mit Helene nach Ischl zu kommen, wo man die Verlobung zustande bringen wollte. Die beiden Betroffenen, Kaiser Franz Joseph I. von Österreich und Prinzessin Helene, wußten von der mütterlichen Verschwörung nichts.

Was dann in Ischl passierte, gehört längst zum Stehsatz von historischen Kitschromanen und Filmen. Und es spielte sich ja auch alles wie in einem romantischen Zaubermärchen ab. Offenbar aus Anstandsgründen nahm die Herzogin zum Ischler Treffen nicht nur die als Kaiserbraut ausersehene Helene mit, sondern auch deren jüngere Schwester, die fünfzehnjährige Elisabeth (Sisi), in die sich Franz Joseph beim ersten Anblick wie ein Husarenleutnant bis über beide Ohren verliebte. Flugs wurde Verlobung gefeiert, gerade daß man zuvor die arme kleine Prinzessin aus Possenhofen am Starnberger See in Bayern pro forma um ihre Zustimmung fragte. Es war eine Entscheidung von schicksalhafter Tragweite, deren (tragische) Dimensionen keiner der Beteiligten abzuschätzen vermochte, auch Erzherzogin Sophie nicht, die mit ihrem ursprünglichen Plan gescheiterte Ehestifterin. Es ist nicht bekannt, ob sie den Versuch gemacht hat, den Kaiser von seiner Entscheidung abzubringen. Sie gab nach, sie fügte sich. Den Grund hiefür kann man nur vermuten. Offenbar wollte sie dem persönlichen Glück ihres heißgeliebten Sohnes nicht im Wege stehen.

Aus dem vermeintlichen Liebesglück, aus der Liebesehe wurde schon bald eine menschlich-tragische Verbindung. Die Erzherzogin, unter deren Augen sich diese Entwicklung vollzog, an der sie selbst ein gerüttelt Maß an Schuld trug, mußte zu guter Letzt zur Kenntnis nehmen, daß die Ehe des Kaisers mit der Verwandten aus Bayern eine Mesalliance war. Sie mag es später mehr als nur einmal bereut haben, daß sie an jenem Augusttag des Jahres 1853 in Ischl so nachgiebig gewesen war.

Nachdem Ludovica mit ihren beiden Töchtern nach Possenhofen zurückgekehrt war, wurde sogleich damit begonnen, die kleine Sisi für ihre zukünftigen Aufgaben am Wiener Kaiserhof vorzubereiten. Vieles war nachzuholen. Die Palette reichte vom täglichen Zähneputzen über das Erlernen der französischen Sprache bis hin zu den Feinheiten des höfischen Benehmens. Es war ein pädagogischer Dressurakt ohne tiefgreifende Wirkungen.

Die Hochzeit am 24. April 1854 und die damit verbundenen Feierlichkeiten und Zeremonien stellten an die sensible junge Kaiserin ungewöhnliche Anforderungen, denen sie physisch wie psychisch nur mit Mühe gewachsen war. Als die Schwiegermutter, die zugleich ihre Tante war und die sie nun nicht mehr duzen durfte – das Hofzeremoniell verbot es –, am Abend des langen Tages Franz Joseph, der Hofsitte entsprechend, an das Bett seiner jungen Frau führte, verbarg Sisi wie ein „erschreckter junger Vogel in seinem Nest" ihr Gesicht im Kopfpolster (Tagebuch Sophies). Es war wohl eher eine Geste der Verlegenheit und der Scham als eine des Geborgenseins. Man könnte ihr geradezu Symbolcharakter zuschreiben. Das Abwendungsritual wurde bald zum charakteristischen Merkmal in den Beziehungen zwischen den beiden Frauen.

Den Alltag im Schloß Laxenburg oder das, was man Flitterwochen nannte, empfand Sisi bald als ernüchternd. Das ungestüme Naturkind aus Bayern fühlte sich nicht wie ein junger Vogel im Nest, sondern wie ein gefangener in einem Käfig. Jeder ihrer Schritte und Handlungen wurde von neugierigen Augen beobachtet und von boshaften Klatschmäulern kommentiert. Die Kaiserin, die gewohnt war, frei und ungezwungen zu leben, konnte jetzt nicht mehr tun, was *sie* wollte, sondern mußte tun, was das Hofzeremoniell von ihr verlangte. Und dieses althergebrachte Zeremoniell war streng und unerbittlich.

Elisabeth war bei ihrer Hochzeit und noch ein paar Jahre danach ein unreifer, unfertiger Mensch, biegsam, formbar, weich, anpassungsfähig. Ein geschickter, einfühlsamer Ratgeber, ein menschlicher Leitstern hätte aus ihr noch viel machen können, möglicherweise sogar eine verantwortungsbewußte Monarchin. Aber einen solchen Mentor gab es nicht. Der Gemahl war selbst noch zu jung dazu und zudem mit den Regierungsgeschäften voll ausgelastet. Und

Sophie, die Schwiegermutter, die es sich zur Pflicht machte, ihre ohne Zweifel schwierige Nichte zu erziehen, packte ihre Aufgabe – so will es mir scheinen – nicht richtig an. Sophie meinte es gewiß gut, und sie wollte das Beste, aber sie war zu matronenhaft, zu dominant, zu autoritär. Jedenfalls gelang es ihr nicht, das Vertrauen und die Liebe ihres Schützlings zu gewinnen. Ohne diese beiden elementarsten pädagogischen Faktoren zeitigt Erziehung jedoch, wie ein Acker ohne Dünger, letztlich nur spärliche oder überhaupt keine Frucht. Der Graben, den das verschiedene Alter, Wesen, Charakter und Lebenseinstellung zwischen Schwiegermutter und Schwiegertochter gelegt hatte, erweiterte sich binnen kürzester Zeit zur unüberbrückbaren Kluft.

Als die junge Kaiserin Anfang März 1855 ihr erstes Kind, ein Mädchen, zur Welt brachte, war der jüngste Sohn Sophies, Ludwig Viktor, noch keine dreizehn Jahre alt (geboren am 15. Mai 1842). Ludwig Viktor – wir haben bereits darauf hingewiesen – war Sophies Sorgenkind. Er war nicht so gewissenhaft und pflichtbewußt wie Franz Joseph, nicht so gemütvoll und phantasiebegabt wie Maximilian, sondern schon als Kind schlichtweg störrisch und faul. „Er macht den Eindruck eines dicken, kleinen Bauernbuben", urteilte die Mutter beinhart und klarsichtig, „und wenn der Hofpfarrer nach Aufbietung seiner ganzen Geduld glaubt, ihm etwas begreiflich gemacht zu haben, da sagt er ein einziges Wort, aus dem erhellt, daß er aber schon gar nichts verstanden hat."

Seinem ältesten Bruder gegenüber war das Nesthäkchen zuweilen „sehr heftig und naseweis". Nach der Thronbesteigung Franz Josephs änderte sich das allerdings. „Seit dem 2. (Dezember)", berichtete Sophie ihrem Onkel, „hat er keinen Augenblick vergessen, was er seinem Bruder schuldig ist; wenn dieser

ihn auszankt so weint er still und sieht mich hülfesu-
chend an und wenn er nur eine leichte Ermahnung
von Franzi erhält, so macht er unterthänige Mienen
und wird rot bis zu den Haaren" (Brief vom 13. Dezember 1848).

*Erzherzog Ludwig Viktor, der skandalumwitterte jüngste
Sohn von Erzherzogin Sophie*

Das Verhältnis zwischen den beiden wesensmäßig und
physisch ungleichen Brüdern – Ludwig Viktor sah
höchst unvorteilhaft aus und war im Gegensatz zum
Kaiser unsoldatisch – sollte sich in späteren Jahren
bis zur Beziehungslosigkeit verschlechtern. Nach einigen den Ruf des Kaiserhauses schädigenden öffentlichen Skandalen, die der Erzherzog seiner Mutter

gegenüber bestritt (Briefe aus den Jahren 1862), wurde Ludwig Viktor von Franz Joseph 1866 auf Schloß Kleßheim bei Salzburg verbannt, wo er 1919 verstarb, nachdem er ein paar Jahre zuvor wegen Geisteskrankheit unter Kuratel gestellt worden war.

Erzherzogin Sophie war 1855, als ihre erste Enkelin geboren wurde, mit ihrem jüngsten Sohn noch voll beschäftigt. Trotzdem widmete sie sich, mehr als es der Familie guttat, mit ganzer Kraft ihrer Rolle als Großmutter und stellte einen erzieherischen Alleinanspruch auf dieses Kind Elisabeths, das auf ihren Vornamen getauft wurde. Die junge Mutter wehrte sich dagegen; vergeblich. Als die Erzherzogin auch das zweite Kind, das 1856 zur Welt kam (Gisela), unter ihre Fittiche nahm und die kleine Sophie auf einer Ungarnreise verstarb, gab die Kaiserin den Kampf um ihre Kinder gegen die übermächtige Schwiegermutter auf (siehe Kapitel I.). Der 1858 geborene Kronprinz wurde bis zur Vollendung seines sechsten Lebensjahres in hohem Maße von Sophie und dem von ihr ausgewählten Pflege- und Erziehungspersonal betreut. Die Großmutter war für Rudolf die oberste Erziehungsinstanz, da die Mutter häufig auf Reisen war und nur ab und zu zu Kurzaufenthalten in Wien auftauchte.

Sophie erzog Rudolf für die Aufgaben eines künftigen Monarchen, wie sie es schon bei Franz Joseph getan hatte. Disziplin, Gehorsam und Pflichterfüllung waren die Eckpfeiler ihres pädagogischen Konzeptes, das Soldatische und Religiöse die konstitutiven Elemente im Erziehungsprozeß. Dem Kronprinzen fehlte es gewiß nicht an großmütterlicher Liebe und Zuwendung – Sophie war eine warmherzige und fürsorgliche, wenn auch strenge und anspruchsvolle Frau –; was aber dem gesunden und robusten Franz Joseph zuzumuten war, ihm guttat und seine Entwicklung förderte, war für den sensiblen, ängstlichen Rudolf freilich noch lange nicht recht und billig. Ob Sophie für die schwächliche Konstitution und die psychisch labile Ausstattung ihres Enkels ein Sensorium hatte, ist schwer zu beurteilen. Mangels an schriftlichen Unterlagen – die Briefe Rudolfs an Sophie sind verschollen oder der Forschung noch nicht zugänglich gemacht worden – ist auch ein Urteil darüber kaum möglich, wie eng die Bindungen zwischen Großmutter und Enkelkind gewesen sind. Da die Erzherzogin in ihren eigenen Lebenskreisen eingesponnen war, mehrmals im Jahr Reisen unternahm und eine erzieherische Direktiv- und Überwachungsfunktion innehatte, darf man annehmen, daß der Kronprinz zu seinen unmittelbaren Bezugspersonen – Kinderfrauen, Kindermädchen und Aja – eine tiefere emotionale Bindung entwickelte als zur Großmutter. So liebe- und aufopferungsvoll ihn diese auch betreuten, ein vollwertiger Mutterersatz waren sie allerdings nicht. Das Fehlen einer warmfühlenden, mütterlichen Zentralpersönlichkeit hat sich jedenfalls auf die gefühlsmäßige und charakterliche Entwicklung des Kindes ausgesprochen ungünstig ausgewirkt.

Die Großmutter ließ es an Fürsorglichkeit gewiß nicht fehlen. Sie gab Anweisungen, traf erzieherische Entscheidungen und war immer zur Stelle, wenn sie benötigt wurde. Aufzeichnungen über die Weihnachtsgeschenke der Großeltern an Rudolf und Gisela, die sich im Nachlaß Sophies finden, lassen den Schluß zu, daß sich die Erzherzogin über die Auswahl der Spielsachen, ihre Eignung für die entsprechende Altersstufe und sicherlich auch über die beabsichtigten pädagogischen Wirkungen Gedanken machte. So erhielt Rudolf 1858, als er noch im Wickelpolster lag, eine Suppenterrine in Silber, einen Wurstel, einen „Todel" und eine Muttergottesstatue. 1859 beschenkten ihn Großeltern (und Eltern) mit verschiedenen Spielwaren. 1860 bekamen die Geschwister gemeinsam eine Wohnungsausstattung en miniature, Rudolf ein Gewehr, eine Patronentasche, einen Säbel und ausgestopfte Tiere, Gisela eine Puppe mit ganzer Ausstaffierung. 1861 stellten die Großeltern dem Kronprinzen einen Karton mit Figuren zum Aufstellen, einen bellenden Hund, eine Spielzeugkuh, einen Guckkasten, Schaufel, Besen und Sandwagen unter den Weihnachtsbaum. Der Vierjährige wurde mit einem bronzenen Weihbrunnkessel mit Muttergottesbild, einem Matrosenhut, „der ihm deliziös stand", roten Schärpen, einem blauen Halstuch und Matrosenbausteinen bedacht, für den Fünfjährigen hielt das Christkind einen großen Stall mit Laternen, vier Pferde mit Zaumzeug und eingerichteter Futterkammer, einen Bücherschrank mit Glastüren, deutsche Bücher, eine Kassette mit Schreibarrangement, Bilder zum Zerlegen und eine Stehuhr in Bronze bereit. Zwei Jahre später (1865) machte man ihm einen Buchdruckerkasten, Muscheln, Bilderbücher, einen Guckkasten, Bilder zum Anmalen, zwei Helme und eine Schnittwarenhandlung mit voller Einrichtung, in der man stehen konnte, zum Geschenk, 1866, nach der siegreichen Seeschlacht bei Lissa, ein Porträt Tegetthoffs, 1867 ein Photoalbum, einen grauen Anzug, eine Kappe von schwarzem Pelz, Geld (50 Gulden), Zeichnungen und Porzellanfiguren.

Der Kronprinz erhielt, wahrscheinlich in Absprache mit den Großeltern, zu Weihnachten natürlich auch Geschenke von den Eltern, wobei der Kaiser offenbar auf militärisches Spielzeug (Gewehre mit Bajonett, Modelle von Kanonen etc.) Wert legte. Rudolfs frühe Bestimmung für den Soldatenberuf wurde von Franz Joseph bei jeder Gelegenheit demonstriert. Schon der Säugling wurde zum Inhaber eines Linien-

Infanterie-Regimentes ernannt, und der Dreijährige wohnte mit dem Vater in Italien in Oberstenuniform einer Parade bei.

Auch lebende Tiere wie Ponies, ein Reitesel sowie ein wohnlich eingerichtetes Blockhaus in Reichenau an der Rax und ein Kutschierwagen standen Rudolf und seiner Schwester Gisela für die Freizeitgestaltung zur Verfügung. Zu seinem Kater „Tomi" entwickelte der kleine Kronprinz eine besonders liebevolle Beziehung.

Die Zeit, die Rudolf zum Spielen zur Verfügung stand, wurde bald von Pflichten eingeengt, die man ihm auferlegte. Der Ernst des Lebens begann früh. Bereits im Mai 1862, also im Alter von etwas mehr als dreieinhalb Jahren, setzte der regelmäßige Unterricht ein: Rudolf mußte Rechnen und Schreiben lernen und erhielt Lehrstunden in Religion, Tschechisch und Ungarisch. Offenbar unter der Anleitung seiner Aja oder der Kaiserin selbst schrieb der Kronprinz dem Vater aus Venedig einen Brief, den dieser wie folgt beantwortete: „Ich danke Dir für Deinen lieben Brief, den ich gestern bekommen habe und der mich sehr gefreut hat. Es freut mich daß es Dir in Venedig gefällt und daß Du mit der lieben Mama spazieren gehst ... Es hat mich sehr gefreut zu hören, daß Du so brav und freundlich warst, wie die Offiziere von Deinem Regimente bei Dir waren und Du so schön ungarisch gesprochen hast ... Die Gisella soll fleißig französisch sprechen und Ihr Beide recht brav sein und der Mama viel Freude machen ... indem ich Dich auch küsse, bleibe ich Dein, Dich von ganzem Herzen liebender Papa."

Vom Standpunkt der heutigen Kinder- und Lernpsychologie aus gesehen, war das regelmäßige Lernprogramm für den Kronprinzen zweifellos zu früh angesetzt, zumal man davon ausgehen kann, daß die

Lernmethode keineswegs dem Alter und den Bedürfnissen des Kindes angepaßt war. Dem intellektuell äußerst regsamen Buben scheint es nichts ausgemacht zu haben. Er bewältigte das Lernpensum ohne Schwierigkeiten. Bereits im Alter von fünf Jahren konnte sich der geistig frühreife Rudolf neben deutsch und den oben angeführten Sprachen auch noch auf französisch verständlich machen, wie die Großmutter stolz vermerkte.

Mit zunehmenden Jahren wurde Sophies Einfluß schwächer und schwächer. Der Kaiser emanzipierte sich von ihr auf politischem, die Kaiserin auf erzieherischem Gebiet. Als Rudolf der Kindskammer entwachsen war, erhielt der Kronprinz auf Wunsch des Vaters und mit Billigung der Großmutter eine ausgesprochen harte, unbarmherzige militärische Erziehung, die zu seinem gesundheitlichen Zusammenbruch führte. In dieser für das Leben des Kindes bedrohlichen Situation griff, ganz gegen ihre Gewohnheit, die Kaiserin energisch ein und setzte ultimativ ihren alleinigen Anspruch, über die Erziehung Rudolfs zu bestimmen, durch. Der Einfluß Sophies war damit endgültig gebrochen.

Die Erzherzogin blieb dem Kronprinzen natürlich weiterhin verbunden und schrieb „ihrem innigst geliebten Kind", wenn sie räumlich getrennt waren, Briefe (1866–1872). Sie ging darin auf seine Vorlieben ein, teilte ihm ihre Beobachtungen über verschiedene Vogelarten und Tiere mit, lobte seine Qualitäten als Jäger, beklagte ihren Gesundheitszustand und kommentierte das politische Geschehen (Krieg von 1866, Deutsch-Französischer Krieg 1870/71). Den Papa stellte sie ihrem Enkelkind stets als großes, bewundernswertes Vorbild hin. So schrieb sie Rudolf am 13. Oktober 1870 aus Ischl:

Der zweite Sohn Erzherzogin Sophies, Ferdinand Max,
als Kaiser von Mexiko

„Ich danke Dir für Deinen lieben Brief vom 3 ... Du
sagtest mir in demselben, daß Du die Aufgabe Deines
armen Papas Trost in seinem mühseligen Leben während dem Winter zu sein mit Freude erfüllen willst;
das ist brav von Dir und so wirst Du auch Deine Einsamkeit leichter ertragen, denn Pflichttreue, zumal
einem so guten, selbstlosen Vater gegenüber, bringt
stets ihren Lohn mit sich, macht heiter und froh trotz
schmerzlicher Entbehrung des Familienlebens; ..."

Für die Kaiserin fand sie Worte der Anerkennung,
aber auch der Kritik. In einem Schreiben vom 9. Juli

1866, eine Woche nach der folgenschweren Niederlage der österreichischen Armee bei Königgrätz, schrieb sie dem Kronprinzen: „Einige Worte richte ich in Eile an Dich, mein innig geliebtes Kind, um Dir, Gisella und Eurer treuen Umgebung zum Trost zu sagen, daß der arme liebe Papa Gottlob wenigstens körperlich wohl ist und die liebe Mama ihm wie sein guter Engel zur Seite steht, in seiner Nähe weilt und ihn nur verläßt, um von einem Spital zum anderen zu ziehen und überall Trost und Hilfe zu spenden ..."

Der preußische Sieg stürzte die Erzherzogin in Verzweiflung, denn mit der Vormachtstellung Österreichs in Deutschland, der sie stets das Wort geredet hatte, war es nun endgültig vorbei.

Sechs Jahre später berichtete sie dem Vierzehnjährigen, der gewiß schon zwischen den Zeilen zu lesen und Zwischentöne zu hören verstand: „Der Fasching ist bis jetzt sehr flau bei uns ... Bei Hof waren zwei große Bälle, beim Letzteren soll viel und sehr animirt getanzt worden sein. Die gute Mama war, höre ich, wunderschön in einer Balltoilette, die Papa ihr zum Christabend schenkte und entzückte alles durch ihre Liebenswürdigkeit. Nun ist sie leider tief im Bett seit gestern, nachdem sie schon seit mehreren Tagen die Grippe hatte, sehr heiser war und trotzdem, um den letzten Ball nicht absagen zu lassen, auf demselben sich noch recht ermüdete und anstrengte durch vieles Sprechen" (Brief vom 20. Jänner 1872).

Seit 1867, dem Jahr, in dem sie ihren zweitgeborenen Sohn Maximilian in Mexiko verloren und der Ausgleich mit Ungarn ihren Franzi zu einem konstitutionellen Herrscher gemacht hatte, war die Erzherzogin eine gebrochene Frau. Sie zog sich auf ihr Altenteil zurück, mischte sich nicht mehr in die Politik und gab ihrer Schwiegertochter keine Ratschläge mehr. Das mexikanische Abenteuer Maximilians hätte

Sisi und Sophie, die ihn beide sehr liebten, einander näherbringen können, aber sie fanden (natürlich) nicht zueinander. Sie lebten in verschiedenen Welten.

In den letzten Jahren ihres Lebens wurde es um Erzherzogin Sophie immer stiller. Sie ging nicht mehr auf Reisen. Schönbrunn, die Hofburg und die Kaiservilla in Ischl waren ihre bevorzugten Domizile. Am kulturellen Leben in der Residenz nahm sie nach wie vor regen Anteil. So wohnte sie im Jänner 1871 der Feier zum achtzigsten Geburtstag Franz Grillparzers bei und nahm zu dieser Veranstaltung den Kronprinzen mit, dem sie, wie jeder Teilnehmer bemerken konnte, die Bedeutung des großen österreichischen Dichters erklärte. Der greise Grillparzer starb ein Jahr später, und auch das Leben der Erzherzogin ging dem Ende zu. Sie litt an „Atemlosigkeit"; „das Knie führt sich immer schlechter auf, schmerzt mich sehr beim Aufstehn und Niedersetzen und ist recht unangenehm, wenn ich im Zimmer gehe, was ohne dem spärlich ausfällt", schrieb sie Mitte März 1872 dem Kronprinzen.

Im Mai erkrankte die Erzherzogin schwer. Im ersten ärztlichen Bulletin vom 14. Mai 1872 (insgesamt wurden bis zu ihren Tod 24 abgefaßt und veröffentlicht) hieß es: „Ihre kaiserliche Hoheit, die durchlauchtigste Frau Erzherzogin Sofie sind seit vier Tagen von fieberhaft gastrischen Erscheinungen, begleitet von nervösen Symptomen mäßigen Grades erkrankt, die seitdem ohne wesentliche Steigerung andauern.

Wien, den 14. Mai 7 Uhr Abends.

Dr. Bielka
k. k. Hofarzt"

Als sich der Zustand Sophies verschlimmerte, versammelte sich die kaiserliche Familie im Sterbezimmer. Die Kaiserin, die sich zur Kur in Meran befand, eilte bei der Nachricht von der schweren Erkrankung der Schwiegermutter sofort nach Wien. Wie die übrigen Familienmitglieder wachte sie viele Stunden an ihrem Bett und wich in der Todesnacht, ohne etwas zu sich zu nehmen, bis zum erlösenden Ende nicht von der Seite der Sterbenden. Im Angesicht des Todes waren alle Zwistigkeiten vergessen.

Erzherzogin Sophie verschied am Dienstag, dem 28. Mai 1872, um 3 Uhr 15 Minuten morgens in der Hofburg an einem Herzkrampf. Sie hinterließ einen 1862 verfaßten Abschiedsbrief, in welchem sie den Kaiser zum Festhalten an den von ihr zeitlebens verfochtenen Grundsätzen verpflichtete. Aber die Zeit – und Sophie hatte es noch erlebt – war über diese Prinzipien bereits hinweggegangen.

Der Tod der Mutter des Kaisers wurde in der Presse ausführlich kommentiert. „Das Neue Wiener Tagblatt" und das „Illustrirte Wiener Extrablatt" äußerten sich zurückhaltend und kritisierten die politische Linie der Erzherzogin. Im Leitartikel der „Neuen Freien Presse" hieß es: „Unter den Töchtern der europäischen Fürstenfamilien war die baierische Königstochter bedeutsam durch die seltenste Vereinigung körperlicher und geistiger Vorzüge. Ihr Äußeres zeigte noch im hohen Alter die Spuren großer Schönheit, ihre aufrechte Gestalt hatte etwas Ehrfurchtgebietendes. Auch ihr Geist war hochgebildet, ihr Verstand scharf, ihr Urtheil durchdringend ... Die baierische Prinzessin liebte Wien über Alles. Sie zeigte sich viel an öffentlichen Orten, spendete Wohlthaten persönlich, besuchte die Kirchtage in der Umgebung, beschenkte die Kinder, die Armen, unterstützte Künstler. Sie war eine merkwürdige Frau von ungewöhnlicher Art, fest, beinahe starr in ihren Grundsätzen, eine Frau von seltener Begabung, eine treffliche Mutter ..."

Den Nagel auf den Kopf traf der Schweizer Gesandte, der nach Bern berichtete: „Die Erzherzogin Sophie war ohne Zweifel unter allen Frauen des Kaiserhauses die bedeutendste politische Erscheinung." Diesem Urteil kann man sich voll anschließen. Um so erstaunlicher ist es, daß diese überragende Frau bis heute keinen Biographen gefunden hat.

Altersbildnis von Erzherzogin Sophie

V. Kapitel

Die beiden Schwestern: Gisela und Marie Valerie

Das einzige Mitglied der kaiserlichen Familie, zu dem der Kronprinz zeitlebens engste Beziehungen unterhielt, war seine ältere Schwester Gisela. Es war ein gegenseitiges Vertrauensverhältnis, das auf Zuneigung beruhte, auf gemeinsamen Erlebnissen, Kindheits- und Jugenderinnerungen. Gisela und Rudolf waren ein unzertrennliches Geschwisterpaar, während Marie Valerie, das jüngste Kind des österreichischen Kaiserpaares, bedingt durch den großen Altersunterschied und die Ausschließlichkeit, mit der es die Mutter für sich beanspruchte, ein Einzelkinddasein mit allen seinen Vor- und Nachteilen führen mußte.

Gisela und Rudolf wuchsen gemeinsam auf, teilten miteinander Freud und Leid. Die emotionalen Bindungen, die sich daraus ergaben, waren dauerhaft und unzerstörbar. Die beiden Kinder liebten einander innig. Sie wurden in ihren ersten Lebensjahren gemeinsam erzogen, hatten bis zum 6. Geburtstag Rudolfs dieselbe Aja, dieselben Kindsfrauen und Kindermädchen. Sie spielten miteinander – eines ihrer beliebtesten Spiele war es, in einem Kinderkutschierwagen, der von Ponies oder Eseln gezogen wurde, umherzufahren – und verbrachten jedes Jahr in Reichenau an der Rax ein paar unbeschwerte, glückliche Sommermonate.

Gisela, am 12. Juli 1856 geboren, also zwei Jahre älter als ihr Bruder, war ein seelisch robustes, verhältnismäßig ruhiges und ausgeglichenes Kind, das in seiner Charakterstruktur dem Vater nachgeriet, während beim sensiblen Rudolf das mütterliche Erbteil deutlich durchschlug. Gisela erfreute sich als Kleinkind guter Gesundheit, war stets bei Appetit und gedieh prächtig.

Der kleine Kronprinz und seine ältere Schwester Gisela

Der Kaiser, der seiner älteren Tochter sehr zugetan war und sie liebevoll „Gisella" nannte, beobachtete die Entwicklung des Kindes mit großer Aufmerksamkeit. So berichtete er im September 1857 seiner

Mutter, daß die Kleine „sehr wohl und in der Entwicklung sehr vorgeschritten" sei, und Ludwig Viktor, der jüngste Bruder des Kaisers und zeitweilige Spielgefährte Giselas, der im Herbst dieses Jahres einige Zeit alleine mit ihr im Schloß Schönbrunn verweilte, schrieb der Mama: „Gisela spielte gestern recht herzig mit mir und lief von einer Ecke der Gehschule auf die andere ganz frei zu mir hin. Sie nahm hierauf ihre Milch mit großem Appetit ein" (30. September 1857).

Ein Jahr später beschreibt er die Kleine als blühend, gesund und auch etwas gewachsen, während Franz Joseph der Mutter die Mitteilung machte: „Gisela ist von einer unglaublichen Lebhaftigkeit und immer lustig, hat auch immer schöne Farben."

Obwohl Rudolf und Gisela, vom Temperament und Charakter her gesehen, einander ergänzten und gut miteinander auskamen, kam es doch dann und wann zwischen ihnen zu einem Streit, wie dies unter Kindern eben üblich ist. „Die Kinder freuten sich wirklich für ihr Alter unglaublich, sich wiederzusehen", wußte der Kaiser im August 1860 zu berichten, „sie umarmten und küßten sich in einem fort. Die ersten Tage ärgerte sich aber dann Rudolph doch öfter, wenn Gisella mit seinen Spielsachen spielte. Jetzt vertragen sie sich aber wieder vortrefflich."

Der Ankauf der Spielsachen – wir haben darauf bereits hingewiesen – erfolgte im wesentlichen über Anweisung der Großmutter, die als oberste Erziehungsinstanz alle wichtigen Entscheidungen traf. Die Auswahl wurde nach der Lebensrolle vorgenommen, für die die Kinder vorgesehen waren. Während der für den Soldatenberuf ausersehene Kronprinz vor allem Kriegsspielzeug und -ausrüstung erhielt (Waffen, Uniformen usw.), bekam Gisela zur Vorbereitung auf ihre künftige Bestimmung als Ehefrau und Mutter vorwiegend Puppen, Haushaltsgegenstände und

Schmuck. So erhielt die Dreijährige von Großvater und Großmutter einen Sparherd zum Kochen mit ganzer Einrichtung, Kasserollen, Tücher und einen Kasten mit Vorräten, die Sechsjährige wurde mit einem goldenen Armband mit einem kleinen Saphir und Diamanten, einem braunen Morgenanzug, gestickten Batisthandschuhen und einer Schreibeinrichtung in einer hölzernen Kassette beschenkt, „die sie sehr freute". Auch in der Ausbildung, die schon früh begann, setzte man deutlich verschiedene Akzente: Rudolf wurde bereits als kleiner Knabe vom Vater zu militärischen Übungen und Paraden mitgenommen und erhielt als Vierjähriger regelmäßigen Elementarunterricht und Unterricht in Tschechisch und Ungarisch. Gisela scheint neben Rechnen, Schreiben und Lesen zunächst Französisch gelernt zu haben.

Als Rudolf sechs Jahre alt war, wurde die gemeinsame „Kindskammer" aufgelöst. Der Kronprinz erhielt einen ausschließlich männlichen Hofstaat und verlor neben der Schwester alle seine geliebten Bezugspersonen, während Gisela ab nun von einer französischen Gouvernante namens Karoline Alice de Surirey de St. Remis und deren Gefolge betreut wurde. Die beiden Kinder empfanden die Trennung als außerordentlich schmerzlich. Ob ein paar Unpäßlichkeiten Giselas im Sommer 1864 damit im Zusammenhang stehen, ist schwer zu sagen. Denkbar wäre es.
Die Kinder waren zwar, wenn sie in Wien weilten, zu den Mahlzeiten beisammen und verbrachten gelegentlich auch ein paar Wochen an verschiedenen Orten miteinander (Ischl, Laxenburg, Budapest, Gödöllö), aber grundsätzlich waren sie nun gezwungen, unter der Leitung ihrer Erzieher und Lehrer eigene und verschiedene Wege zu gehen. Aus Briefen Giselas an den Bruder – Rudolfs Korrespondenz mit der

Schwester ist verlorengegangen oder der Forschung nicht zugänglich – wird deutlich, wie sehr sie den Kronprinzen liebte und überall, wo sie war, vermißte. Noch die Vierzehnjährige schrieb ihm: „Wie viel ich an Dich denke kann ich Dir mit Worten nicht sagen; die Zeit vergeht ohne Dich so langsam!" Und ein andermal: „Lieber Rudolf! Ich schicke Dir ein paar Worte von Ischl aus, um Dir zu sagen, wie oft ich an Dich denke, und wie Du mir überall abgehst" (beide Schreiben Jänner 1870). Und ein Jahr später, im Jänner 1871, als sie mit der Mama und der kleinen Schwester den Winter in Meran verbrachte und der Papa sie besuchte, ohne Rudolf mitzubringen, war sie untröstlich: „. . . denn jetzt seit der Papa hier ist", schrieb sie ihrem geliebten Bruder, „denke ich mehr als je an Dich. Es war mir schrecklich, ihn ohne Dich kommen zu sehen und als ich erfuhr daß ich Dich nicht im März, sondern erst im April sehen werde, war ich sehr betrübt . . ."

Die Betrübtheit der Erzherzogin, die nun in der Pubertät steckte, ist zum Teil wohl auch dadurch zu erklären, daß ihr die Mutter fremd war, daß sie sich allein und verlassen vorkam. Elisabeth hatte sich nach dem Tod ihrer erstgeborenen Tochter Sophie um Gisela kaum mehr gekümmert und deren Erziehung völlig der Schwiegermutter überlassen. Jetzt, 1870/71, sorgte sie sich ausschließlich um Marie Valerie und wird den pubertären Nöten der zur Frau heranwachsenden Gisela kaum die gebührende Aufmerksamkeit geschenkt haben. Um so merkwürdiger muß es anmuten, daß die Kaiserin bereits ein Jahr später ihre noch nicht einmal sechzehnjährige Tochter an den um zehn Jahre älteren Prinzen Leopold von Bayern verkuppelte oder dies zumindest zuließ. Wer den Stein ins Rollen brachte, der Kaiser oder die Kaiserin oder beide in gemeinsamem, ausnahmsweise einmal trautem Zusammenwirken, läßt sich heute nicht mehr eindeutig klären. Elisabeth entwickelte jedenfalls in dieser Angelegenheit zum Erstaunen ihrer Umgebung ungewöhnliche Aktivitäten. Die Fäden wurden, wie das damals üblich war, hinter dem Rücken der jugendlichen Braut geknüpft, ohne deren Wissen und Zustimmung.

Prinz Leopold wurde offiziell nach Ofen, wo ihm ganz zufällig die kleine Gisela begegnete, zur Schnepfenjagd eingeladen. Und schon war es auch passiert. Aber geben wir einem Augenzeugen das Wort, einem, der das alles aus nächster Nähe erlebte, dem Vater der zukünftigen Braut:

„Mittwoch spät abends ist Leopold angekommen", schrieb er am 7. April 1872 der Mama, „Donnerstag sah er Gisela zuerst beim Frühstück, dann beim Essen und abends im Theater, und bald konnte man sich überzeugen, daß sie Gefallen aneinander fanden. Gisela war wirklich recht lieb. Gestern bat er um die Erlaubnis mit ihr zu sprechen, und nach dem Diner, während Sisi, Rudolph und ich noch mit Lili Walterskirchen in Sisis Zimmer beisammen waren, fand im Nebenzimmer die Deklaration statt. Es scheint, daß er bald Erhörung fand, worauf Umarmungen, Tränen und unendlich verblüfftes Gesicht Rudolphs, der merkwürdigerweise bis dahin nichts gemerkt hatte. Das Ganze war einfach, patriarchalisch, obwohl Sisi und ich eben noch keine Patriarchen sind. Rudolph äußerte ein dringendes Bedürfnis, Onkel zu werden und ist mit Giselas Wahl sehr zufrieden."

Auch Franz Joseph war es. „Wir sind sehr glücklich, unsere Tochter einem so braven, edlen Manne geben zu können und sie in dieser Familie zu wissen", stellte er befriedigt fest. Und die so frühe Anbahnung einer Ehe für seine Lieblingstochter begründete der Kaiser so: „Daß wir schon so früh daran dachten,

Gisela zu verheiraten, kommt daher, daß es jetzt so wenig katholische Prinzen gibt und wir trachten mußten, uns des einzigen unter ihnen zu versichern, dem wir Gisela mit Beruhigung geben können."

Das Argument des Kaisers, die eigene Tochter mangels an geeigneten Partnern rasch an den Mann bringen zu müssen, ist höchst ernüchternd und wirft ein bezeichnendes Licht auf das Leben der kaiserlichen Familie.

Die Entscheidung des Kaiserpaares, die kaum sechzehnjährige Erzherzogin zu verheiraten, wurde in Hofkreisen mit sehr kritischen Tönen kommentiert. Gräfin Festetics schrieb: „Sie ist glücklich, wie eben ein Kind ist – schönes Brautpaar ist es nicht." Erzherzogin Sophie notierte in ihrem Tagebuch: „Das häusliche Glück der Kleinen und des braven Leopold scheinen mir sicher, aber als Partie zählt diese Heirat nicht."

Leopoldine Nischer, die ehemalige Kinderfrau Giselas, der Sophie das Familienereignis kundtat, konnte sich in ihren Aufzeichnungen die Bemerkung nicht verkneifen: „Der Prinz ist ein Cousin des Königs. Er soll nicht schön, aber unendlich liebenswürdig und gut sein. Er ist für seinen Stand wohl *arm* zu nennen, da er nur 15.000 Gulden jährlich hat. Da wird der Kaiser schön in den Sack greifen müssen." Franz Joseph griff in den Sack, allerdings nicht allzu tief: Die Mitgift der Eltern betrug (lediglich) 220.000 Gulden. Großzügiger waren Giselas Großeltern, Erzherzog Franz Karl und Erzherzogin Sophie: Sie legten ihrer Enkelin eine halbe Million Gulden in den Hochzeitskorb.

Nachdem die Angelegenheit einmal unter Dach und Fach war, ging die Kaiserin wieder ihre eigenen Wege und ließ, obwohl sie sich immer wieder über die Ehe abfällig äußerte, ihre minderjährige Tochter in

*Erzherzogin Gisela mit ihrem Gemahl, Prinz Leopold
von Bayern*

den Ehestand stolpern. Die nicht besonders attraktive,
genügsame und hausbackene Gisela wurde dann allerdings eine fürsorgliche Gattin und Mutter, die sich
um ihre Familie wesentlich mehr kümmerte als die
exaltierte Kaiserin.

Die Hochzeit des bayerischen Prinzen mit der Wiener Kaisertochter fand am 20. April 1873 in der festlich geschmückten Augustinerkirche statt. Der Berichterstatter der „Neuen Freien Presse" schlug bei der Beschreibung der Braut poetische Salti: „Das mit Silberstickereien bedeckte Kleid und der silberdurchwirkte Schleier schimmerten weithin und umflossen die Erzherzogin wie ein Gewebe aus Mondesstrahlen und Blumenfäden; eine Lilie, durchzittert von dem silbernen Licht der keuschen Göttin – also schritt die junge Braut zum Altar", schwärmte er. Die Kaiserin trug ein violettes Kleid, ein Diadem und ein Kollier aus Brillanten. Beim Galadiner in der Hofburg tags zuvor, zu dem die Crème de la crème des kaiserlichen Wien geladen war, hatte Elisabeth, am Zenit ihrer Schönheit stehend, in einem weißen, mit Silberbrokat und eingelegten Diamanten geschmückten Kleid, einem Kollier aus feuerfarben funkelnden Rubinen um den Hals und einem prachtvollen Brillantendiadem in ihrem schönen, kastanienfarbenen Haar die junge, unfertige Braut glatt ausgestochen.

Am Nachmittag des Hochzeitstages verließ das Brautpaar Wien. „Die ganze kaiserliche Familie schien tief bewegt", schrieb die „Neue Freie Presse", „selbst das feste Antlitz des Kaisers trug die Spuren ernstester Rührung; am heftigsten erschüttert war die junge, von Wien scheidende Prinzessin." Der Berichterstatter des „Neuen Wiener Tagblattes" schilderte seinen Lesern die Abschiedsszene noch ein wenig plastischer. „Den rührendsten Anblick bot Kronprinz Rudolf", schrieb er, „er weinte unausgesetzt und vermochte weder den Thränenfluß zu hemmen, noch das Schluchzen zu unterdrücken, so sehr er auch sichtlich nach Fassung rang."

Für den vierzehnjährigen Rudolf war es tatsächlich ein schwerer Tag. Nach dem Weggang seiner mütterlichen, verständnisvollen Schwester hatte er niemanden mehr, mit dem er sich in aller Vertraulichkeit aussprechen konnte. Um den Kronprinzen wurde es in der Hofburg noch einsamer.

Neun Monate nach der Hochzeit brachte Gisela ein Mädchen zur Welt, das auf den Namen Elisabeth getauft wurde. Die Kaiserin, mit 36 Jahren Großmutter geworden, reiste nach München, fühlte sich dort aber offenbar nicht besonders wohl. „Heute war die Taufe, Mutter und Kind sind so gesund, daß sie 100 Jahre leben werden. Dies zu Deiner Beruhigung, daß ihr Gesundheitszustand mich hier nicht aufhalten wird", schrieb sie Gräfin Festetics in einem geradezu herzlosen Ton (12. Jänner 1874). Und als Gisela am 28. April 1875 einer zweiten Tochter das Leben schenkte (Auguste Maria, verehelicht mit dem Habsburger Joseph August Viktor), bezeichnete Elisabeth, die für kleine Kinder nichts übrig hatte, das Baby mit schonungsloser Offenheit als selten häßlich. Das sehr lebhafte Kind, meinte sie, schaue Gisela ganz gleich. Es war eine der vielen Geschmacklosigkeiten, die sich die schöne Kaiserin im Verlaufe ihres Lebens leistete. Gisela gebar noch zwei Söhne: Georg Franz (geb. 1880), der Domherr in St. Peter zu Rom wurde, und Konrad Luitpold (geb. 1883).

Mit ihrem geliebten Rudolf hielt die von einer Erzherzogin zur Prinzessin gewordene Kaisertochter engen persönlichen und brieflichen Kontakt. Der Kronprinz kam des öfteren nach München, man traf sich in Ischl, Wien, Gödöllö und an anderen Orten. Die Schwester, die sich in München offenbar rasch einlebte, hatte doch ab und zu Heimweh und wurde von Kindheitserinnerungen übermannt. So schrieb sie Rudolf zwei Jahre nach ihrer Hochzeit: „Du wohnst gewiß mit dem lieben Papa in Schönbrunn; der Park und auch der Thiergarten müssen jetzt wunderschön

sein. Im Tiroler Garten blühen gewiß die Maiglöckchen. Letzten Sonntag bei unserem großen Diner
hatte ich frische Maiglöckchen im Haar und auf dem
Kleide und der Geruch erinnerte mich immerwährend
an Schönbrunn und meine Kindheit. Leben meine
Kaninchen noch?" (Schreiben vom 6. Juni 1876).

Gisela berichtete dem Bruder über das Leben am
Münchner Hof, über Jagden, Bälle, Diners und Theaterbesuche, übermittelte ihm Glückwünsche zum Ge-
burts- und Namenstag, nahm Anteil an seiner Ausbildung und vergaß auch nicht, ihm von ihren Reisen
ausführliche Berichte zu schicken (1875 Italien, 1876
Spanien, Portugal, Algier, 1877 Sizilien). Rudolf sei-
nerseits schickte den Kindern Spielsachen (Gisela
nannte ihn einen Musteronkel), machte der Schwester
Geschenke und nahm seinen Schwager Leopold, mit
dem er sich gut verstand, auf einige Forschungsfahr-
ten mit. Er war in München ein gerngesehener Gast.
„Bei uns bist Du immer eingeladen und zu jeder
Stunde willkommen. Je öfter, desto besser", schrieb
ihm die Schwester (28. Juni 1876).

Gisela verehrte und bewunderte den begabteren, ihr
intellektuell überlegenen Bruder. Sie nannte ihn ihr
„Kirchenlicht" und schätzte sein schriftstellerisches
Talent. „Du schreibst so unterhaltend und so hübsch",
lobte sie ihn, „ich beneide Dich um dieses Talent"
(9. Dezember 1876).

Gisela hielt auch die Beziehungen zu ihren „Ersatz-
müttern", Baronin Charlotte Welden und Kammerfrau Leopoldine Nischer, aufrecht und führte außer
mit den Eltern mit dem Grafen Latour und anderen
Persönlichkeiten am Wiener Kaiserhof einen regen
Briefwechsel. Baronin Welden, von Gisela und Rudolf
zärtlich „Wowo" genannt, war des öfteren in München, wo sie Verwandte hatte, zu Besuch. Sie fühlte
sich auf dem ehemaligen Landsitz der Königin The-

rese von Bayern, dem späteren Palais Luitpold an der Schwabinger Landstraße 6 (der heutigen Leopold-straße), das Franz Joseph dem Brautpaar zum Geschenk gemacht hatte, sehr wohl. Obwohl Gisela viel auf Etikette hielt und vor 1918 mit ihrem Gemahl in der Stadt an der Isar eine wesentliche gesellschaftliche Rolle spielte, hatte ihr Haushalt einen fast bürgerlichen Zuschnitt. Es paßt daher gut ins Bild, daß „Wowo", wie Gisela Rudolf berichtete, viel Spaß mit der ältesten Tochter Elisabeth hatte und für den Kaiser im Palais in der Leopoldstraße Jagdhandschuhe strickte.

Giselas Lebensstil war, ähnlich dem des kaiserlichen Vaters, einfach und bescheiden. Von Äußerlichkeiten hielt sie wenig. Sie kleidete sich stadtbekannt schlicht und zog die Benützung der eigenen Beine dem Hofwagen vor. Still und unaufdringlich, wie sie war, vollzog sich auch ihre karitative Tätigkeit nicht im Scheinwerferlicht der Öffentlichkeit. Sie besuchte oft überraschend und heimlich arme Familien, um sie mit Lebensmitteln und Bargeld zu versorgen. Viele Münchner nannten die volkstümliche, fromme und gläubige Gisela den „guten Engel aus Wien".

Giselas Gemahl, Prinz Leopold von Bayern, war Berufsoffizier. Er hatte an der Universität Naturwissenschaften studiert, sprach mehrere Sprachen und bildete sich auch in späteren Jahren wissenschaftlich ganz allgemein weiter. Seine große Liebe gehörte dem Reisen, seine Passion der Jagd. Leopold erfreute sich der besonderen Huld und Gunst Franz Josephs, dem das unkomplizierte Wesen seines bayerischen Schwiegersohnes sichtlich zusagte und behagte.

Von den freudigen Ereignissen und den tragischen Anlässen im österreichischen Kaiserhaus blieb die Prinzessin natürlich nicht unberührt. Die Nachricht von der Verlobung des Bruders mit Stephanie von Belgien nahm sie freudig auf. „Rudolf ist wohl noch recht jung", schrieb sie an Latour, „aber ich fand ihn jetzt bei seinem letzten Besuche viel männlicher, ruhiger und gesetzter als noch vor Kurzem. Trotzdem ich den Ausgang ahnte", setzte sie fort, „heulte ich doch wie ein Kettenhund, als die telegraphische Nachricht von der Verlobung kam, worüber mich mein Mann sehr auslachte ..."

Der glanzvollen Hochzeit im Jahr darauf wohnte sie natürlich bei, hingegen mußte sie den Feierlichkeiten anläßlich der Geburt des ersten und einzigen Kindes des Thronfolgerpaares im September 1883 (die Tochter wurde auf den Namen Elisabeth Marie getauft und ist als „rote Erzherzogin" in die Geschichte des österreichischen Kaiserhauses eingegangen) fernbleiben. Der Grund: Sie war hochschwanger und nicht reisefähig.

Rudolfs Ehe, die sich zunächst recht passabel anließ, wurde bald brüchig und endete in totaler Entzweiung. Der Schwester in München entging das nicht. Ob der Kronprinz Gisela in seine persönlichen und anderen Probleme, die sich zunehmend häuften, einweihte, sie um Rat fragte, läßt sich mangels schriftlicher Unterlagen nicht sagen. Die sich anbahnende Katastrophe konnte sie, wie alle anderen Verwandten auch, jedenfalls nicht verhindern. Rudolf schrieb seiner geliebten Schwester, ehe er freiwillig in den Tod ging, keinen Abschiedsbrief. Er ließ ihr über seine Gemahlin Stephanie nur letzte Grüße ausrichten, während er Marie Valerie, der er viel weniger zugetan war, mit einem Schreiben bedachte, das allerdings bis heute nicht in seinem vollen Wortlaut bekanntgeworden ist. Aus welchen Gründen er das tat, bleibt ein Geheimnis, das der Kronprinz mit in das Grab genommen hat.

Giselas Trauer um Rudolf war still, tief und anhaltend. Sie konnte es nicht fassen, daß der Bruder auf so tragische Weise am Leben gescheitert war.

Der Tod der Eltern (Elisabeth starb 1898, Franz Joseph 1916), der ihr gewiß sehr naheging, brachte Gisela und ihrer Familie jeweils einen erheblichen Vermögenszuwachs: Die Kaiserin vererbte ihr vier bis fünf Millionen Gulden und das Achilleion, ihr Traumschloß auf Korfu, mit dem Gisela jedoch nichts anzufangen wußte. Sie verkaufte es an Kaiser Wilhelm II. Der Kaiser setzte seine beiden Töchter und seine Enkelin Elisabeth Marie zu Erben seines Privatvermögens ein, das Gutsherrschaften, Waldbesitz und Villen ebenso umfaßte wie Bargeld, Pfandbriefe, Aktien, Pretiosen, Mobiliar und Wertgegenstände. Das gesamte Erbe machte für jede der drei Erbinnen etwa vierzehn Millionen Kronen aus, ein gewaltiges Vermögen, mit dem sich gewiß etwas anfangen ließ. Sollten Gisela und ihre Familie jemals Finanzprobleme gehabt haben, so waren sie dieser Sorgen nun endgültig enthoben.

Prinz Leopold von Bayern erhielt im Ersten Weltkrieg den Oberbefehl über die an der Ostfront operierende 9. Armee und wurde 1916 zum königlich preußischen Generalfeldmarschall befördert, Nachfolger Paul von Hindenburgs im Oberkommando Ost, dem auch österreichische Truppenkörper unterstellt waren, während Gisela in München, so gut es ging, die Not des Krieges zu lindern versuchte.

Die militärische Niederlage Deutschlands löste im November 1918 auch in der Hauptstadt Bayerns einen politischen Umsturz aus. Die wittelsbachische Monarchie wurde durch den republikanischen „Freistaat Bayern" ersetzt. Auf eine kurzlebige Räterepublik folgte 1923 ein Hitlerputsch, der fehlschlug. Die veränderten politischen und gesellschaftlichen

Verhältnisse stabilisierten sich nur langsam. Prinz Leopold und seine Gemahlin fügten sich offenbar den neuen Gegebenheiten. Sie kamen im Jänner 1919 bei den Wahlen zur Nationalversammlung ihrer Bürgerpflicht nach, mieden jedoch im übrigen öffentliche Auftritte und führten ein stilles, zurückgezogenes Leben.

Die Prinzessin, die in ihren letzten Lebensjahren nach einem Schlaganfall fast ununterbrochen an das Haus gefesselt war, empfing gerne Besucher aus Österreich, mit denen sie sich über vergangene, schönere Zeiten unterhalten konnte. Zwei Jahre nach dem Tod ihres Mannes schloß sie am 27. Juli 1932 für immer die Augen. Einen Tag nach ihrer Beisetzung in der St.-Michaels-Kirche in München, an der zahlreiche Mitglieder des internationalen Hochadels und höchste Repräsentanten des Staates und der Kirche teilnahmen, fanden in Deutschland Reichstagswahlen statt. An diesem 31. Juli 1932 errangen die Nationalsozialisten einen überwältigenden Wahlsieg und zogen mit 230 Abgeordneten als stärkste Fraktion in das Parlament ein. Die Kaisertochter aus Wien, die zur Völkerliebe erzogen worden war und übernational dachte, repräsentierte geistig und gesellschaftlich eine völlig andere Welt als die Gewitterwolke aus Intoleranz, Rassismus und Völkerhaß, die nun den politischen Horizont Deutschlands zu verdunkeln begann. Es blieb ihr erspart, in einer solch düsteren Welt leben zu müssen.

Die jüngere Schwester des Kronprinzen, Marie Valerie, wurde am 22. April 1868 in Ofen (Buda) geboren. Das „ungarische Kind" des österreichischen Kaiserpaares war, symbolisch gesehen, ein Produkt des staatlichen Ausgleiches zwischen Österreich und Ungarn, der die Doppelmonarchie begründete, und des (vorübergehenden) persönlichen „Ausgleichs" zwischen dem Kaiser und seiner Gemahlin. Familiär betrachtet, war Marie Valerie ein Nachzügler: Ihre Schwester Gisela war zwölf, ihr Bruder zehn Jahre älter als sie. Der große Altersunterschied zu den beiden anderen Geschwistern und die Tatsache, daß die Mutter ihr jüngstes Kind völlig für sich in Anspruch nahm, sind die Ursache und die Erklärung dafür, daß sich zwischen Marie Valerie und den älteren Kindern des Kaiserpaares nie ein geschwisterlich enges Verhältnis entwickelt hat, gar nicht entwickeln konnte.

Rudolf und Gisela mögen über den Familienzuwachs zunächst erfreut gewesen sein. Als sie aber bemerkten, daß die Mutter, die ihnen ohnehin nur ein Mindestmaß an Aufmerksamkeit widmete, sie nun völlig links liegen ließ, wurde die Freude zur Enttäuschung, und diese wuchs sich zunehmend zur Eifersucht auf das Neugeborene aus. Besonders Rudolf entwickelte, je älter er wurde, eine ausgeprägte Abneigung gegenüber der kleinen Schwester, während Gisela kaum dazu Gelegenheit hatte, da sie bereits vier Jahre nach der Geburt Valeries aus dem Familienverband ausschied und einen eigenen Lebenskreis begründete.

Marie Valerie wurde von einer ungarischen Amme, einer reichen Bäuerin, gesäugt und selbstverständlich in Budapest getauft. Der Taufakt in der Ofener Burg wurde vom ungarischen Ministerpräsidenten Gyula Andrássy zu einem nationalen Festakt hochgespielt, was in Wien und in der österreichischen Reichshälfte auf wenig Verständnis stieß. Auf Ludwig Viktor, der an den Feierlichkeiten teilnahm, machten diese Aufwallungen des ungarischen Nationalgefühls und das Schaugepränge wenig Eindruck. In seinem Bericht an die Mutter erwähnt er es überhaupt nicht. „Die Taufe im großen Saal war sehr schön", merkte er lapidar an und setzte prosaisch hinzu: „Die Kleine schrie sehr" (28. April 1868).

Elisabeth blieb mit Valerie nicht ganz zwei Monate in der ungarischen Hauptstadt und begab sich dann mit ihr nach Bayern, wo sie sich ungestört dem Glück ihrer Mutterschaft hingeben wollte. In Wien machte sie nur kurz Zwischenstation. Die Schwiegermutter durfte das Neugeborene sehen („Gefällt Dir die neue Enkelin?" fragte Ludwig Viktor die Mama ein wenig ätzend), mehr nicht. Die Kaiserin war diesmal fest entschlossen, ihre Mutterrechte gegen alle eventuellen Anfechtungen zu verteidigen. „Jetzt weiß ich es, was für eine Glückseligkeit ein Kind bedeutet", sagte sie später einmal zur Gräfin Festetics, „jetzt habe ich schon den Mut gehabt, es zu lieben und bei mir zu behalten."

Da die Kaiserin mit dem englischen Kindermädchen, das sie engagiert hatte, nicht ganz zufrieden war und die ungarische Kammerfrau v. Lósy Urlaub nehmen wollte, wandte sich Elisabeth an die alte, bewährte „Nono" (Leopoldine Nischer) mit der Bitte, die Leitung der Kindskammer zu übernehmen. Die 55jährige Hofratsgattin konnte sich dem ehrenvollen Ruf nicht versagen und verließ Haus und Heim, um wieder in den Dienst des Kaiserhauses zu treten. Ihre Dienstleistung war lediglich für ein paar Wochen gedacht. Es dauerte dann aber doch länger als ein Jahr, ehe sie ihr verantwortungsvolles Amt in jüngere Hände legen konnte. Kammerfrau wurde Anna von Csaby, den Dienst eines Kammermädchens versahen Franziska Brandl und Franziska Logier.

Wie bereits im 3. Kapitel dargestellt, hielt die Kaiserin den Kontakt mit der Hofrätin weiter aufrecht. Sie ersuchte sie in den folgenden Jahren immer wieder um kleine Liebesdienste, informierte sie über die Fortschritte, die ihr „kleiner Engel" machte, und auch

Marie Valerie behielt ihre „Nono" in bleibender Erinnerung. Nachdem sie das Schreiben erlernt hatte, übermittelte sie ihr jedes Jahr Grüße zum Namenstag und drückte ihr bei Todesfällen in der Familie ihr Beileid aus.

Die rastlose Kaiserin war mit ihrer kleinen Tochter viel unterwegs. Vom bayerischen Garatshausen ging es bereits im November 1868 wieder nach Ofen. Franz Joseph, der den Kronprinzen über die Entwicklung der Schwester auf dem laufenden hielt, schrieb an Rudolf: „Die Kleine kam sehr heiter hier an und hatte eine besondere Freude an ihren schönen Zimmern mit den bunten Tapeten. Gestern schenkte ihr Mama ein weißes Kaninchen, mit dem sie in der Gehschule spielt" (28. November). Am 8. April 1869 berichtete er ihm: „Valerie reitet täglich auf dem Pony im Wald spazieren und nimmt von Tag zu Tag an Gesundheit und an gutem Aussehen zu. Einmal ist sie auch schon mit Mama im Schiff auf dem See gefahren." Elisabeth, die sich in Wien bei öffentlichen Auftritten rar machte, legte in Ungarn durchaus ihre Menschenscheu ab und zog prompt die Massen an sich. Nach dem Besuch einer Wohltätigkeitsveranstaltung in einem der beiden deutschen Theater nahm die Begeisterung für die schöne Sisi ein derartiges Ausmaß an, daß die Kaiserin nicht zu ihrem Wagen gelangen konnte und die Heimfahrt im Fiaker eines befreundeten Barons antreten mußte (Leopoldine Nischer an ihren Sohn).

Marie Valerie, die von ihrer Mama wie ihr Augapfel gehütet wurde, entwickelte sich weiterhin durchaus gut und normal. Die Kaiserin, die jede Kleinigkeit aufmerksam registrierte, war mit der Entwicklung des Kindes zufrieden. „Heute hatte die Kleine ihr erstes Bad hier", gab sie Frau Nischer zu wissen, „schrie aber ziemlich viel dabei. Ihre Nächte sind Gott lob gut. Sie ist viel in der Luft, Vormittag im Haraszter Wald, Nachmittag im Garten. Der Appetit ist auch gut" (Gödöllö, 16. Oktober 1869). Und am 26. März 1870 war ihr Bericht noch ausführlicher. „Gott lob, ist die Kleine wohl", schrieb sie von Ofen aus an „Nono". „Sie hat die oberen Augenzähne ohne Anstand bekommen. Wegen starkem Wind konnte sie eine ganze Woche nicht hinaus, heute zum ersten Mal ließen wir sie wieder fahren, aber ohne auszusteigen. Ich glaube Sie werden sie sehr entwickelt finden. Spricht so viel und schon ganz zusammenhängend. Ich muß sehr oft Nono sein, und da spielt sie, daß wir auf der Eisenbahn fahren. Ich bin überzeugt, sie wird sich sehr freuen, und gleich Sie erkennen, wenn Sie sie, wie Sie versprachen, in ihrem Zimmer erwarten."

Aus diesen Zeilen wird deutlich, wie sehr sich die Kaiserin mit diesem Kind beschäftigte, wie aufmerksam sie seine Entwicklung verfolgte. Sie entfaltete eine allumfassende Mütterlichkeit, die sich in Krisenfällen bis zur Hysterie steigern konnte. Schon das leiseste Anzeichen einer Unpäßlichkeit ihrer geliebten Tochter versetzte Elisabeth in Alarmstimmung. Beim Herannahen von epidemisch auftretenden Krankheiten (Masern, Diphtherie, Cholera) wurde sie von panischer Angst erfaßt und suchte mit Valerie (und ab und zu auch mit den beiden anderen Kindern) buchstäblich das Weite.

„Die Kaiserin ist schöner denn je", schrieb Erzherzog Ludwig Viktor seiner Mutter aus Ofen, „sie ist aber *sehr* emotionirt vom Abschied in Wien und unendlich agittirt wegen der Kleinen. Dieselbe ist hübsch und größer, aber sieht nicht gut aus" (16. Oktober 1870). Auch der Kronprinz bemerkte natürlich die übertriebene Fürsorge seiner Mutter um Valerie. Er war darüber zunächst irritiert und später verwundert. Der Achtzehnjährige schrieb seiner „Nono" aus

Erzherzogin Marie Valerie, die jüngste Schwester des Kronprinzen

Gödöllö: „Leider sind die Masern jetzt hier recht stark aufgetreten. Du kannst Dir denken, wie Mama sich für Valerie fürchtet, doch fliehen können wir weder nach Pest noch nach Wien, da dort nebst Hautkrankheiten auch die Diphteritis herrscht; ich für meinen Theil mache mir aus diesen Sachen überhaupt nichts."

Als Marie Valerie sechs Jahre alt war, erhielt sie einen eigenen Hofstaat. Zur Kammervorsteherin wurde eine Ungarin, Gräfin Marie Kornis, geborene Baronin Vécsey, ernannt, mit der Leitung der Erziehung betraute Elisabeth Bischof Hyazinth Rónay, einen liberal gesinnten Geistlichen und glühenden Verehrer Kaiser Josephs II., der ganz im Sinne der Kaiserin der Ausbildung der Erzherzogin eine ungarisch-nationale Ausrichtung gab. Deutsch-, Geschichte- und Literaturunterricht erhielt Marie Valerie durch den renommierten Wiener Gymnasialprofessor Dr. Karl Ferdinand Kummer. Kummer scheint es verstanden zu haben, die schöngeistigen Neigungen seiner Schülerin zu vertiefen, ihr angeborenes Talent für die Dichtkunst zu fördern und sie für das Theater zu begeistern. Valerie schrieb Einakter und Dramolette, die unter der Regie von berühmten Hofschauspielern (Adolf von Sonnenthal, Joseph Lewinsky) im Familienkreis aufgeführt wurden, und verfaßte – wie die Mama – Gedichte, die sie 1885 veröffentlichte. Ihre große Liebe gehörte dem Wiener Burgtheater, dem sie zeitlebens als Besucherin und großzügige Gönnerin verbunden blieb.

Fiel der pädagogische Samen des Deutschprofessors auf fruchtbaren Boden, so erzielte die betont ungarnfreundliche Erziehung bei der Erzherzogin keineswegs den gewünschten Erfolg. Marie Valerie, die mit der Mutter persönlich wie brieflich fast ausschließlich in der ungarischen Sprache verkehrte, verkehren mußte, faßte als Reaktion darauf schon als Halbwüchsige eine heftige Abneigung gegen alles Ungarische, die sich zunehmend zum regelrechten Ungarnhaß auswuchs. Im Gegensatz zu den Auffassungen der Mutter und zu ihrem betont antipreußisch eingestellten Bruder entwickelte sie hingegen eine Vorliebe für alles Deutsche, ja sie dachte mit den Jahren zunehmend deutschnational. „Vor allem sind wir Deutsche, dann Österreicher und erst in 3. Linie Habsburger", war sie überzeugt. „Das Wohl des deutschen Vaterlandes muss uns vor allem am Herzen liegen – wenn es gedeiht, ists einerlei, ob unter Habsburg oder Hohenzollern." Marie Valerie betrachtete nicht mehr den habsburgischen Vielvölkerstaat als ihr Vaterland, sondern das deutsche Kaiserreich. Woher sie diese weltanschauliche Linie nahm, die sie in ihrem Tagebuch festhielt (4. März 1889) und die für eine habsburgische Erzherzogin doch recht ungewöhnlich ist, ist noch nicht untersucht worden. Vielleicht wird sie ein zukünftiger Biograph einmal klären können. Der Einfluß von Zeitströmungen dürfte jedenfalls nicht auszuschließen sein: Nationalstaatsidee und Nationalitätenhader bewegten die Gemüter.

Marie Valerie litt unter der übergroßen Fürsorglichkeit ihrer Mutter. Sie konnte sich vom mütterlichen Einfluß nur mühsam freispielen, nur schwer ihre Eigenständigkeit entwickeln. Auf alle Fälle entfaltete sie, was (tiefen-)psychologisch verständlich und erklärbar ist, in mancher Hinsicht völlig andere Neigungen, Ansichten und Einstellungen als die Mama. Von Temperament und Veranlagung her dem Vater ähnlich, war sie nüchtern, besonnen und betont katholisch. Die Dogmen und Vorschriften der katholischen Kirche, an die sich Elisabeth nur rein äußerlich hielt, waren für sie die unverrückbaren Wegweiser und Leitsterne ihres Lebens.

Je älter Marie Valerie wurde, desto schärfer registrierte sie die Launen, Schwächen und Schrullen Elisabeths, desto lästiger wurde ihr die mütterliche Bevormundung. Ihrem scharfen Blick blieben natürlich auch die Risse in der Ehe der Eltern, die peinlichen Unstimmigkeiten und Zerwürfnisse in der Familie, die kalte, lieblose Atmosphäre am kaiserlichen Hof nicht verborgen. Ihre kritischen Beobachtungen vertraute sie ihrem Tagebuch an, das der historischen Forschung bis heute leider nur in Auszügen zugänglich gemacht worden ist. Ob sie diese Kritik jemals auch der Kaiserin gegenüber persönlich zum Ausdruck gebracht hat, kann man nur vermuten. Makellos ungetrübt war das Mutter-Tochter-Verhältnis über die Jahre hinweg bestimmt nicht.

Dem kaiserlichen Vater brachte die Heranwachsende hingegen ungeteilte Liebe, Bewunderung und Verehrung entgegen. Marie Valerie im Alter von sechzehn Jahren: „Ich sass eine gute Stunde ganz mäuschenstill neben ihm, während er rauchend arbeitete. Es müssen wichtige Dinge gewesen sein, denn er schaute nur einmal auf, und zwar um zu bemerken ‚Du musst dich aber schrecklich langweilen‘, worauf ich natürlich stürmisch antwortete ‚O nein Papa; es ist so gut dazusitzen . . .‘ ‚Ein schönes Vergnügen‘, sagte er und arbeitete weiter. Der Arme! Wie ich ihn so geduldig vor diesem Stoss Schriften sitzen sah, ohne ein Wort der Klage . . . wie ein jeder Mann im Staate die Mühen und Sorgen immer von sich schiebt, immer höher und höher, bis endlich alles zum Kaiser kommt – und er, der es nicht mehr höher schieben kann, nimmt alles an und arbeitet alles geduldig durch, sich um das Wohl eines jeden selbst bekümmernd. Das ist doch schön, einen solchen Vater zu haben."

Fünf Jahre später, im Trauerjahr 1889, sah sie den Papa mit wesentlich kritischeren Augen. Anläßlich des Weihnachtsfestes notierte sie: „O lieber Gott, wie traurig ist unser für Uneingeweihte so schön scheinendes Familienleben, daß Mama und ich froh sind, wenn wir ruhig allein sein können. Ich weiß nicht warum, aber das hat in diesem Jahr erschreckend zugenommen – Papa hat so wenig Interessen mehr und ist – soll ich's sagen – so viel schwerfälliger und kleinlicher geworden. Zusammensein meiner Eltern fortwährend aus kleinen, sehr kleinen Peinlichkeiten zusammengesetzt. – Mama klagt mir ständig ihr Leid. Und ich sehe Papa nicht mehr mit den Augen schwärmerischer Begeisterung an."

Das Verhältnis Marie Valeries zu ihrem Bruder war lange Zeit hindurch gespannt und komplexbeladen. Der Kronprinz, der auf die kleine, von der Mutter verhätschelte Schwester eifersüchtig war, behandelte Valerie schroff und herablassend, die Kleine hatte Angst vor ihm. Zwischen den Geschwistern gab es erhebliche Berührungsängste. Nur bei besonderen Anlässen kamen sie einander ein wenig menschlich näher. So konnte es die Zwölfjährige kaum fassen, als sich der „Nazi", wie sie den Bruder trotz allem Respekt burschikos nannte, mit Stephanie von Belgien verlobte. „Ich bin so aufgeregt, daß ich kaum meine Gedanken beisammen halten kann", schrieb sie mit roter Tinte in ihr Tagebuch. „Nazi, der Bub, der Nazi, der vor wenigen Jahren selbst geschoßene Gimpel zum Gabelfrühstuck ass, der Nazi, der mich so oft seckierte . . . verlobt!" Über die Braut machte sie dann, dem Beispiel der Mutter folgend, überkritische, abfällige, gehässige Bemerkungen.

Als Marie Valerie selbst in das heiratsfähige Alter kam und Bewerber um ihre Hand anhielten, fand sie in der Mutter eine Vertraute und Ratgeberin. Elisabeth ließ ihrer Tochter bei der Wahl ihres zukünftigen Gatten freie Hand, da sie eine dynastische Verbindung für sie strikt ablehnte. Sie arrangierte dann auch das erste Zusammentreffen zwischen Marie Valerie und Franz Salvator, dem Mann, in den sich die junge Erzherzogin verliebt hatte. Kaiser und Kronprinz sprachen sich gegen die Verbindung aus: Franz Joseph wegen der Verwandtschaft (Marie Valerie und Franz Salvator waren Vettern dritten Grades), Rudolf, weil ihm der zukünftige Schwager zu unbedeutend schien. Schließlich setzten die beiden Frauen doch ihren Willen durch. Als die Kaiserin dem Kronprinzen im Dezember 1888 die bevorstehende Verlobung mitteilte, reagierte Rudolf keineswegs ablehnend. Marie Valerie: „Unfreundlich war er aber keineswegs und so fühlte ich mich ermutigt, zum erstenmal in meinem Leben die Arme um seinen Hals zu werfen ... Armer Bruder, er hat doch auch ein warmes, liebesbedürftiges Herz, denn er umschloss und küsste mich mit der ganzen Innigkeit wahrer Bruderliebe – und wieder und noch einmal zog er mich an sein Herz, und man fühlte, dass es ihm wohltat, dass ich ihm die Liebe zeigte, die solange fast erstickt war vor Angst und Scham ...“

Diese berührende Szene zeigt, welche Außenseiterposition der Kronprinz innerhalb seiner Familie einnahm, wie sehr er sich nach Liebe und Anerkennung sehnte. Nicht viel mehr als einen Monat später setzte er seinem Leben ein Ende. Und wieder war es die scharfsichtige Marie Valerie, die bei der Todesnachricht sofort die richtige Ursache vermutete, während die ahnungs- und fassungslosen Eltern von der Tragödie völlig überrascht wurden. „Hat er sich umgebracht?“ fragte die Erzherzogin die Mutter, die ihr die Mitteilung machte. Die Frage wurde von der Kaiserin verneint.

Rudolf hat – ich habe bereits darauf hingewiesen – einen kurzen Abschiedsbrief an die Schwester geschrieben, in dem er ihr riet, nach dem Tod des Vaters Österreich zu verlassen. Marie Valerie hat sich an diesen Rat aus verständlichen Gründen nicht gehalten.

Die Hochzeit Marie Valeries mit Franz Salvator aus der toskanischen Linie des Hauses Habsburg-Lothringen fand am 31. Juli 1890 in der Pfarrkirche zu

Ischl statt. Sie lief in einem wesentlich bescheideneren Rahmen ab als die Hochzeiten Giselas und Rudolfs in Wien. Das höfische Zeremoniell wurde auf ein Mindestmaß reduziert. Dennoch versetzte das ungewöhnliche Ereignis die Bewohner des Kurortes in helle Aufregung. 300 weißgekleidete Mädchen mit einem

Erzherzogin Marie Valerie mit ihrem Bräutigam, Erzherzog Franz Salvator

Körbchen Rosen in der Hand standen an dem sonnenhellen Tag von der Gartenpforte bis zum Eingang der Kaiservilla Spalier, um den Weg der Braut mit Blumen zu bestreuen. An den Straßen, durch die sich der Hochzeitszug bewegte, drängten sich die Menschen, die örtlichen Vereine, Feuerwehr, Veteranen,

Schützen und Salinenarbeiter rückten in Uniformen aus. Häuser, Hotels und öffentliche Gebäude prangten im Blumen- und Flaggenschmuck. Die Hochzeitsgesellschaft, die in geschlossenen Hofwagen zur Kirche fuhr, wurde von der Menge bestaunt und bejubelt, die Toiletten der Damen von den Zeitungsreportern genau in Augenschein genommen. Die Kaiserin war hellgrau gekleidet und hielt während der ganzen Fahrt ihren Fächer vor das Gesicht, um sich vor der Sonne zu schützen, schrieb die „Neue Freie Presse". Die Braut trug eine „mit Spitzen verschleierte, weiße Drap-Exposition", die Kronprinzessin-Witwe, die blühend aussah, eine „ungemein jugendliche Heliotrop-Toilette".

Die Trauung wurde in einer kurzen Zeremonie vom Linzer Bischof Franz Maria Doppelbauer vollzogen. Anton Bruckner saß an der Orgel, als Kranzljungfern fungierten die Töchter Giselas und die kleine, ein halbes Jahr zuvor zur Halbwaise gewordene Kronprinzentochter Elisabeth Marie. „Besonders rührend war es", stand am nächsten Tag in der „Neuen Freien Presse" zu lesen, „als nach Beendigung der Kirchen-Ceremonie Erzherzogin Marie Valerie auf ihre kaiserliche Mutter zueilte und weinend in die Arme derselben sank. Die Kaiserin, die gleichfalls Thränen in den Augen hatte, hielt ihre Tochter lange umschlungen und küßte sie wiederholt. Hierauf wandte sich die Erzherzogin dem Kaiser zu, der sichtlich tief bewegt war, und umarmte ihn gleichfalls . . ."

An die Hochzeit schloß sich ein Déjeuner im Kurhotel an, und dann ging es wieder zurück in die Kaiservilla. Für das Brautpaar begannen die Flitterwochen. Die Kaiserin, die schon am nächsten Tag wieder abreisen wollte, war wieder einmal unpäßlich und mußte die Abreise um einen Tag verschieben. Franz Joseph begleitete die Weltenbummlerin in offener Equipage

166

zum Bahnhof, wo er sich auf das herzlichste von ihr verabschiedete. So jedenfalls steht es in der Zeitung.

Marie Valeries Ehe wurde überaus glücklich. Die Kaisertochter, die mit ihrer Mutter viel auf Reisen gewesen war, sehnte sich nach Häuslichkeit. Das Weihnachtsfest 1890, das sie zum erstenmal nicht mit ihren Eltern verbrachte, verlief ganz nach ihrem Geschmack: „Die frohe Gemeinsamkeit (auch mit der Dienerschaft)", notierte sie in ihrem Tagebuch, „machte den heiligen Abend zu einem so glücklichen, wie ich ihn noch nie erlebt. Welch ein Kontrast gegen die Christbäume in der Burg, wo alles so steif und peinlich war!"

Marie Valerie, die zunächst ihrem Mann in die Garnison nach Wels folgte, gebar im benachbarten Schloß Lichtenegg zwei ihrer zehn Kinder (Franz Karl Salvator 1893, Hubert Salvator 1894) und widmete sich später auf Schloß Wallsee, das ihr der Kaiser zum Hochzeitsgeschenk gemacht hatte, ganz ihrer großen Familie. Sie hatte nicht den Ehrgeiz, in der Öffentlichkeit ihren hohen Rang auszuspielen, sich im gesellschaftlichen Glanz zu sonnen. Still, bescheiden und so unauffällig wie möglich ging sie ihren Lebensweg. Neben der Fürsorge für die Familie erblickte die Tochter Kaiser Franz Josephs und Sisis ihren Lebenssinn in der christlichen Caritas. Während des Ersten Weltkrieges richtete sie im Wallseer Vorschloß ein Lazarett ein und gründete dort das „Marie Valerie Armenspital und Altersheim". Darüber hinaus stiftete sie Stipendien für Notleidende und unterstützte zahlreiche Klöster und Kirchen. Diese selbstlose Hingabe für das Wohl der Mitmenschen trug ihr bei der Bevölkerung den Beinamen „Engel von Wallsee" ein.

Ihr Mann, der Berufsoffizier war, diente im Ersten Weltkrieg als Generalinspektor der freiwilligen Sanitätspflege und erhielt für seine Verdienste um die Kriegsgefangenen und seine Tätigkeit in der Österreichischen Gesellschaft des Roten Kreuzes 1916 von der Universität Innsbruck das Ehrendoktorat der Medizin. Franz Salvator brachte dem technischen Fortschritt großes Interesse entgegen und betätigte sich als Amateurphotograph und Maler.

Im April 1919 gaben Marie Valerie und Franz Salvator gemäß dem „Habsburgergesetz" eine Verzichtserklärung ab, durch die sie eine Einziehung ihres Vermögens und die Landesverweisung vermieden.

Der gütigen, warmherzigen Marie Valerie war kein langes Leben beschieden. Im Frühjahr 1924 begann sie zu kränkeln; die Ärzte konstatierten eine Erkrankung des Lymphdrüsensystems. Eine Therapie durch Radiumbestrahlung blieb erfolglos. Am 6. September 1924 schloß Marie Valerie für immer die Augen. Ihrem Begräbnis auf dem Ortsfriedhof in Sindelburg sechs Tage später wohnten trotz Schlechtwetters 40.000 Menschen aus allen Bevölkerungsschichten bei. Sie trauerten um eine Frau, die trotz ihrer hohen Abkunft bescheiden gelebt hatte und in den schweren Kriegs- und Nachkriegsjahren durch ihre Güte und Barmherzigkeit vielen Menschen ein leuchtendes Beispiel tätiger Nächstenliebe gewesen war.

VI. Kapitel

Frauenbild und weibliche Sexualität in der zweiten Hälfte des 19. Jahrhunderts

Um die Mitte des vorigen Jahrhunderts war in allen Gesellschaftsschichten der Donaumonarchie – wie übrigens auch in zahlreichen anderen Ländern Europas – die Herrschaft des Mannes eine unumstößliche Tatsache. Der Mann gab in allen Lebensbereichen den Ton an: Er war das unangefochtene Oberhaupt der Familie, er sorgte für deren Lebensunterhalt, repräsentierte sie nach außen und verfügte über das Familienvermögen. Alle wesentlichen Familienangelegenheiten wurden von ihm entschieden. Er bestimmte die Ausbildung der Kinder, traf für seine Töchter die Partnerwahl und wickelte, da er allein rechtsfähig war, alle finanziellen Geschäfte ab. Die väterliche Autorität, die Machtvollkommenheit und das Machtbedürfnis des Paterfamilias waren beinahe unumschränkt.

Der Mann spielte nicht nur in der Familie, sondern auch in allen übrigen Lebensbereichen, in der Wirtschaft, in der Politik, in Wissenschaft und Kunst, eine dominierende, oft sogar eine ausschließliche Rolle. Im spiegelbildlichen Verhältnis dazu war in dieser patriarchalisch strukturierten Gesellschaftsordnung die Stellung der Frau auf eine völlig untergeordnete, dienende Funktion reduziert. Die Frau galt als von Natur aus mit minderen Fähigkeiten ausgestattet, sie wurde als geistig minderbemittelt, minderbegabt und unschöpferisch angesehen. Ihre diskriminierte gesellschaftliche Position wurde also biologisch gerechtfertigt, ihre „Geschlechterrolle" gewissermaßen als „von Gott gegeben" hingestellt. Arthur Schopenhauer, der vielgelesene deutsche Philosoph, brachte es auf den Punkt, wenn er 1851 in seinem Traktat „Über die Weiber" konstatierte:

„Schon der Anblick der weiblichen Gestalt lehrt, daß das Weib weder zu großen geistigen, noch körperlichen Arbeiten bestimmt ist. Es trägt die Schuld des Lebens nicht durch Thun, sondern durch Leiden ab, durch die Wehen der Geburt, die Sorgfalt für das Kind, die Unterwürfigkeit unter den Mann, dem es eine geduldige und aufheiternde Gefährtin seyn soll. Die heftigsten Leiden, Freuden und Kraftäusserungen sind ihm nicht beschieden; sondern sein Leben soll stiller, unbedeutsamer und gelinder dahinfließen, als das des Mannes, ohne wesentlich glücklicher, oder unglücklicher zu seyn."

Und in einer anderen Passage des genannten Werkes stellte er mit boshafter Bissigkeit fest: „... Daß das Weib, seiner Natur nach, zum Gehorchen bestimmt sey, giebt sich daran zu erkennen, daß eine Jede, welche in die ihr naturwidrige Lage gänzlicher Unabhängigkeit versetzt wird, alsbald sich irgend einem Manne anschließt, von dem sie sich lenken und beherrschen läßt; weil sie eines Herrn bedarf. Ist sie jung, so ist es ein Liebhaber; ist sie alt, ein Beichtvater."

In diesen Sätzen spiegelt sich nicht nur die notorische Frauenfeindlichkeit des Philosophen. In ihnen reflektiert sich auch das Leit- und Frauenbild der bürgerlichen Epoche, die gesellschaftspolitische Ideologie des Bürgertums.

Das Bürgertum, das im 18. Jahrhundert mit dem Adel weder politisch noch ökonomisch oder sozial hatte konkurrieren können, wurde in der zweiten

Bürgerliche Familie im späten 19. Jahrhundert

Hälfte des 19. Jahrhunderts zur tonangebenden gesellschaftlichen Kraft. Als soziale Klasse endgültig etabliert, dominierte es das Wirtschaftsleben und bestimmte in vielen Staaten das politische Geschehen. In bewußtem Gegensatz zum adeligen Lebensstil hatte das Bürgertum eigene Lebensformen und eine eigene Mentalität entwickelt, in der Bildung, individuelle Leistung und individueller Erwerb einen zentralen Stellenwert einnahmen. Aufstieg und Erfolg im Beruf wurden zum Inbegriff bürgerlichen Strebens. Die fortschreitende Industrialisierung zahlreicher Arbeitsbereiche führte zu einer Intensivierung und Rationalisierung der männlichen Arbeitstätigkeit, die sich in steigendem Maße außer Haus vollzog. Arbeits- und

Wohnbereich, die in der vorindustriellen Gesellschaft vielfach eine Einheit gebildet hatten, trennten sich zunehmend voneinander, das Heim erhielt den Charakter eines Refugiums.

Die Trennung von häuslicher und beruflicher Sphäre veränderte auch das Familienleitbild und das Rollenbild der Frau. Die traditionelle Familienform von Bauern und Handwerkern war in hohem Maße nach außen offen gewesen. Die bürgerliche Familie hingegen igelte sich ein, kapselte sich von der Öffentlichkeit ab, stellte eine gefühlsintensive, private Eigenwelt dar, in der das traditionelle gesellschaftliche Wertmuster von Mann und Frau erhalten blieb, der Statusvorsprung des Mannes sich vermutlich sogar vergrößerte.

Die Frau wurde beinahe ausschließlich auf die häusliche Sphäre verwiesen. In der bürgerlichen Familienideologie war für sie in der Öffentlichkeit kein Platz. Ihre scheinbar von der Natur vorgegebene Rolle beschränkte sich darauf, Kinder zur Welt zu bringen und sie zu erziehen, den Haushalt zu führen und ihrem Mann das traute Heim so bequem und gemütlich wie nur möglich zu machen.

In der vermögenden bürgerlichen Familie machte sich die Hausfrau allerdings nicht die Hände mit Hausarbeit schmutzig. Eine „Dame" verrichtete natürlich keine Arbeit, sondern trug sie anderen auf. Zum großbürgerlichen Haushalt gehörten als unverzichtbarer Bestandteil ein oder mehrere Hausmädchen, die die minderen manuellen Hausarbeiten wie Wäschewaschen, Bügeln und Putzen verrichteten, während die Hausfrau ihre Tage zum Zeitvertreib mit vielerlei Beschäftigungen wie Handarbeiten, Klavierspiel und verschiedenen Gesellschafsspielen zubrachte, ohne darin ihre volle innere Befriedigung zu finden.

Für die bürgerliche Frau in einer Familie mit bescheidenem Einkommen stellte sich die Situation natürlich anders dar. Sie mußte emsig sein und kräftig zupacken, wie übrigens auch die Bäuerin oder die Frau eines Arbeiters, die lohnabhängige Heim- oder Fabriksarbeit verrichtete. Die adelige Dame andererseits hatte überhaupt keine beruflichen oder hausfraulichen Pflichten; sie erfüllte Repräsentationsaufgaben und ging ansonsten ihren Vergnügungen, wie dem Reitsport, nach. Das Rollenbild der Frau im 19. Jahrhundert stellt sich schichtspezifisch völlig verschieden dar. Es ist in dieser Skizze auf das Bildungs- und Besitzbürgertum zugeschnitten.

Die Erziehung der Töchter bürgerlicher Familien war ganz auf ihre zukünftige Stellung als Ehefrauen abgestellt. Sie wurden zunächst von Privatlehrern unterrichtet oder besuchten eine Privatschule. An die ersten Schuljahre, in denen Unterricht in den Elementarfächern erteilt wurde, schloß sich eine Ausbildung in der Höheren Töchterschule oder in einem Pensionat an, wo man das Hauptaugenmerk auf die Vermittlung französischer und englischer Sprachkenntnisse sowie auf Literatur, Musik, Geschichte und Haushaltsführung legte. Der Unterricht in den Naturwissenschaften wurde, da er dem weiblichen „Wesen" nicht adäquat sei, fast vollständig vernachlässigt. Große geistige Ansprüche stellte die Mädchenbildung damals nicht. Sie war auch nicht auf Selbständigkeit ausgerichtet und hatte kaum Realitätsbezug. „Als Kind einer bürgerlichen Familie, wurde ich, wie die höheren Töchter jener Zeit, zu einer passiven und rein ästhetischen Betrachtung des Lebens erzogen", schreibt H. Wachenheim in ihren Memoiren. „Ich wuchs in einer männerlosen Familie auf. Wir gehörten zum wohlhabenden Bürgertum, und so arbeiteten die Frauen der Familie weder zum Gelderwerb noch in ihrem Haushalt. Ich habe daher als Kind weder die Vorstellung von einem Beruf noch die Eingliederung wenigstens eines Familienmitgliedes in die Außenwelt kennengelernt. Arbeit und Pflichten waren für mich abstrakte Begriffe, die man immer predigte, denen aber diejenigen, die sie predigten, nicht unterworfen waren."

Eine Berufsausbildung oder gar die Ausübung eines Berufes galt im 19. Jahrhundert für eine Bürgersfrau als nicht standesgemäß. Die „Karriere" eines Mädchens aus gutem Haus bestand einzig und allein darin, eine „gute Partie" zu machen. Und das hieß in den meisten Fällen, nach dem Besuch der Höheren Töchterschule zu warten, bis am Horizont ein Bewerber auftauchte, der wohlhabend genug war, um von den Eltern als Ehemann in Betracht gezogen zu werden. Das konnte Jahre dauern, Jahre, in denen sich die höhere Tochter ihre Zeit ein wenig mit Haus- und Handarbeit vertrieb, mit etwas Klavierspiel, mit dem Besuch von Theateraufführungen, Kaffeekränzchen, Bällen und anderen gesellschaftlichen Veranstaltungen. Welche persönliche Tragik, wenn eines dieser Mädchen dann nicht „abgeholt" wurde, wenn es mit fünfundzwanzig, dreißig Jahren nicht im Hafen der Ehe gelandet war! Dann wurde dieses jungfräuliche Wesen als „sitzengebliebenes" Mädchen, als „alte Jungfer" verspottet und verhöhnt. Während die Frauenzeitschriften jener Tage, wie die berühmt-berüchtigte „Gartenlaube", das Lob der edlen, gottergebenen, dem Manne fügsam dienenden Hausfrau sangen, trieben die humoristischen Organe der Zeit, wie etwa die „Fliegenden Blätter", ihren boshaften Schabernack und ihr karikaturistisches Gespött mit diesen bedauernswerten Geschöpfen, die, ehelos geblieben, in das gesellschaftliche Abseits gestellt wurden.

Mädchen im Salon. Ölgemälde von Wenzel von Brozik

Die jungen Frauen, die das Glück hatten, „unter die Haube" zu kommen, stolperten hilflos, unwissend, unerfahren und unaufgeklärt in die Ehe. Sittsamkeit, Keuschheit und Jungfräulichkeit gehörten zur moralischen Grundausstattung der unverheirateten Frau. Vorehelicher Geschlechtsverkehr war für sie gesellschaftlich verpönt, geradezu geächtet, der Frau wurden sexuelle Bedürfnisse glattweg abgesprochen. Für den bürgerlichen Mann kam nur eine Ehefrau in Frage, die „rein", unschuldig und ahnungslos war. Ihr Seelenzustand, ihre intimen Regungen und Gefühle waren jenseits seines Einfühlungsvermögens und seiner Aufmerksamkeit. Und so wurde für viele Frauen die Hochzeitsnacht zu einem schrecklichen Erlebnis, einem Schock, der nicht selten die gesamte Ehebeziehung ein Leben lang überschattete. Die französische Schriftstellerin George Sand, die selbst eine qualvolle Hochzeitsnacht hatte durchmachen müssen, schrieb anläßlich der Hochzeit ihrer Nichte an ihren Halbbruder: „Verhindere, daß dein Schwiegersohn in der

Brautnacht brutal mit deiner Tochter umgeht, denn viele organische Leiden und schmerzhafte Niederkünfte haben bei zartbesaiteten Frauen keine andere Ursache. Die Männer wissen nicht genügend, daß dieses Vergnügen für uns eine Marter ist. Sag ihm also, er solle sich mit seiner Sinneslust ein wenig zurückhalten und solange warten, bis seine Frau durch ihn so weit gebracht ist, sie zu begreifen und sie zu erwidern. Nichts ist abscheulicher als der Schrecken, die Qual und der Abscheu des armen Kindes, das von nichts weiß und sich nun von einem Rohling vergewaltigt sieht. Wir erziehen sie wie Heilige, aber dann geben wir sie wie Stutenfüllen preis . . ."

Auch Stephanie, die Gemahlin des Kronprinzen, wurde blutjung, unerfahren und unaufgeklärt in die Ehe hineingestoßen. Und auch sie fühlte nach der Hochzeitsnacht nichts als Scham und Abscheu gegen den liebeshungrigen Mann, der keine Rücksicht auf ihre Gefühle nahm und ihre romantischen Illusionen verständnislos zerstörte.

Die Sexualmoral der Zeit verlangte zwar auch vom Mann ein untadeliges voreheliches Leben, aber die Gesellschaft nahm Verstöße junger Männer gegen die ungeschriebenen Moralgesetze achselzuckend zur Kenntnis, ja, sie ermunterte sie sogar dazu, sich die „Hörner" abzustoßen, sexuelle Erfahrungen zu sammeln. Die jungen Adeligen und Söhne von Großbürgern verdienten sich ihre ersten Sporen in der Liebe zumeist im Umgang mit Dienstmädchen und Gouvernanten im elterlichen Haus, mit Schauspielerinnen und Balletteusen oder im Bordell. Wesentlich dabei war, daß diese Liaisonen dezent abgewickelt wurden und das Herz nicht involviert war. Wurde aus der Liebelei eine dauerhafte Beziehung, die möglicherweise auch noch Folgewirkungen hatte, dann hatte der Galan mit unliebsamen Schwierigkeiten in der Familie zu rechnen, die bis zum Verlust der Erbrechte und der Geschäftsnachfolge führen konnten.

Die bürgerliche Sexualmoral des vorigen Jahrhunderts war jedenfalls doppelbödig: Während sich die Männer im vertrauten Gespräch im Salon oder im Kaffeehaus ihrer Eroberungen rühmten, machten sie aus den Frauen, die sie erst kürzlich verführt hatten, Geschöpfe, auf die man die Ächtung durch die Gesellschaft herabbeschwor.

Die zweite Hälfte des 19. Jahrhunderts war, zumindest nach außen hin, ein Zeitalter der heuchlerischen Prüderie, der sexuellen Repression, der Unterdrückung alles Körperlichen und Natürlichen, des Verdeckens, Versteckens und Verdrängens. Weite Bereiche des Daseins, Geburt, Krankheit, Tod, vor allem aber die Sexualität, wurden in die Privatsphäre abgedrängt, verschwanden hinter der Mauer bürgerlicher Intimität und Selbstzufriedenheit.

Sichtbarster Ausdruck der Beengtheit und unnatürlichen Zwanghaftigkeit dieser Epoche war die Mode: unbequem, unpraktisch und unhygienisch. Schon die Männermode mit dem hohen steifen Kragen, dem schwarzen, wedelnden Bratenrock und dem steifen Zylinder machte jede freie und lockere Bewegung unmöglich.

Der zentrale, symbolträchtige Faktor im gesellschaftlichen Modespiel aber war das Korsett aus Fischbein, das den Oberkörper der Frau wie einen Panzer umschlang und kaum Platz zum Atmen ließ. Es wurde zumeist mit Hilfe einer bediensteten Zofe von hinten mit Ösen und Haken zugeschnürt und sollte jeder Frau eine Wespentaille bescheren, die dem Schönheitsideal der Zeit entsprach. Fettleibigkeit hatte es da schwer: sie wurde mit allen möglichen und unmöglichen Mitteln bekämpft, mit kalten Bädern, Abführmitteln, Entfettungstees und durch wenig

Schlaf. Das schadete mehr, als es nützte, aber dem Modediktat konnte man sich nicht entziehen, und auch die gesundheitliche Beeinträchtigung durch das Mieder, seine irreparable Wirkung auf die Rippenbögen und die Zwerchfellatmung, nahm man bewußt in Kauf. „Keine Frau kann behaupten, das Mieder sei gesund oder angenehm", hieß es in einem Artikel einer Modezeitschrift, „aber stöhnend und resigniert wird sie es doch immer wieder anlegen, denn man kann ja nicht gegen den Strom schwimmen." Eine, die gegen den Strom schwamm, war die österreichische Frauenrechtlerin Rosa Mayreder, die das Korsett im Alter von achtzehn Jahren ablegte. „Mein Groll gegen das Mieder als einem Werkzeug der Beschränkung", erklärte sie, „stieg im Laufe der Zeit so weit, daß ich es mit achtzehn Jahren einfach ablegte – zum beständigen Ärgernis meiner Umgebung, die darin einen Mangel an Sittsamkeit erblickte und meine Erscheinung plump, ja geradezu unanständig fand."

Betonte das enganliegende Oberteil der Frauenkleidung Hüfte und Busen, der als wesentliches weibliches Attribut nicht üppig genug sein konnte, so versteckte die Frau die untere Hälfte ihres Körpers unter einem weiten Rock und einer Legion von Unterröcken, die Unmengen Stoff erforderten. Die in den fünfziger und sechziger Jahren übliche Krinoline mit den stützenden Stahlrippengestellen machte die Dame zur unnahbaren Göttin. Das große Vorbild der Krinolinendamen war die Gattin Napoleons III., Kaiserin Eugénie, die der Pariser Mode zu neuer Weltgeltung verhalf. Seit den siebziger Jahren war dann die sogenannte „Tournure" modern, die stoffreiche Betonung der rückseitigen Rockdekoration bei sehr enger Taille. Diese Hervorhebung des weiblichen Hinterteiles in der Frauenmode reflektiert sich sogar im Werk Wilhelm Buschs. In der „Frommen Helene" witzelte er:

„Wie sie schauen, wie sie grüßen!
Hier die zierlichen Mosjös,
Dort die Damen mit den süßen
himmlisch hohen Prachtpopös."

Die Krinoline reichte bis an die Knöchel und ließ nur den Vorderteil des hohen Stöckelschuhes für den Männerblick frei. Denn während junge Mädchen und Frauen ein großes Dekolleté zur Schau trugen, den Ausschnitt immer genau im männlichen Blickwinkel, hätte ein nackter Fuß einen kleinen öffentlichen Skandal hervorgerufen. Spitzen, Bänder und Rüschen, ein breitrandiger Hut, Handschuhe, die man selbst an den heißesten Sommertagen nicht ablegte, kunstvoll gebändigtes Haar mit Korkzieherlocken und ein blütenweißer Teint, den sie durch einen Schirm vor der direkten Sonneneinstrahlung schützte, vervollständigten das modische Idealbild der vornehmen Dame.

Gegen die soziale, wirtschaftliche, kulturelle und sexuelle Bevormundung durch eine verständnislose, hartherzige Männergesellschaft begannen sich die Frauen ab den siebziger Jahren des vorigen Jahrhunderts im verstärkten Maße zur Wehr zu setzen. Die Emanzipation der Frau, die Frauenrechtsbewegung hatte in den angelsächsischen Ländern ihren Ursprung und griff von dort auf den Kontinent über. In Frankreich und Deutschland, in der k. u. k. Monarchie und in zahlreichen anderen Ländern schlossen sich die Frauen zu Vereinen zusammen. In der entstehenden neuen Frauenbewegung gaben zunächst die höheren Gesellschaftsschichten den Ton an. Neben diesen bürgerlichen Gruppierungen entstanden dann aber auch sozialdemokratische Frauenvereine mit eigenen Satzungen und Publikationsorganen.

Wenn es auch innerhalb und zwischen den einzelnen feministischen Organisationen Meinungsverschiedenheiten, Interessenkonflikte und Zwistigkeiten gab, so vertraten sie doch im wesentlichen dieselben Grundforderungen und Ziele: gleiches Recht auf Ausbildung und Bildung, Zulassung zu allen Berufen bei gleicher Entlohnung, volle Rechts- und Handlungsfreiheit, was auf eine Aufhebung der juristischen Ausnahmebestimmungen für das weibliche Geschlecht hinauslief, aktives und passives Wahlrecht. Die Männerwelt war herausgefordert. Die Realisierung dieser Forderungen erforderte Zeit, Geduld, Beharrlichkeit und Kampfeslust, denn daß die Männer auf ihre Privilegien nicht freiwillig verzichten würden, war vorauszusehen. An all dem fehlte es vielen Frauenrechtlerinnen keineswegs. Trotzdem war es nicht leicht, Breschen in die Bastionen der männerdominierten Welt zu schlagen. Die Erfolge der Emanzipationsbewegung blieben im 19. Jahrhundert bescheiden, der Weg der Frau zur gesellschaftlichen Gleichberechtigung erwies sich als hart und steinig. Immerhin gelang es, nach zähem Kampf das Frauenstudium durchzusetzen. In Österreich wurde 1892 über Initiative des „Vereines für erweiterte Mädchenbildung" die erste Gymnasialklasse für Mädchen eingerichtet; 1897 öffnete die philosophische Fakultät der Wiener Universität für ordentliche Hörerinnen ihre Pforten. Die medizinische Fakultät folgte drei Jahre später diesem Beispiel.

Auch zum Staatsdienst erkämpften sich die Frauen Zutritt. Um 1870 begann man in der k. u. k. Monarchie mit der „versuchsweisen Verwendung von Frauenpersonen" im Post- und Telegraphendienst. Die Frauen bestanden die Bewährungsprobe: Für 1872 wird die Zahl der weiblichen Bediensteten in den ärarischen Postämtern Österreichs mit 5 Prozent des

Gesamtdienststandes ausgewiesen, 1899 betrug sie bereits 27 Prozent. Auch auf dem Gebiet der Sozialgesetzgebung gab es erste Erfolge: 1885 beschloß der Reichsrat ein Nachtarbeitsverbot für Frauen, die in Fabriken und Gewerbebetrieben arbeiteten, die Wiederbeschäftigung von Wöchnerinnen durfte erst vier Wochen nach ihrer Niederkunft erfolgen.

Die Arbeiterführerin Adelheid Dvorak(-Popp) hält eine Rede vor arbeitslosen Frauen

Außergewöhnlich begabten Frauen aus dem Besitz- und Bildungsbürgertum gelang es in zunehmendem Maße, sich als Schriftstellerinnen und Malerinnen – auf den Theaterbühnen hatten sie sich längst einen Platz erobert – gegen gesellschaftliche Vorurteile und männliche Anmaßung durchzusetzen.

Schritt für Schritt erkämpften sich die Frauen einen immer größeren gesellschaftlichen Freiraum, lösten sie sich aus den Fesseln althergebrachter Konventionen. Das Frauenbild begann sich zu wandeln. Äußeres

Zeichen für die wachsende weibliche Bewegungsfrei-
heit war die Kleidermode, die nicht selten soziale Veränderungen und gesellschaftliche Entwicklungen an-
zeigt bzw. reflektiert. Die Krinoline verschwand, das
bewegungshemmende Korsett wurde abgelegt, die
Frauenmode wurde insgesamt natürlicher, freier, weniger zwanghaft. Bei bestimmten Gelegenheiten, wie
etwa beim Wandern und Bergsteigen, beim „Lawnten-
nis", auf Sommerfrische und im Schwimmbad zeigte
die emanzipierte bürgerliche Frau „Bein". Einzelne
Frauen machten bei sportlichen Wettbewerbsveran-
staltungen auf sich aufmerksam. In Wimbledon wurden sechs Jahre nach der Einführung des Herrenein-
zels in den achtziger Jahren des vorigen Jahrhunderts
auch die Damen zu Einzelkämpfen zugelassen, eine
revolutionäre Neuerung, deren Bedeutung man heute
nur schwer nachvollziehen kann.

Die neue Frau legte auch ein neues erotisches
Selbstbewußtsein an den Tag. Sie setzte ihre weiblichen Reize bewußt ein, an die Stelle männlich-repres-
siver Sexualität trat allmählich ein normaleres, natür-
licheres Geschlechtsverhalten. Literarische Symbolfigur
der Emanzipationsbewegung der sich gegen die alte,
verlogene Gesellschafts- und Sexualmoral auflehnen-
den Frau war „Nora", die Titelheldin in Henrik
Ibsens gleichnamigem Drama. Von ihrem Gatten ver-
hätschelt, aber nicht als gleichberechtigte Partnerin
anerkannt, will sie nicht länger auf ihre Rolle als Gattin und Mutter fixiert sein und verläßt Mann und Kinder, um „vor allen Dingen Mensch zu sein".

Es war dieser neue, sich aus seinen sexuellen Zwängen lösende, seine erotischen Reize bewußt einset-
zende Frauentyp, auf den Kronprinz Rudolf traf, als
er, nach einer behüteten Jugend zum Mann herangereift, in die Welt hinaustrat, um (auch in der Liebe)
Erfahrungen zu sammeln.

VII. Kapitel

Die lieblose Gattin: Kronprinzessin Stephanie

Im Alter von neunzehn Jahren begann für den Kronprinzen ein neuer Lebensabschnitt. Seine Studienzeit war beendet, seine Erziehung abgeschlossen. Die Zeit der Beeinflussung durch liberale Gelehrte war vorüber. Die konservative Hofpartei unter der Führung der Erzherzöge Albrecht und Karl Ludwig nutzte die Gelegenheit, um Rudolf in der Person des Grafen Charles (Charly) Bombelles einen Obersthofmeister nach ihrem Geschmack vor die Nase zu setzen. Bombelles, ein Spielgefährte des Kaisers und treuer Diener der Dynastie, war ein Lebemann, ein Bonvivant reinsten Wassers. Der vergnügungssüchtige Obersthofmeister ließ Rudolf gewähren, wies dem jungen, unerfahrenen Kronprinzen den Weg zu einem anderen, neuen Lebensstil. An die Stelle des Studiums, der Lektüre interessanter Bücher traten die Jagd, der Reitsport und Beziehungen zur Damenwelt. In Prag, wohin er als Inhaber des Infanterieregiments Nr. 36 im Jahre 1878 übersiedelte, entwickelte sich der Kronprinz nach anfänglicher Verunsicherung binnen kurzem zu einem jungen Mann von unbändiger Lebenslust, der seine Selbständigkeit in vollen Zügen genoß und einen reichlich lockeren Lebenswandel führte. Von jungen Mädchen auf Schritt und Tritt umschwärmt, von erfahrenen Frauen umgarnt und verführt, war der unerfahrene Kronprinz in der Liebe zunächst eher ein Gejagter als ein Jäger. Er taumelte von einem Abenteuer in das andere und mauserte sich allmählich zum Frauenhelden, der mit (Sauf-)Kumpanen auch einen handfesten Drink nicht verschmähte.

Unterdessen war man am Wiener Hof bereits damit beschäftigt, sich für den noch nicht zwanzigjährigen Kronprinzen um eine standesgemäße Partie umzusehen. Die Kaiserin stand einer so frühen Vermählung ihres Sohnes aus begreiflichen Gründen ablehnend gegenüber, aber Franz Joseph drängte darauf. Er ließ sich auch in dieser Angelegenheit ausschließlich von dynastischen und politischen Überlegungen leiten.

Die Botschafter an den verschiedenen Herrscherhöfen streckten also diskret ihre Fühler aus, die Auswahl an Bräuten war allerdings gering. Die Gemahlin des österreichischen Thronfolgers mußte aus einem ebenbürtigen katholischen Herrscherhaus stammen. Das reduzierte von vornherein die Zahl der in Frage kommenden Anwärterinnen beträchtlich.

Im Unterschied zu früheren Zeiten wurde es dem Kronprinzen gestattet, selbst auf Brautschau zu gehen und die Heiratskandidatinnen persönlich in Augenschein zu nehmen. Dieses Zugeständnis verschaffte ihm einen kleinen Freiraum, den Rudolf auch nützte. In Madrid, Lissabon und Dresden ließ er sich mit den Prinzessinnen, die ihm dort vorgestellt wurden, auf keine Details ein. Die Damen waren ihm allesamt zu wenig attraktiv. Im März 1880 reiste der Kronprinz dann nach Brüssel, an jenen katholischen Königshof, der zu guter Letzt noch mit einem Geschöpf aufwarten konnte, das für eine Ehe mit dem Thronfolger des damals nach Rußland zweitgrößten europäischen Reiches in Frage kam. Und diesmal klappte es. Das Terrain war vom österreichischen Botschafter, dem Grafen Bohuslav Chotek von Chotkowa und Wognin, gut vorbereitet worden, und der Kronprinz entschied sich schnell. Bereits am dritten Tag nach seiner Ankunft wurde die Verlobung gefeiert. Die Auserkorene, die zweitälteste Tochter König Leopolds II. von Belgien aus dem Hause Coburg-Gotha, war zu diesem Zeitpunkt keine sechzehn Jahre alt, ein halbes Kind, pausbäckig, unreif, linkisch, unelegant gekleidet. Rudolf, der, aus welchen Gründen immer, seine damalige Geliebte, eine Schauspielerin am Theater in Baden, auf seine Brautfahrt nach Brüssel mitgenommen hatte, fand an ihr Gefallen – oder er tat zumindest so. Die Briefe, in denen er seinen Freunden und Vertrauten die Verlobung anzeigte, klingen jedenfalls eher stereotyp.

„Lieber Freund", schrieb der Kronprinz an den Grafen Wilczek, „ich eile Ihnen am Tag meiner Verlobung mein Glück mitzutheilen. Ich schwelge in Glück und Freude. Was ich gesucht habe, habe ich gefunden, einen treuen, guten Engel. Stephanie wird eine treue Tochter und Unterthanin unseres Kaisers und eine gute Österreicherin werden." Ähnlich äußerte er sich gegenüber seinem geliebten ehemaligen Erzieher, den Grafen Latour:

„Ich habe gefunden, was ich gesucht habe. Stephanie ist hübsch, gut, gescheidt, sehr vornehm und wird eine treue Tochter und Unterthanin ihres Kaisers und eine gute Österreicherin werden. Ich bin sehr glücklich und zufrieden." Und die Antwort an seine alte Kammerfrau, die ihm zur Verlobung gratuliert hatte, kleidete er in die Sätze: „Liebe Nono! Innigsten, herzlichsten Dank für Deinen lieben Brief und die Glückwünsche, die mich freuten. Ich bin sehr glücklich und hoffe in Stephanie eine gute, liebende Lebensgefährtin, eine treue Unterthanin Ihres Herrn und Kaisers und eine warme Patriotin, eine ächte Österreicherin gefunden zu haben."

Sieht man von den persönlichen Gefühlen ab, die der Kronprinz in diesen Briefen äußert – von der

Überschwenglichkeit im ersten Schreiben ist im dritten, das einige Zeit später abgefaßt wurde, kaum mehr etwas zu spüren –, so ist die stereotype Wendung von der „treuen Unterthanin des Kaisers und der guten Österreicherin", die Stephanie einmal werden sollte, unüberhörbar. Rudolf wollte damit offenbar zum Ausdruck bringen, daß ihm aus dynastischen Gründen gar keine andere Wahl blieb, daß er mit seiner Entscheidung vor allem dem Papa gegenüber willfährig sein wollte, an die Zukunft seines Hauses dachte. Franz Joseph strahlte denn auch in väterlichem Glück, als er dem Hof die Mitteilung von der Verlobung seines Sohnes machte, und auch die beiden Schwestern des Kronprinzen, Gisela und Marie Valerie, nahmen die Nachricht mit freudiger Erregung auf. Die Kaiserin allerdings machte aus ihrer Abneigung gegen die unvorteilhaft aussehende Braut kein Hehl, und ihre Hofdame Marie Festetics charakterisierte Stephanie in ihrem Tagebuch mit schonungsloser Offenheit. „Sie sah aus wie ein Albino", notierte sie, „hatte kleine schlaue Augen, die rot umrändert waren, und angenehm war nur ihr schöner, weißer Teint. Ich bin auch heute noch der Ansicht, daß der Kronprinz eingefangen wurde von dem sehr klugen Leopold II. und wie ich glaube, beeinflußt von seinem Oberhofmeister Graf Bombelles."

Bis zu den Hochzeitsfeierlichkeiten verging noch ein volles Jahr; man mußte erst die erste Menstruation der Braut abwarten. Die Heirat wurde aus diesem Grund immer wieder verschoben, und der Tratsch am Wiener Hof trieb üppige Blüten.

In Brüssel gab sich die arme, kleine Stephanie unterdessen die größte Mühe, in einem Schnellsiedeverfahren ihre fehlende Bildung nachzuholen. Sie verbesserte ihre Deutschkenntnisse, lernte Ungarisch, erhielt Tanzstunden und wurde in die strengen, uner-

Kronprinz Rudolf und seine Verlobte Stephanie von Belgien

bittlichen Regeln der Etikette am Kaiserhof eingeführt. Während sie sich geistig auf ihre zukünftige
Stellung vorbereitete und physisch zur Frau heran-
reifte, ging der Kronprinz weiter seine Wege, kam
seinen militärischen Pflichten nach, unternahm Reisen, frönte dem Jagdvergnügen, wurde zum Generalmajor ernannt, erhielt das Ehrendoktorat der Universität Budapest und schrieb naturwissenschaftliche
Artikel.

Die prunkvolle Trauung fand schließlich am 10. Mai 1881 in der Augustinerkirche statt. Die Wiener jubelten, die Zeitungen gingen vor patriotischen Lobhudeleien über, das Brautpaar wirkte ernst, bedrückt und niedergeschlagen. Die Hofkreise rümpften über die unattraktive Kronprinzessin die Nase, machten sich hinterrücks über sie lustig. Fürst Franz Xaver Khevenhüller-Metsch konstatierte lapidar: „An der Kronprinzessin ist nicht viel, fadblond, wenig Haare, Gesicht ohne Ausdruck, Nase lang." Und die skandalumwitterte Gräfin Larisch orakelte mit geradezu gespenstischer Treffsicherheit: „Die zahlreichen Damen, die ihn kannten und liebten, waren überglücklich. Denn bei der Braut stand nicht zu befürchten, daß jemals ein vorbildlicher Ehemann aus ihm werden würde." War auch sie glücklich?

Nach den vielen, ermüdenden Feierlichkeiten begab sich das Brautpaar nach Schloß Laxenburg in die Flitterwochen. Stephanie, jung und eindrucksfähig, glaubte sich noch nach Jahrzehnten genau daran erinnern zu können. „Es war nebelig und trüb", schrieb sie in ihren Memoiren, „fröstelnd und völlig erschöpft lehnte ich in den Kissen des Wagens. Allein mit einem Mann, den ich kaum kannte, überkam mich im Zwielicht des hereinbrechenden Abends ein Gefühl furchtbarer Bangigkeit. Die Stunde schien nicht enden zu wollen . . . Wir wußten uns nichts zu sagen, wir waren uns völlig fremd. Vergeblich wartete ich auf ein zärtliches oder liebevolles Wort, das mich aus meiner Stimmung erlöst hätte. Meine Ermüdung, vermischt mit den verworrenen Empfindungen von Furcht und Einsamkeit steigerte sich zu einer schweren, hoffnungslosen Verzweiflung."

Es dämmerte bereits, als das jungvermählte Kronprinzenpaar vor dem Schloß eintraf. Rudolf half Stephanie galant aus der Kutsche und führte sie in ihr Appartement, das aus vierzehn neu adaptierten und zum Teil neu möblierten Zimmern bestand. Die Kronprinzessin fühlte sich dennoch unbehaglich. Kein Teppich dämpfte die Schritte, es gab kein Badezimmer, nicht einmal einen Toilettetisch. Ein Lavoir auf einem dreibeinigen Schemel war die einzige Waschgelegenheit! In Schönbrunn und in der Hofburg waren damals die hygienischen Einrichtungen übrigens nicht viel besser.

Den enttäuschten Hoffnungen und Erwartungen auf ein behaglich eingerichtetes Quartier folgte eine qualvolle Hochzeitsnacht. Die siebzehnjährige Stephanie war sexuell vollkommen naiv und unerfahren, wie viele andere junge Mädchen ein Opfer der Prüderie ihrer Zeit. Sie wurde mit beiden Händen brutal in die Ehe hineingestoßen, ahnungslos, auf das Verstehen und das Verständnis ihres Partners angewiesen.

Der im Grunde seines Wesens sensible Rudolf scheint die seelischen Nöte seiner jungen Frau nicht erkannt, ihre von romantischen Illusionen dominierten Gefühlsregungen nicht beachtet zu haben. Noch ein halbes Jahrhundert später war das Trauma dieser Nacht nicht bewältigt. „Welche Nacht!" erinnerte sich die Kronprinzessin angewidert, „welche Qual, welcher Abscheu! Ich hatte nichts gewußt, man hatte mich als ahnungsloses Kind zum Altar geführt. Ich glaubte, an meiner Enttäuschung sterben zu müssen."

Es dauerte geraume Zeit, ehe das Kronprinzenpaar seelisch einander näherkam. An ihrer neuen Rolle fand Stephanie jedoch bald Gefallen. Sie war ehrgeizig, der Glanz ihrer Stellung behagte ihr. Sie bemühte sich, liebenswürdig zu sein, einen guten Eindruck zu machen, sich vorteilhaft zu kleiden. Was der Kaiserin widerlich war, sie geradezu krank machte: zu repräsentieren, Cercle zu halten, Gäste zu empfangen,

Audienzen zu geben, Hände zu schütteln und nichtssagende Worte zu wechseln, das tat die Kronprinzessin
mit Vergnügen. Sie war standesbewußt und hatte ein
angeborenes Talent zur Herrscherattitüde. In Ungarn,
dem ersten Kronland, dem das Kronprinzenpaar
einen Besuch abstattete, gewann sie mit Geschick,
Höflichkeit und mit ihrer einfachen, natürlichen Anmut die Herzen der Magnaten. Dann schlugen Rudolf und Stephanie in Prag, wo der Kronprinz seinen
Militärdienst wieder aufnahm, ihre Zelte auf. Nach
den Wochen der Feste und Feierlichkeiten, den Empfängen und Soireen begann der Alltag des Ehelebens.

Stephanie fühlte sich in ihrer Wohnung auf dem
Hradschin, der alten Prager Königsburg, wesentlich
wohler als in Laxenburg. Die Zimmer waren elegant
eingerichtet und ermöglichten einen prächtigen Blick
über die Stadt. Auf Empfängen, bei Audienzen, Eröff-
nungen und Einladungen hielt sich die junge Thron-
folgerin recht wacker und machte einen guten Eindruck. Die Prager Zeitungen und die Bevölkerung
spendeten ihr Beifall.

Auch die Ehe klappte entgegen allen Unkenrufen
gut. Rudolf war ein zärtlicher Gatte, Stephanie versuchte sich ihrem Partner anzupassen. Zum erstenmal
in seinem Leben hatte der Kronprinz das Gefühl, ein
Zuhause zu haben, mit einem Menschen zu leben, der
ihm und zu ihm gehörte. Er wurde ruhiger, häuslicher, dubezogen. Die Briefe, die sie einander schrieben, wenn sie getrennt waren, spiegeln die Liebe, das
Vertrauen und die Sehnsucht wider, die sie in der An-
fangsphase ihrer Ehe füreinander empfanden. „Ich
sehne mich *fürchterlich* nach Dir und zähle die *Tage*,
die uns noch trennen", schrieb Rudolf an seine junge
Frau am 25. August 1881, und Stephanie „umarmte"
ihren Gatten „aus ganzem Herzen und war ihm zärtlich zugetan". Sie nannten einander „Coco" und „Co-

ceuse" und waren ein Herz und eine Seele. Auch in Schreiben an Bekannte und Verwandte reflektiert sich das gute eheliche Verhältnis. Rudolf an Latour, ein halbes Jahr nach der Hochzeit: „Ich war nie so glücklich, wie heuer im Sommer, wo ich, umgeben von einer beseligenden Häuslichkeit, ruhig meine Vorstudien zur ‚Orientreise' machen konnte. Stephanie ist gescheit, sehr aufmerksam und feinfühlend, voller Ambitionen eine Enkelin Louis Philippes und einer Coburg! Mehr brauche ich Ihnen nicht zu sagen. Ich bin sehr in sie verliebt, und sie ist die einzige, die mich zu vielem verleiten könnte."

Auch Stephanie schwelgte vorerst im Glück. „Rudi ist wirklich ein Mustergatte", schrieb sie im Mai 1882 an ihre Schwester Louise. „Wir verstehen uns wunderbar. Mit einem Wort, liebe Schwester, ich bin glücklich." Selbst in politischen Fragen scheinen der Kronprinz und seine Frau anfänglich nicht disharmoniert zu haben, obwohl sie später, wie wir noch hören werden, gesellschaftspolitisch diametral entgegengesetzte Standpunkte vertraten.

Im Frühjahr 1883 stand dann unzweifelhaft fest, daß die Kronprinzessin guter Hoffnung war. Rudolf war überglücklich und zeigte sich um Stephanie sehr besorgt. „Ich bin froh über die guten Zeichen", schrieb er ihr von einer Dienstreise, „ich denke ständig an Dich. Sei vorsichtig und gebe acht auf Dich . . ." Auch der Kaiser freute sich über die gute Nachricht, während die Kaiserin kühl blieb. Sie hatte für kleine Kinder nicht viel übrig. Der Hof reagierte mit spürbarer Freundlichkeit, was die Kronprinzessin mit freudiger Überraschung konstatierte.

Stephanie übersiedelte nach Laxenburg, wo das Kind zur Welt kommen sollte, und war in den nächsten Monaten mit den Vorbereitungen für das große

Ereignis vollauf beschäftigt. Wäsche und Spielzeug mußten angeschafft, das Personal für die Kindskammer ausgewählt, eine gesunde, passende Amme gefunden werden. Der Kronprinz erwies sich während der gesamten Schwangerschaft als liebenswürdig, aufmerksam und galant. Als bei Stephanie schließlich die Wehen einsetzten, wich er nicht von ihrer Seite und verbrachte die Nacht vor der Geburt in ihrem Zimmer.

Das erste Kind des Kronprinzenpaares, das das einzige bleiben sollte, kam am 2. September 1883 zur Welt. Es war ein Mädchen und wurde auf den Namen Elisabeth Marie getauft. Rudolf, der auf männlichen Nachwuchs gehofft hatte, war offenkundig enttäuscht, fand jedoch für seine Gemahlin, wie Marie Valerie berichtet, Worte des Trostes. „Das macht gar nichts", sagte er zu Stephanie, die weinte, weil es ein Mädchen war, „eine Tochter ist viel herziger." Elisabeth Marie entwickelte sich in späteren Jahren in vielerlei Hinsicht zum Ebenbild ihres Vaters. Hochintelligent, eigensinnig, extravagant, willensstark und hemmungslos streifte sie frühzeitig die Fesseln des starren Hofzeremoniells ab, schied aus dem Kaiserhaus aus und landete nach einer skandalumwitterten Ehe mit dem Fürsten Otto Windisch-Graetz in den Armen des sozialdemokratischen Politikers Leopold Petznek, der ihrem Leben Halt und Sinnerfüllung gab. Sie wurde selbst Sozialdemokratin und starb 1963 im Alter von 80 Jahren.

Nach der Geburt der Tochter trat der Alltag wieder in seine Rechte. Rudolf ging auf die Jagd, kam seinen militärischen Verpflichtungen nach, schrieb anonym politische Artikel für das „Neue Wiener Tagblatt" und beschäftigte sich mit naturwissenschaftlichen und landschaftskundlichen Studien. Stephanie war glücklich und nahm interessierten Anteil an der Entwick-

*Die Kronprinzessin mit ihrer Tochter Elisabeth Marie,
der späteren „roten Erzherzogin", 1883*

lung ihres Kindes. „Du kannst Dir nicht vorstellen, wie brav und lieb Elisabeth ist", schrieb sie im Oktober 1883 ihrer Schwester Louise, „sie ist mein Glück und meine Freude. Sie lacht immer und weint selten." Und nach der Rückkehr von einer Reise an den Berliner Hof berichtete sie ihr: „Du kannst Dir denken, wie ich mit meiner Tochter beschäftigt bin. Sie gedeiht gut, aber die Trennung war schmerzlich. Sie ist sehr lieb." Die neunzehnjährige Kronprinzessin konnte nicht ahnen, daß sie sich mit ihrer Tochter einmal völlig auseinanderleben würde, daß sie beide kein Wort mehr miteinander wechseln würden. Durch tiefgreifende charakterliche Wesensunterschiede und weltanschauliche Gräben getrennt, lebte jede von ihnen ihr eigenes, ichverliebtes Leben.

Ende 1883 wurde der Kronprinz auf eigenes Verlangen zum Kommandanten der 25. Infanterietruppendivision in Wien ernannt. Für den Versetzungswunsch waren persönliche und keine militärischen Gründe maßgebend. Sein wachsendes Interesse für Politik ließ seine Anwesenheit im Zentrum des Reiches ratsam erscheinen. In Wien liefen die (wichtigsten) Fäden der Donaumonarchie zusammen, hier bekam der von den Hebeln der Macht ferngehaltene Thronfolger wenigstens inoffiziell die Informationen, die er für seine politische und journalistische Tätigkeit hinter den Kulissen benötigte.

Die Ehe mit Stephanie zeigte die ersten Risse. An die Stelle des harmonischen Zusammenlebens und des Verständnisses füreinander traten allmählich Gleichgültigkeit, Gefühllosigkeit und Kühle. Die Gründe für die wachsende Entfremdung und das Auseinanderdriften der beiden Ehepartner waren mannigfacher Natur und sind zweifellos auf beiden Seiten zu suchen. Die scheue, unfertige Stephanie hatte sich aus einem unerfahrenen Backfisch innerhalb kurzer Zeit zu einer reifen, selbstbewußten, selbstsicheren Frau entwickelt, die gesellschaftlich allmählich in die Rolle der First Lady der Monarchie hineinwuchs. Ihre äußere Erscheinung machte auf ihre Umgebung und ihr fernerstehende Menschen zunehmend Eindruck. Das schmeichelte ihr, stärkte ihr Selbstvertrauen und verminderte ihre Bereitschaft, sich dem Partner anzupassen, auf seine Vorlieben und Neigungen einzugehen und Rücksicht zu nehmen. „Sie läßt sich gern anbeten, strebt nach Macht und Herrschaft", urteilte eine Kennerin scharfsichtig. Mit zunehmender Reife kultivierte die Kronprinzessin ein beträchtliches Maß an Eigensinn, Egoismus, Eitelkeit und Arroganz. Sie ging ganz in ihrer gesellschaftlichen Position auf und kehrte bei jeder Gelegenheit Rang und Würde hervor. Erzherzog Leopold Ferdinand, der sich durch seinen stillosen Lebenswandel aus dem Kaiserhaus katapultierte und als Leopold Wölfling bis zum Würstelverkäufer absank, charakterisierte sie so: „Stephanie erschien als die ‚kühle Blonde' äußerlich stets korrekt, sehr vornehm und sehr liebenswürdig, aber unverkennbar diente diese Folie als Maske für eine unbefriedigte Natur: im privaten Verkehr kam man auch nie über die Schranke gesuchter Konventionalität hinaus..." Und er zog daraus den unverblümten Schluß: „Mit einer gleichgültigen Frau hätte Rudolf besser gelebt als mit einem Vulkan, der von einer Eishaube bedeckt ist."

Der Kronprinz zeigte für das steigende Emanzipationsbedürfnis und die Prestigesucht seiner Gemahlin wenig Verständnis. Von aristokratischem Gehabe hielt er nicht viel. Er brachte dem Lebensstil der Aristokratie demonstrativ Verachtung entgegen, das Vorrecht der Geburt zählte für ihn nicht. Rudolf fühlte sich dem Bürgertum stärker verbunden als dem Adel, er war im Gegensatz zu seiner konservativen, frömmelnden Gattin liberal und antiklerikal gesinnt und hatte prononcierte (natur-)wissenschaftliche Interessen. Seine künstlerischen Neigungen hingegen waren bescheiden. Das Theater bedeutete ihm wenig, für Malerei und bildende Kunst hatte er kein Organ, bei ernster Musik langweilte er sich, während Stephanie für die Oper schwärmte und gerne das Theater besuchte. Rudolf war hochintelligent, aber labil, sensibel und weltoffen, Stephanie durchschnittlich begabt, bieder, hartgesotten und standesbewußt. Sie mißbilligte den Umgang ihres Gemahls mit Wissenschaftlern und „Menschen, die sonst nicht an den Hof kamen". Die Kronprinzessin expressis verbis: „Sein altes Blut, wohl das vornehmste Europas – und der Mangel jeglicher Scheu, sich in einer Weise unter das Volk zu mischen, die alle Grenzen aufhob ... Was ich gelegentlich beobachtete und hörte, widersprach meinem Wesen völlig; ich habe gegen diese Menschen, mit denen er einen besonders regen Verkehr pflegte und die ihn ganz in den Kreis ihres liberalistischen Denkens einmauerten, stets eine instinktive Scheu gehabt."

Die charakterlichen und weltanschaulichen Divergenzen zwischen den beiden Ehepartnern waren groß, aber zunächst wohl nicht unüberbrückbar. Zur Zeit ihrer Eheschließung war die siebzehnjährige Stephanie noch keine fertige Persönlichkeit und zweifellos formbar gewesen, ihre körperliche und geistige Entwicklung war nicht abgeschlossen. Hätte sich der Kronprinz als der ältere und reifere Partner nicht darum bemühen müssen, seine Gemahlin behutsam in seine Ideenwelt einzuführen, um sich ihm auch geistig öffnen zu können? Hätte er sie nicht leiten und lenken, versuchen müssen, sie für seine politischen Ziele und gesellschaftlichen Absichten zu gewinnen? Rudolf fehlte offenbar die Geduld dazu, Stephanie die nötige Anpassungsfähigkeit. Der Kronprinz, von seiner seelischen und geistigen Verfassung her zu einer tiefen und dauerhaften Bindung nicht fähig, schloß die Kronprinzessin, die am Wiener Hof schon sehr bald als Nörglerin galt, aus vielen Bereichen seines Lebens, für die sie kein Interesse zeigte, aus. Die Er-

Der Kronprinz und die zur Dame gereifte Stephanie

bitterung auf beiden Seiten wuchs, es kam zu Wortduellen und anderen unerquicklichen Szenen. Rudolf begann sein voreheliches Lotterleben wieder aufzunehmen, stürzte sich in flüchtige Liebesabenteuer, suchte bei anderen Frauen kurzen Trost. Die gekränkte Kronprinzessin fühlte sich gedemütigt und reagierte darauf mit peinigender Eifersucht.

Was veranlaßte den Kronprinzen zu seinen wiederholten Eskapaden mit leichten Mädchen, die sich wohl vom zeitgenössischen Verhaltensmuster aristokratischer Kreise nicht unterschieden, aber dennoch im Hinblick auf seine Position einer gewissen verantwortungslosen Unmoral nicht entbehrten? Sie waren nämlich mit der Gefahr einer ansteckenden Geschlechtskrankheit verbunden und gefährdeten beim möglichen Verlust der Zeugungsfähigkeit den Fortbestand der Dynastie in der direkten Linie. Konnte ihn die gefühlskalte Stephanie sexuell nicht zufriedenstellen, oder war es seine hemmungslose Promiskuität, die ihn auf diesen (Ab-)Weg trieb? Suchte er die Selbstbestätigung, die er im Beruf, bei Hof und in der Ehe nicht fand, im Abenteuer ungehemmter, bindungsloser Liebe? Oder inszenierte er, der sich ringsum von den Symptomen des Unterganges umgeben wähnte, der die Zeichen der Zeit so gut zu lesen verstand, der für sich selbst und das Reich, das er einmal zu regieren bestimmt war, keine Zukunftschancen sah, mit diesen Ausschweifungen seine eigene Selbstzerstörung? Wir kennen Rudolfs Beweggründe nicht. Wer wüßte auf alle diese Fragen eine gültige oder zumindest einigermaßen plausible Antwort zu geben!

Anfang Februar 1886 trat ein, was eingeweihte Hofkreise insgeheim längst befürchtet hatten: der Kronprinz erkrankte an Gonorrhoe. Die Ärzte waren sich über die Krankheit Rudolfs zunächst nicht völlig im klaren und vermuteten eine Blasenentzündung. Der weitere Krankheitsverlauf ließ jedoch keinen Zweifel darüber offen, daß es sich um eine Geschlechtskrankheit handelte. Wie der Thronfolger die Diagnose der Ärzte aufgenommen hat, ist nicht bekannt. Man wird annehmen können, daß sie ihn seelisch schwer erschütterte. Eine Gonorrhoe ist beim heutigen Stand der Wissenschaft innerhalb weniger Tage zu heilen. Bei den damals zur Verfügung stehenden ärztlichen

Mitteln war nur eine Linderung, aber keine vollkommene Heilung der Krankheit möglich. Rudolfs Leibarzt, Dr. Franz Auchenthaler, verordnete, wie aus den Rezeptbüchern der Hofapotheke hervorgeht, gegen das hohe Fieber, die fortgesetzten Krämpfe und Schmerzen im Unterleib Kokainzäpfchen und lokale Behandlungen mit einer Sulphur-Zink-Lösung. Diese Therapie entsprach dem ärztlichen Wissensstand der Zeit und bewirkte eine Schmerzlinderung sowie ein Abklingen der akuten Krankheitssymptome. Natürlich blieb die Krankheit des Kronprinzen der kaiserlichen Familie und der Öffentlichkeit nicht verborgen. Marie Valerie vermerkte unter dem Datum des 11. Februar 1886 in ihrem Tagebuch: „... Er hat Rheumatismus und eine leichte Bauchfellentzündung, er ist sehr besorgt." Und die Zeitungen berichteten, der Kronprinz leide an einem Darmkatarrh. Die Kronprinzessin war über die delikate Krankheit ihres Mannes zunächst nicht informiert, die Öffentlichkeit hat den wahren Sachverhalt nie erfahren.

Zu Beginn des Monats März trat der Kronprinz über ärztliches Anraten in Begleitung seiner Gemahlin einen Erholungsaufenthalt auf der Adriainsel Lacroma an. Kurz nach der Ankunft erkrankte Stephanie schwer. Die Krankheit, die sich durch heftige Schmerzen in der Unterleibsgegend und hohes Fieber äußerte, wurde offiziell als Bauchfellentzündung diagnostiziert. Mit größter Wahrscheinlichkeit handelte es sich jedoch um dieselbe venerische Erkrankung wie beim Kronprinzen. Rudolf hatte seine Frau damit infiziert. Stephanie war sich dessen zunächst nicht bewußt. Erst später, als ihr die Ärzte mitteilten, daß sie keine Kinder mehr zur Welt bringen könne, erkannte sie das ganze Ausmaß dieser menschlichen und ehelichen Tragödie. „Nur wenige Tage konnte ich mich des herrlichen Aufenthaltes erfreuen", schrieb sie im unveröffentlichten Originalmanuskript ihrer Memoiren, „dann erkrankte ich schwer. Wochenlang lag ich, noch immer ahnungslos, mit namenlosen Schmerzen zu Bett. Professoren aus Wien und Triest erklärten, ich litte an einer Bauchfellentzündung. Ich selbst ahnte den Grund meines Leidens nicht. Auf hohen Befehl wurde alles vertuscht, die Ärzte auf Schweigen beeidigt. Erst später entdeckte ich und erfuhr ich, daß der Kronprinz an meinem Leiden schuld war. Auch ihn hatte die furchtbare Seuche erfaßt, die noch vor niemandem, sei er geringen Standes oder auf den Höhen des Throns geboren, Halt gemacht, sofern ihr Leichtsinn oder fluchwürdiges Erbe Tür und Tor öffnet ... Louise war meine einzige Vertraute, niemand sonst, selbst meine Eltern ahnten nicht die volle Wahrheit."

Für das Thronfolgerpaar war eine Welt eingestürzt. Die Hoffnung auf einen männlichen Thronerben war zunichte gemacht, keine ärztliche Behandlung, kein Kuraufenthalt konnten daran mehr etwas ändern. Es war ein furchtbarer Schlag, der das Gebäude ihrer Ehe schwer erschütterte. Verbittert, verzweifelt und innerlich voneinander geschieden, kehrten Rudolf und Stephanie Ende April nach Wien zurück.

Die Kronprinzessin veränderte sich äußerlich in erschreckender Weise. „Sie nimmt enorme Ausmaße an und platzt vor Fett", konstatierte die Gattin des belgischen Botschafters in Wien. Die ungewöhnliche Gewichtszunahme scheint durch die plötzlich eingetretene Unfruchtbarkeit verursacht worden zu sein. Auch der Kronprinz war körperlich und physisch verändert: Er sah zwar erholt aus, aber seine Gesundheit war nicht wiederhergestellt. Er war blaß und wirkte fahrig. Die Krankheit, die in Schüben abläuft, war für den Augenblick eingedämmt, aber auf Stadien der Besserung, in denen Rudolf Hoffnung schöpfte, folgten Rückschläge mit heftigen Gelenksschmerzen und Entzündungen der Bindehäute, die schwere Depressionen, Schuldgefühle und Verzweiflungsausbrüche auslösten. Je elender er sich fühlte, desto lebenshungriger wurde er, je ausgelassener er sich gebärdete, desto stärker ekelte er sich nachher. Er geriet in einen Teufelskreis, aus dem er nicht mehr herausfand.

Trotz seines labilen Gesundheits- und Gemütszustandes setzte der Kronprinz sein aufreibendes Leben, eine Mischung aus hektischer Arbeitswut und Genußsucht, fort. Jede Minute des Tages war ausgefüllt, sein Terminkalender, wie wir heute sagen würden, bis zur Neige ausgebucht. Wenn er spätabends oder des Nachts nach Hause kam, setzte er sich noch zum Schreibtisch, schrieb Briefe und wissenschaftliche oder politische Artikel für Zeitungen und Zeitschriften. Um sich wach zu halten, trank er eisgekühlten Champagner mit Cognac gemischt. Seine Schmerzen kämpfte er mit Morphium nieder. Nicht selten ging er erst um zwei oder drei Uhr morgens zu Bett, um nach ein paar Stunden Schlaf das ermüdende Tagewerk wieder aufzunehmen. Diesen kräfteraubenden Lebensstil hätte eine robustere Natur als die des Kronprinzen auf die Dauer nicht durchgehalten. Für Rudolf mußte er über kurz oder lang letal enden. Aber möglicherweise war er auf dieses Ende hin angelegt, von dort her bestimmt. Lebensüberdruß und Selbstmordpläne gehörten ab Jahresende 1886 essentiell zu Rudolfs Gedankeninventar, zu seiner exzentrischen Ideenwelt. Er bekundete Interesse für Bücher, die sich mit dem Freitod beschäftigten, führte mit dem berühmten Anatomen Emil Zuckerkandl Gespräche über das Sterben und kündigte wiederholt seinen Selbstmord an. Diese Äußerungen wurden jedoch von seiner Umgebung überhört oder nicht ernst genommen. Ein anonymer Freund schildert den Kronprin-

zen so: „Seit dem Frühjahr 1887 litt er an . . . wiederholten tief melancholischen Anfällen; hierbei sprach
er zu allen in seiner Umgebung in immer gleichblei-
bender stereotyper Weise über Vorahnungen seines
frühen Todes . . . Physisch welkte er allgemein sicht-
bar von Woche zu Woche zunehmend dahin; er
klagte über Kopfschmerzen und Gelenkschmer-
zen . . . er klagte immer wieder, daß er sich nicht
mehr mit dem früheren Eifer mit seinen Studien
ernsthaft befassen könne . . . Seit zwei Jahren zeigten
sich in Rudolfs Leben schwere emotionelle Störun-
gen; seit Herbst 1888 erschien er geistig ganz offensichtlich gestört; wären seine Lebensweise und Aus-
sprüche zu der Zeit bekannt geworden, hätte man ihn
ganz sicher unter strengste Beobachtung gestellt und
einer medizinischen Untersuchung unterzogen."

Die Ehe des Kronprinzenpaares war auf das schwerste
erschüttert. Vor der Öffentlichkeit führten Rudolf
und Stephanie, mehr oder weniger gekonnt, weiter
die Komödie einer glücklichen Ehe auf. Hinter den
Kulissen sah es freilich anders aus. Nach der schmerz-
haften Gonorrhoe-Infektion sperrte Stephanie ihren
Mann einige Zeit aus dem ehelichen Schlafzimmer
aus, holte Erkundigungen über ihn ein, befragte seinen Leibdiener nach seinen Aufenthalten, öffnete offenbar seine persönlichen Briefe und durchsuchte
seine Taschen. Das eheliche Zusammenleben, das
durch die verschiedenen Pflichten des Kronprinzen
und die Reisen und Kuraufenthalte Stephanies ohnedies auf ein Mindestmaß reduziert war, wurde dadurch nicht erleichtert. Rudolf reagierte auf das Verhalten seiner Gattin mit Zorn, Sarkasmus, Schroffheit
und Streitsucht. Seinem labilen Gemütszustand entsprechend, bettelte er aber auch immer wieder um
Zuneigung und Liebe, versuchte er die Ehe, so gut es

ging, zu kitten. Wenn er von Wien abwesend war, schrieb er an Stephanie zärtliche, liebevolle Briefe, die so klingen, als wäre zwischen den Ehepartnern überhaupt nichts vorgefallen, als lebten sie im besten Einvernehmen. John S. Salvendy (siehe Literaturliste), der die Hinterlassenschaft Stephanies in der Benediktinerabtei Pannonhalma (Ungarn) durchgesehen hat, hat allein aus dem Jahr 1887 zweiundfünfzig Briefe des Kronprinzen an seine Frau gefunden, die voller Zärtlichkeiten und Intimitäten sind und seine Sehnsucht nach Wärme und Geborgenheit widerspiegeln. So schrieb er ihr Anfang April 1887: „... wie gerne möchte ich mit Dir in ein gutes, warmes Bett kriechen, statt so alleine herumzuliegen", ... und ein paar Tage nach einem Zusammentreffen in Abbazia (heute: Opatija, Jugoslawien) klagte er: ... „Ich war recht traurig, als ich Abbazia verließ und ich hoffe schon, daß dieses Strohwitwerdasein bald ein Ende haben wird; es ist mir so langweilig allein zu Hause sein zu müssen."

Der Kronprinz zeigte sich um seine Gattin besorgt und sehnte sich, wenn er auf Dienstreise war, danach, sie wiederzusehen. Noch Ende März 1888, als das eheliche Verhältnis bereits an einem Tiefpunkt angelangt war, schrieb er ihr: ... „Ich finde, wir könnten diese Nacht in Abbazia zusammen schlafen; es macht sich gut, dann geht man ohnehin wegen dem Beichten und kommunizieren früh schlafen, und es wäre auch recht hübsch, wieder einmal im Bett zusammen herumzunutscherln ... Aus ganzem Herzen Dich umarmend, Dein Dich innigst liebender

Coco."

Die Kronprinzessin, die im Grunde ihres Herzens unversöhnlich blieb, was durchaus verständlich ist, scheint den sexuellen Wünschen Rudolfs, zumindest zeitweise, immer wieder nachgegeben zu haben, trotz aller inneren Sperren. „Déjeuner in Schönbrunn, Abreise der Majestäten nach der Steiermark, Rückkehr nach Laxenburg!!!" notierte sie im Oktober 1888 in ihrem Tagebuch. Die drei Ausrufungszeichen hinter dem gemeinsamen Wohnsitz mit dem Kronprinzen sprechen für sich.

Gefühlsmäßig war die nun dreiundzwanzigjährige Stephanie seit dem Frühsommer 1887 auf einen anderen Mann eingestellt, den sie auf einer Reise durch Galizien an der Seite Rudolfs kennengelernt hatte. Graf Artur Potocki, dem Stephanie ihre Liebe schenkte, war fünfzehn Jahre älter als sie und entstammte einem alten polnischen Adelsgeschlecht. Er war Witwer und Vater zweier Töchter, als er mit der Kronprinzessin bekannt wurde. Stephanie war erfolgreich bemüht, die Liebesbeziehung mit dem polnischen Grafen geheimzuhalten. Sie zog nur ihre Schwester Louise ins Vertrauen, die als Postillon d'amour fungierte, Botschaften überbrachte und geheime Zusammenkünfte vermittelte. In den Briefen an die Schwester erwähnte die Kronprinzessin den Grafen stets unter dem Decknamen „Hamlet" oder deutete seinen Namen nur mit einigen Buchstaben an. Um so eindeutiger offenbarte sie ihr ihre Liebe zu ihrem geheimnisvollen Freund. „Meine *Sehnsucht* nach ihm ist unsagbar", ließ sie ihren Gefühlen immer wieder freien Lauf, und „ich liebe ihn so sehr, mein Herz könnte manchmal fast zerspringen, wenn ich an ihn denke."

Das Liebesverhältnis überdauerte Mayerling und wurde erst durch den frühen Tod des Grafen, der am 26. März 1890 an Zungenkrebs starb, beendet. Die Kronprinzessin-Witwe war untröstlich. Sie übersandte zum Begräbnis einen prächtigen Kranz aus weißen Rosen und roten Kamelien. An Louise schrieb sie: „Ich war darauf vorbereitet, konnte mich aber mit dem Gedanken an diesen Verlust nicht abfinden und hoffte immer noch auf eine Heilung. Vergebens. Ich habe meinen besten Freund verloren, einen ... Mann, den ich so hoch schätzte und so sehr liebte. Dieser Verlust schmerzt mich furchtbar. Niemand weiß das wie Du, weil Du in diese Freundschaft eingeweiht warst und meine Gefühle ... kanntest. Er ist jetzt erlöst von diesem Körper, der ihm so viele Leiden verursacht hat und bestimmt im Himmel. Ich habe auf dieser Welt einen großen Freund verloren, aber dort oben einen Fürsprecher gewonnen ..."

Mit Rudolf ging es in den Jahren 1887 und 1888 weiter bergab. Er wurde zunehmend ungeduldiger, gereizter, unwirscher und war häufigen Stimmungsschwankungen unterworfen. Sein körperlicher Verfall machte weitere Fortschritte. Er nahm merklich ab, sah blaß und ermattet aus, wirkte in beängstigendem Maße geistesabwesend und apathisch. Sein ungesunder Lebenswandel wurde noch hektischer, aufreibender. Der Kronprinz wickelte ein umfangreiches offizielles Programm ab, gab Audienzen und Diners, besuchte Bälle, machte lange, ermüdende Inspektions- und Repräsentationsreisen, die ihn physisch schwer belasteten, ging auf die Jagd und in das Theater. Sein Drogen- und Alkoholkonsum nahm zu, seine Vergnügungssucht wuchs. Immer häufiger suchte der Sohn des Kaisers, der Thronfolger eines riesigen Reiches, in Begleitung seines Leibfiakers und Heurigensängers Josef Bratfisch in kleinen, schäbigen Vorstadtlokalen Trost, Erholung und Vergessen, sang Heurigenlieder und betäubte seine Ängste und Depressionen in einer sentimentalen Dulliöhstimmung, die ihm natürlich nur kurzzeitig über seine Schwierigkeiten hinweghalf. Rudolf betrieb Raubbau an seinem Körper, arbeitete offenbar bewußt an seiner Selbstzerstörung. „Hier ist es hundskalt", schrieb er an Stephanie während eines Manövers 1888, „ich habe Schnupfen, Husten, Halsweh, Rheumatismus und einen großen blutunterlaufenen Fleck auf der Hüfte, den ich mir durch eine Ungeschicklichkeit zugezogen habe, lebe aber so fort wie immer und gebe garnicht acht."

Die Kronprinzessin schenkte seinen Klagen und Beteuerungen wenig Gehör. Immerhin machte sie sich über sein Aussehen, die Verschlechterung seines Gesundheitszustandes und die Änderung seines Verhaltens Gedanken. „In den wenigen Tagen, an denen ich in diesem Sommer den Kronprinzen zwischen seinen Inspektionsreisen zu sehen bekam (die Notiz stammt vom Oktober 1888, Anm. d. Verf.), mußte ich eine beängstigende Veränderung in seinem Wesen bemerken. Nicht nur, daß er immer unruhiger und zerfahrener wurde – er ließ sich jetzt auch, oft aus den nichtigsten Ursachen, zu jähen Ausbrüchen einer maßlosen Heftigkeit hinreißen." – „Ich hatte mich ja längst darein gefunden", notierte sie, ihr eigenes Renommee in der Nachwelt im Auge, „daß die konventionelle Form unseres Zusammenseins, insbesondere wie sie in seinen Briefen zum Ausdruck kam, in einem schroffen Widerspruch zu seinem tatsächlichen Verhalten stand. Aber jetzt war er oft überhaupt nicht wiederzuerkennen. Seine Zerrissenheit führte zu schrecklichen Heftigkeitsausbrüchen, zu unerträglichen und unwürdigen Szenen."

Rudolf litt an Schlaflosigkeit und chronischer Übermüdung, seine depressiven Stimmungen, sein Pessimismus, seine Weltverdrossenheit, sein Lebensüberdruß nahmen beängstigende Ausmaße an. Immer häufiger sprach er von Todesahnungen, kündigte er Freunden und Außenstehenden sein Ende an. Als Bratfisch ihm anläßlich seines dreißigsten Geburtstages gratulierte und ihm ein langes Leben wünschte, antwortete Rudolf: „Da wünschen Sie mir zu viel, ich werde nicht lange leben." Andeutungen ähnlicher Art machte er zahlreichen anderen Personen gegenüber, Angehörigen des Erzhauses, Bekannten, befreundeten Künstlern und Journalisten. Marie Festetics, die Hofdame der Kaiserin, erzählt: „Zu Allerseelen vor seinem Tode fragte er mich, ob ich in den Segen gehen werde. Natürlich, erwiderte ich, ich werde doch für meine Toten beten. Nun, sagte der Kronprinz, werden Sie auch für mich beten, wenn ich tot bin? Was sprechen Sie da, kaiserliche Hoheit? erwiderte ich, ich bin doch um vieles älter als Sie und werde dazu keine Gelegenheit haben. Er aber blieb bei seinem Begehren und verlangte von mir, ich solle ihm versprechen, an seinem Sarge zu Allerseelen zu beten, wenn er dahingegangen sein werde. Er ruhte nicht, bis ich zusagte."

Sie alle, die später erklärten, es immer schon gewußt zu haben, daß sich der Kronprinz etwas antun werde, waren über diese Ankündigungen betroffen, betreten, erstaunt, verwundert, perplex. Unternommen hat keiner von ihnen etwas, keiner holte Hilfe in Form medizinischer Betreuung. Vielleicht war das aus Gründen gesellschaftlicher Rücksichtnahme auch gar nicht möglich. Der einzige Versuch, dem sich immer deutlicher abzeichnenden persönlichen Desaster des Kronprinzen Einhalt zu gebieten, wurde von Stephanie unternommen. In ihren Erinnerungen schreibt sie über den Jänner 1888: „Nun war sein Verfall schon so weit fortgeschritten, daß er auch äußerlich stark auffiel. Ich fand den Kronprinzen erschreckend gealtert, seine Haut war fahl und schlaff, sein Blick flackernd, seine Gesichtszüge völlig verändert. Es war, als hätten seine Züge den inneren Halt den ihnen der Wille geben muß, verloren, als lösten sie sich von innen her auf. Ein tiefes Mitleid überkam mich und die bange Sorge: wie soll solche Verheerung enden? In meiner

Herzensangst entschloß ich mich, zum Kaiser zu gehen und ihm über alles rückhaltlos die Augen zu öffnen . . ."

Nur durch den Kammerherrn angesagt, also unter Mißachtung des Protokolls, erschien sie vor dem Kaiser und schilderte ihm ihre Beobachtungen und Befürchtungen. Franz Joseph war ein wenig indigniert. Er hatte es nicht gern, wenn jemand, und sei es auch seine eigene Schwiegertochter, die Hofetikette nicht einhielt. Aber er machte gute Miene zum bösen Spiel. Höflich hörte er sich Stephanies Klagelied an. In der Sache selbst bewies er kein Verständnis. „Rudolf fehlt nichts", sagte er dezidiert. „Er sieht nur blaß aus, ist zu viel unterwegs, er mutet sich zu viel zu. Er soll mehr bei dir bleiben; sei nicht ängstlich!" Dann umarmte er die Schwiegertochter, sie küßte ihm die Hand, und schon war sie wieder entlassen.

Der Kaiser unternahm nichts, veranlaßte nichts, führte mit seinem Sohn und Nachfolger kein klärendes Gespräch. Franz Joseph und Rudolf lebten in verschiedenen Welten, sie hatten einander wenig zu sagen, nahmen voneinander kaum Notiz. Und so nahm das Schicksal seinen Lauf.

Die Katastrophe steuerte nun rasch auf ihren Höhepunkt zu. Im Jänner 1889 warteten auf das Kronprinzenpaar zahlreiche gesellschaftliche Verpflichtungen: Empfänge, Bälle, Diners. Im Fasching dominierten die Repräsentationsaufgaben. Rudolf und Stephanie nahmen jetzt auch in der Öffentlichkeit kaum mehr Rücksicht aufeinander. Immer wieder kam es zu peinlichen Auftritten, die die Skandalpresse ihren Lesern genüßlich ins Haus servierte. Die Ehe war zerbrochen. Rudolf, der sich mit Scheidungsabsichten trug, bat höchstwahrscheinlich den Papst schriftlich um ihre Annullierung. Dieser antwortete offenbar jedoch nicht ihm, sondern dem Kaiser (dokumentarisch ist das allerdings nie belegt worden). Der Scheidungs-wunsch Rudolfs dürfte bei der heftigen Auseinander-setzung zwischen Vater und Sohn am 26. Jänner 1889, die von mehreren Personen bezeugt wird und offenbar zum endgültigen Bruch des Kaisers mit dem Kronprinzen führte, eine Rolle gespielt haben. Ob Stephanie über die Fühlungnahme ihres Gemahls mit dem Vatikan informiert war, geht aus ihren Äußerun-gen nicht hervor.

Kronprinz und Kronprinzessin erschienen am 27. Jänner 1889 beim Empfang, den der deutsche Bot-schafter Heinrich Prinz Reuß anläßlich des Geburts-tages von Kaiser Wilhelm II. gab, zum letztenmal ge-meinsam in der Öffentlichkeit. An dieser Festivität nahmen auch, in vollem Hofstaat, die Vetsera-Damen teil. Die Baronesse soll sich an diesem Abend gegen-über der Kronprinzessin einen schweren Affront gelei-stet, der Kaiser den Kronprinzen vor allen Gästen brüs-kiert, das kronprinzliche Paar sich nach der Verab-schiedung von den Gastgebern auf dem Nachhauseweg im Treppenhaus der Botschaft einen lebhaften Wort-wechsel geliefert haben. Wie dem auch immer gewesen sein mag, die Entscheidung, seinem Leben ein Ende zu machen, war gefallen. Als sich Rudolf am nächsten Tag vor der Fahrt nach Mayerling im Jagdanzug von Ste-phanie und seinem Töchterchen verabschiedete, sagte die Kronprinzessin zu ihrer Kammerfrau, Sophie von Planker-Klaps: „Ich habe so ein merkwürdiges Gefühl, als ob etwas passieren würde . . ."

Der Kronprinz hatte versprochen, am 29. Jänner abends zu einem seit längerer Zeit geplanten Fami-liendiner beim Kaiser wieder zurück zu sein. Kurz vor 18 Uhr, gerade als Stephanie mit der Toilette für das Diner beschäftigt war, traf jedoch aus Mayerling ein Telegramm ein, das folgenden Wortlaut hatte: „Ich bitte Dich schreibe Papa daß ich gehorsamst um Verzeihung bitten lasse, daß ich zum Diner nicht erscheinen kann, aber ich möchte wegen starken Schnupfen die Fahrt jetzt Nachmittag unterlassen und mit Josl Hoyos hier bleiben.

Umarme Euch herzlichst   Rudolf.“

Die Kronprinzessin war konsterniert. Der Hofjäger Rudolf Püchel, der ihr das Telegramm übergab, berichtete: „Die hohe Frau hielt in einer Hand das Telegramm aus Mayerling, in der anderen ein Sacktuch. Gesenkten Hauptes stand sie einige Schritte von mir. In ihrem Antlitz spiegelten sich Gram und Sorge – eine Träne glitt die blasse Wange herab. Nach einer Weile sprach die Frau Kronprinzessin vor sich hin: ‚Gott, was soll ich tun – wie ist mir zu Mute – nun muß ich allein zu den Majestäten gehn.‘“

Auch die Abendgesellschaft war peinlich überrascht, als ihr Stephanie die Mitteilung von der Unpäßlichkeit des Kronprinzen machte. Das Diner war als Verlobungsfest der Erzherzogin Marie Valerie mit Erzherzog Franz Salvator von Toskana und stillschweigend als Versöhnungsversuch zwischen dem Kronprinzenpaar gedacht gewesen. Daraus wurde nun nichts, und auch die Verlobungsfeier war durch das Fernbleiben des Kronprinzen empfindlich gestört. Die Atmosphäre war beklemmend, es kam keine Stimmung auf. Auf die Idee, einen Arzt nach Mayerling zu schicken, um nach dem Rechten zu sehen, kam niemand. Lediglich Stephanie spielte in unheilvoller Vorahnung einen Augenblick mit dem Gedanken, sie hatte aber nicht den Mut, ihn auszusprechen. Am nächsten Morgen war Rudolf tot.

Die Nachricht vom Drama in Mayerling erhielt Stephanie erst am Nachmittag des Todestages. Unter dem Eindruck des ersten Schocks fiel sie in Ohnmacht und mußte vom Kaiserpaar auf ein Sofa gebettet werden. Sie erholte sich nur langsam, weinte hemmungslos und wurde von Selbstvorwürfen und Schuldkomplexen gequält. Marie Valerie, eine scharfe Beobachterin, die der Szene beiwohnte, berichtet: „Sie bat uns alle immer wieder, ihr zu vergeben, sicher hat sie gefühlt, daß ihr Mangel an Zuwendung dazu beigetragen hat, daß Rudolf zu dieser entsetzlichen Tat getrieben worden ist."

Ihrer Schwester Louise schrieb die Kronprinzessin unter dem Datum des 30. Jänner 1889: „Kaum kann ich die Feder halten, um Dir zu sagen, daß ich durch das schreckliche Unglück, das uns getroffen hat, vor Schmerz gebrochen bin. Komm morgen, wann immer, ich brauche Dich mehr denn je. Bete für mich und für *ihn*, der so gut war. Bleibe bei der unglücklichsten Frau, Deiner Dich liebenden Schwester Stephanie."

Louise kam der Bitte Stephanies nach und fuhr sofort in die Hofburg, wo sie die Schwester, leichenblaß und stumm, einen Brief in der Hand haltend, antraf. Es war das Abschiedsschreiben Rudolfs, das im vollen Wortlaut bekannt ist:

„Liebe Stephanie!

Du bist von meiner Gegenwart und Plage befreit", formulierte der Kronprinz, das Verhältnis zur Gattin treffend und sarkastisch charakterisierend, „werde glücklich auf Deine Art. Sei gut für die arme Kleine, die das einzige ist, was von mir übrig bleibt. Allen Bekannten, besonders Bombelles, Spindler, Latour, Wowo, Gisela, Leopold etc. etc. sage meine letzten Grüße. – Ich gehe ruhig in den Tod, der allein meinen guten Namen retten kann. – Dich herzlichst umarmend, Dein Dich liebender Rudolf."

Diese Zeilen trafen die Kronprinzessin wie ein Keulenschlag. „Entsetzliche Nachrichten von Rudolfs Tod. Gott erbarme sich der Seele meines innigstgeliebten, theuren Mannes!! Friede seiner Asche!!!"

notierte sie, offenbar noch unter Schockwirkung stehend, am Todestag in ihrem Tagebuch. Die Eintragung wirkt schablonenhaft und übertrieben und hat, nach allem, was wir über die Beziehung zwischen ihr und Rudolf in den beiden letzten Jahren vor der Mayerling-Tragödie wissen, geringen Aussagewert. „Theuer" war ihr der Kronprinz längst nicht mehr, „innigst geliebt" hat sie ihn überhaupt nie. Aber echte Trauer und Betroffenheit konnte man von der Kronprinzessin beim besten Willen nicht erwarten. Sie war wohl weniger über den Verlust Rudolfs irritiert als über den Verlust ihrer Stellung und die Ungewißheit ihrer Zukunft. Vier Jahrzehnte später, bei der Abfassung ihrer Memoiren, sah sie die Zusammenhänge sehr nüchtern. „Dennoch, der Tod hatte mich von einem angstvollen, sorgenvollen und trostlosen Zusammenleben erlöst – allein um welchen Preis!" schrieb sie. „Alles, meine und des Landes Zukunft, schienen zerschellt, für die ich vieles geduldig ertragen hatte."

Die Gründe, die Rudolf zum Revolver greifen ließen, bereiteten ihr kein großes Kopfzerbrechen. „Weder geistige Umnachtung, wie es nachher offiziell hieß, noch biologische Mängel, als Erbe zu alten Geschlechts, wie manche später wissen wollten, waren die Ursachen, die zu dem tragischen Tod des Kronprinzen geführt haben. Ich sehe sie allein in der Haltlosigkeit seines Wesens", konstatierte sie mit beinharter Einseitigkeit.

Stephanie erholte sich vom ersten Schock, den die Todesnachricht ausgelöst hatte, verhältnismäßig rasch. Zwei Tage nach Rudolfs Selbstmord fand Marie Valerie, daß Stephanie bereits „sehr ruhig" sei, am 3. Februar vertraute sie nach einem Diner zu Ehren des belgischen Königspaares, das zur Beerdigung nach Wien gekommen war, ihrem Tagebuch folgende

Eintragung an: „... Stephanie benahm sich, als ob praktisch nichts geschehen wäre. Ihre Demut und Zerknirschung hat nicht lange gedauert." Am 6. Februar notierte sie: „... Stephanie ist kalt und herzlos. Sie sprach von allem und jedem. Mama sagt, sie schäme sich ihrer vor allen Leuten." Das war einen Tag nach Rudolfs Beisetzung, an der die Kronprinzessin, aber auch die Kaiserin und Marie Valerie nicht teilnahmen.

Elisabeth, die ihre Schwiegertochter nicht ausstehen konnte, legte nach dem Tod Rudolfs ihren Haßgefühlen keine Zügel an. „Wenn man diese Frau recht kennenlernt", urteilte sie hart und erbarmungslos, „so muss man Rudolf entschuldigen, dass er für die Herzensleere des Heims auswärts Zerstreuung und Betäubung suchte. Gewiss – er wäre nicht so geworden, hätte er ein anderes Weib gehabt, das ihn verstanden."

Dieses Urteil aus dem Mund der Kaiserin ist ungerecht und unrichtig. Es zeugt von einer völlig falschen Einschätzung von Rudolfs Charakter, von einem tiefen Unverständnis für seine problematische Natur und seine existentiellen Schwierigkeiten. Eine verständnisvollere, reifere Frau, ein beschauliches eheliches Zusammenleben hätte dem Kronprinzen, der Liebe und Wärme suchte, zweifellos inneren Halt gegeben. Ob dadurch die Unrast seines Herzens auf die Dauer zu besänftigen gewesen wäre, ist allerdings sehr die Frage.

Kronprinzessin und Kronprinz waren jedenfalls nicht füreinander geschaffen. Stephanies Schwester Louise, die das Elend der kronprinzlichen Ehe aus nächster Nähe erlebte, hat das deutlich erkannt und messerscharf artikuliert: „Die beiden Naturen paßten nicht zusammen", urteilte sie völlig richtig, „beide herrschsüchtig, unversöhnlich, und so faßte die Entfremdung bald tiefe Wurzeln. Jähzornig waren sie beide und es spielten sich unerquickliche Szenen ab. Bis zur Unverzeihlichkeit verletzten sich beide – so daß ich entsetzt über die Kälte meiner Schwester Stephanie war, mit der sie am Sarge ihres todten Gatten stand. Die Haltlosigkeit, die Unzufriedenheit mit sich selbst, der Drang sich zu betäuben, trieb den Kronprinzen in der letzten Zeit zum Alkoholgenuß; in so einem Zustande war der Kronprinz geradezu gewaltthätig."

Das Scheitern der Ehe Rudolf allein oder überwiegend der Kronprinzessin anzulasten, wie dies verschiedentlich geschehen ist, ist jedenfalls leichtfertig und gedankenlos.

Stephanie suchte nach dem Tod ihres Mannes Vergessen und versuchte so rasch wie möglich die Spuren zu tilgen, die sie an die ungeliebte Vergangenheit erinnerten. Bereits vierzehn Tage nach Mayerling ließ sie Rudolfs Appartement in der Hofburg umgestalten. Das Kavalierszimmer des Kronprinzen wurde in ein großes, luxuriöses Bad umgewandelt, Rudolfs Billardzimmer verwandelte sie in einen Wintergarten. Vor der quälenden Eintönigkeit und den düsteren Schatten der Hofburg entfloh die Fünfundzwanzigjährige mit ihrer Tochter Elisabeth nach Miramar. Sie empfand das Bedürfnis, die erste Zeit ihres Witwentums fernab von der Welt und den Menschen zu verleben. „Seit ich hier bin", schrieb sie Louise, „weit weg vom Lärm, weit weg von der Welt, und inmitten dieser herrlichen Natur ein zurückgezogenes Leben führe, beginne ich die Ruhe wiederzufinden, die mein bedrücktes Herz und mein ganzes Wesen nach diesen schrecklichen Tagen brauchen."

Drei Monate verbrachte „Ihre kaiserliche Hoheit, die durchlauchtigste Kronprinzessin-Witwe Erzherzogin Stephanie", wie ihr neuer Titel nun lautete, im

Stephanie mit ihrem zweiten Gemahl, dem ungarischen Grafen Elemer Lonyay

sonnigen Süden. Dann kehrte sie in jene Räumlichkeiten in Schloß Laxenburg zurück, die sie acht Jahre zuvor als junge Braut bebenden Herzens betreten hatte. „All die Jahre sind in meiner Erinnerung aufgestiegen", berichtete sie abermals der Schwester, „– es war um die gleiche Zeit –, als ich nur vom Glück träumte und glaubte, mich meinem Mann und meinem Land widmen zu können. Und jetzt, was bleibt mir davon? Nichts. Nur die Hoffnung, und der Wille, ein neues, schweres und trauriges Leben zu führen. Für wen? Für mein Kind, ja, solange sie klein ist, aber wenn sie eines Tages erwachsen ist, was wird dann aus der Mutter?"

Das klingt sehr resignativ, und in der Tat, ihr Leben war völlig verändert. Stephanies Position am Wiener Hof war nach dem Tod des Kronprinzen nicht

eben beneidenswert. Ihre finanziellen Verhältnisse
hatte der Kaiser zwar geregelt – ihre Witwenbezüge
beliefen sich auf 150.000 Gulden jährlich –, aber ihr
gesellschaftlicher Aufgabenbereich war deutlich eingeengt, und so mancher Höfling zeigte ihr ostentativ
die kalte Schulter. Es gab viel Leerlauf, die Tage wurden zur Last. Stephanie nahm Mal- und Gesangsstun-
den, eröffnete und besuchte Ausstellungen, ging in
Theater und Konzerte, enthüllte Denkmäler, wohnte
Feiern bei. Und als alle diese Verpflichtungen, Frei-
zeitbeschäftigungen und Tändeleien sie nicht länger
auszufüllen vermochten, packte sie die Reisewut,
machte sie Besuche bei Verwandten, absolvierte Kuraufenthalte und war mit großem Gefolge inkognito
viel unterwegs. Um die heranwachsende Tochter
kümmerte sie sich herzlich wenig. Schließlich landete
ihr unruhiges Lebensschiff doch wieder, und diesmal
endgültig, im Hafen der Ehe. Stephanie schenkte ihr
Herz einem ungarischen Edelmann namens Elemer
Lonyay, der Protestant war und ihr unebenbürtig.
Aber der Kronprinzessin-Witwe, die des Hoflebens
längst überdrüssig geworden war, machte das nichts
aus. Sie schied aus dem Kaiserhaus aus, verzichtete
auf Rang, Titel und Würden und heiratete am
22. März 1900 im Traumschloß Miramar den ungarischen Grandseigneur. An der Seite ihres zweiten
Mannes fand Stephanie Glück und Erfüllung. Die
Lonyays führten auf Schloß Oroszvár (in der heutigen
Slowakei), das sie 1906 ankauften, eine vorbildliche
Ehe. Das Leben auf dem prachtvollen Herrensitz inmitten einer riesigen Parklandschaft war ganz nach
dem Geschmack der Schloßherrin. Hier konnte sie
ihre Noblesse und Eleganz zur Schau stellen, repräsentieren, bei festlichen Anlässen mit Prunk und
Pomp den Mittelpunkt bilden, ihr auf Zeremoniell
angelegtes und ausgerichtetes Wesen entfalten, luxu-

riös leben. Fürstin Stephanie Lonyay hielt hof, blickte zurück in die Vergangenheit, schwebte jahrzehntelang über den Banalitäten des Alltags und den Widerwärtigkeiten der Tagespolitik. Schließlich holte sie die Weltpolitik unsanft in die Realität zurück: Anfang April 1945 erreichte die russische Armee Oroszvár. Ein paar Wochen später trat die herzkranke belgische Königstochter die letzte Fahrt ihres Lebens an. Sie wurde mit ihrem Gemahl und ein paar Habseligkeiten in die Benediktinerabtei Pannonhalma bei Raab (Györ) gebracht, wo sie am 23. August 1945 im Alter von 81 Jahren verstarb.

VIII. Kapitel

Der Kronprinz als Frauenheld: Rudolfs Geliebte und Mätressen

Der jugendliche Kronprinz hatte zunächst, so scheint es, ein durchaus normales Verhältnis zum anderen Geschlecht. Er schwärmte, wie das in einem bestimmten Alter üblich war und ist, für die holde Weiblichkeit. Sein erstes Schwarmobjekt war seine um drei Jahre ältere Tante Marie Therese, eine geborene Prinzessin Braganza, die mit Erzherzog Karl Ludwig, einem Bruder des Kaisers, verheiratet war. Die temperamentvolle, rassige Südländerin war jener Frauentyp, dem Rudolf auch später den Vorzug geben sollte. Sie war zierlich, zart, hatte dunkle Augen, schwarzes Haar und einen blütenweißen Teint. Die offen zur Schau gestellte Verehrung des jungen Kronprinzen für seine Lieblingstante und das Gefühl des Mitleids, das er ihr entgegenbrachte (ihr Gemahl war um 22 Jahre älter als sie), stellte die Beziehungen zu seinem eifersüchtigen Onkel auf eine harte Bewährungsprobe.

Weniger belastend für das Klima innerhalb des Kaiserhauses war Rudolfs Schwärmerei für ein Mädchen, das er nur vom Sehen kannte. Der Fünfzehnjährige brachte seine Gefühle für die Unbekannte, die er „Bernhardine" nannte, mit jugendlichem Überschwang und pubertärem melancholischem Pathos zu Papier.

„Viele Thränen habe ich um Dich geweint, o Engel", formulierte er im Stil von Goethes „Die Leiden des jungen Werthers", „manche Seufzer, manches Leid hat Dir gegolten Bernhardine; die Sehnsucht war groß, die Liebe ist süß ... doch meine Stellung vernichtet jedes Verhältnis mit einer Plebejerin. Schrecklich waren die Tage als ich fern von Dir weilte, fern von Deinem stillen Häuschen, fern von dem hübschen Städtchen, fern von Schönbrunn, und herrlich war der Augenblick, als ich Dich das erstemal wieder erblickte; nur sehnen ist nicht besitzen; doch glücklich schätze ich mich wenigstens die selbe Luft wie Du atmen zu können ...“

Noch beklagte der Sohn des Kaisers, infolge seiner hohen Stellung mit einer Frau aus dem Volk, einer „Plebejerin", keine Kontakte pflegen zu können. Einige Jahre später setzte er sich über solche gesellschaftliche Konventionen kühn hinweg.

Im Juli 1877, einen Monat vor seinem 19. Geburtstag, wurde der Kronprinz für großjährig erklärt. Seine Erziehung war abgeschlossen, es begann ein neuer, völlig anderer Lebensabschnitt, in dem an die Stelle des Studiums und des Umganges mit Büchern die Jagd, der Reitsport und Affären mit Frauen traten.

Rudolf war körperlich noch keineswegs ausgereift, wie Photographien des Neunzehnjährigen zeigen. Er war klein und schmächtig, sein Haar begann bereits schütter zu werden, seine Gesichtszüge wirkten eher verschlossen und unausgeglichen. Trotzdem flogen ihm die Frauenherzen zu, erhielt er zahllose anonyme Liebesbriefe mit unzweideutigen Angeboten, machte er auf die Damenwelt einen gewaltigen Eindruck. Louise von Coburg, seine Schwägerin, gibt die Gefühle der Frauen wieder, wenn sie später einmal über den zum Mann herangereiften Kronprinzen schrieb: „Er war mehr als schön; er war verführerisch. Mittelgroß und sehr proportioniert, war er, trotzdem er zart schien, sehr kräftig. Deutlich zeigte sich seine Reinrassigkeit, und man dachte bei ihm unwillkürlich an ein Vollblutpferd; denn von ihm hatte er auch das Wesentliche . . . wie dieses hatte er leichten Sinn und Launen. Auf seinem matten Teint spiegelte sich Sentimentalität; sein Auge, dessen braune, glänzende Iris im Moment der Erregung zu schillern begann, schien mit dem Ausdruck auch seine Form zu ändern. Er war sehr sensibel und wechselte die Stimmung; war in einem Moment liebenswürdig, im nächsten zornig, und war imstande, im dritten Augenblick wieder der entzückendste Mensch zu sein. Er war verwirrend; seine aufnahmsfähige Seele schien geklärt und verfeinert. Das Lachen Rudolfs machte vielleicht noch mehr Eindruck; es war das Lachen eines rätselhaften Menschen, ähnlich dem der Kaiserin. Rudolfs mysteriöse Art zu sprechen fesselte seine Zuhörer, von denen jeder sich geschmeichelt fühlte, etwas von seinem Wesen zu begreifen."

Wenn die Prinzessin, die Rudolf glühend verehrte, auch stark übertrieb, so war der Kronprinz jedenfalls schon infolge seiner hohen Stellung nach der Großjährigkeitserklärung einer der begehrenswertesten Junggesellen seiner Zeit. Die Frauen machten sich unverblümt an ihn heran, setzten alle Hebel in Bewegung, um von ihm bemerkt zu werden, boten alle ihre Verführungskünste auf, um seine Gunst zu erlangen.

„Rudolf war zu weich und zu schwach", schrieb ein Zeitgenosse, der die Dinge aus nächster Nähe beobachtete, „um sich von diesem verführerischen, aber für einen Thronerben nichtigen Treiben beizeiten loszureißen . . . So tat der junge Prinz in Venere des Guten zu viel." Und ein Rudolf nahestehendes Mitglied des Kaiserhauses, das es wissen mußte, blies in dasselbe Horn. Rudolfs Beziehungen zur Frauenwelt hätten viel zu früh begonnen, meinte er, und seien viel zu intensiv gewesen.

Gräfin Marie Festetics, die Hofdame der Kaiserin, die Rudolf wohlgesinnt war, stimmte in diesen Chor ein. „Er ist zu nett, kennt aber kein Maß", notierte sie anläßlich einer harmlosen Unterhaltung des Kronprinzen in ihrem Tagebuch, „andererseits ist es gut, wenn er unschuldige und normale Unterhaltung genießt, denn sonst hat er so viele Abenteuer, daß einem etwas bange wird."

Rudolfs erste Geliebte, so wußte es jedenfalls der Hoftratsch, war die Burgschauspielerin Johanna Buska, und in der Fama steckt bekanntlich immer auch ein Körnchen Wahrheit. In der Porträtsammlung der Wiener Nationalbibliothek, in der auch die Bibliothek des Kronprinzen aufbewahrt wird, hat sich jedenfalls, in einer blauen Samtmappe verborgen, ein aquarelliertes Porträt der Künstlerin gefunden. Das ist natürlich keine posthume Bestätigung der Gerüchte, die Ende der siebziger Jahre des vorigen Jahrhunderts über Rudolf und Johanna Buska am Wiener Kaiserhof kursierten, und es ist schon gar kein unanfechtbarer Beweis für deren Richtigkeit, aber es läßt doch den Schluß auf ein zumindest vorübergehendes engeres Verhältnis zwischen den beiden zu.

Die in Königsberg geborene hübsche blonde Schauspielerin war um elf Jahre älter als der Kronprinz (geboren am 14. April 1847). Johanna Buska war seit ihrer Kindheit mit dem Theater eng verbunden. Bereits mit zehn Jahren stand sie zum erstenmal auf der Bühne, in der Rolle des „Käthchen von Heilbronn" des deutschen Dramatikers Heinrich von Kleist errang sie in ihrer Vaterstadt ihren ersten Theatererfolg. Die Achtzehnjährige wurde zunächst an das Hofschauspielhaus in Berlin verpflichtet, von wo sie nach zweijähriger Tätigkeit an das Hoftheater in Wiesbaden übersiedelte. Hier schlug sie als Desdemona in William Shakespeares „Othello" voll ein. Die

Theaterkritik pries die Anmut ihrer äußeren Erscheinung, ihre Jugendfrische, ihr poetisches Talent, ihr sympathisches Organ. „Aus ihren Tönen spricht der helle Sonnenglanz des Glückes und der Freude, es ist etwas von verkörperter Poesie in Frl. Buska", schrieb ein Kritiker im schwülstigen Stil der Zeit. Der Weg für ein Engagement der Mimin an eine größere, berühmtere Bühne war frei. Johanna Buska ging nach

*Die Schauspielerin Johanna Buska, wahrscheinlich Rudolfs
erste Geliebte*

Petersburg, wo sie nicht nur Theater spielte, sondern auch ihr Herz an einen russischen Edelmann verlor, wie jemand, der sie persönlich kannte, später berichtete.

Die Bindung an Petersburg und an den russischen Galan war nicht von Dauer. 1874 folgte die Buska einem ehrenvollen Ruf an das k. k. Hofburgtheater in Wien, an dem sie bereits zuvor Gastrollen gegeben hatte. Die „Burg" wurde zu dieser Zeit von Franz

Freiherrn von Dingelstedt geleitet, auf dessen Spielplan das Werk Shakespeares, Goethes und das Alterswerk Franz Grillparzers den Mittelpunkt bildeten.

Johanna Buska debütierte in dem unbedeutenden, heute vergessenen Stück „Die Grille" von Charlotte Birch-Pfeiffer nach einer Erzählung von George Sand. Sie blieb sechs Jahre Mitglied des Ensembles. Unterzieht man die Besetzung der Stücke, die in diesem Zeitraum zur Aufführung gelangten, einer genauen Durchsicht, so muß man feststellen, daß die junge Burgtheatermimin hauptsächlich in Stücken Eduard von Bauernfelds und in den Schauspielen unbekannterer Autoren eingesetzt wurde. Sie spielte wohl auch ab und zu bedeutende Rollen wie die Desdemona (Shakespeare: „Othello"), das Käthchen (Kleist: „Das Käthchen von Heilbronn"), Gretchen (Goethe: „Faust"), Gülnare (Grillparzer: „Der Traum ein Leben"), aber die großen, tragenden Rollen des klassischen Repertoires blieben doch ihren berühmteren Kolleginnen, wie etwa Charlotte Wolter und Auguste Wilbrandt, vorbehalten.

Johanna Buska fühlte sich am Wiener Hofburgtheater nicht ausgelastet. „. . . Ich bin hier leider viel seltener beschäftigt als ich wünsche", schrieb sie einer Bekannten nach Berlin, „ich bin sehr ehrgeizig, möchte nichts durch niedrige Mittel erreichen und das erschwert überall doch hier insbesondere das Vorwärtskommen" (Brief vom 24. Jänner 1876).

Hat sich die Buska dann doch dieser Mittel bedient, in der Hoffnung, auf diese Weise leichter vorwärtszukommen? Es gibt auf diese Frage natürlich keine zwingende Antwort, da es an stichhältigen schriftlichen Beweisen fehlt. Auszuschließen ist es jedoch nicht.

„Auch eine sehr hochstehende Persönlichkeit war förmlich berückt durch die auf der Bühne wie im

Leben gleich interessante Schauspielerin und fehlte fast bei keiner Vorstellung, in der sie auftrat", schrieb Jahrzehnte später ein Theaterkritiker, der die Buska persönlich gekannt hat. Wenn es zwischen dem Kronprinzen und der Burgschauspielerin eine Liaison gegeben hat, und das darf man wohl annehmen, so war sie jedenfalls von nicht allzu langer Dauer und ist zeitlich zwischen Juli 1877 und Juli 1878 (Versetzung Rudolfs zum k. k. Infanterieregiment Nr. 36 nach Prag) anzusetzen.

Johanna Buska blieb schauspielerisch unbefriedigt. Sie übernahm an anderen deutschen und ausländischen Bühnen mit Bewilligung der Direktion des Hofburgtheaters Gastrollen, über die sie dem alten Bauernfeld, in dessen Konversationsstücken und Salondramen sie gerne auftrat und mit dem sie offenbar eine Art Vater-Tochter-Verhältnis verband, dann und wann berichtete.

Im Jahre 1880 schied Johanna Buska aus dem Verband des Hofburgtheaters aus und heiratete den 68jährigen ungarischen Grafen Nikolaus Casimir Török de Szendrö, der nicht weniger als 35 Jahre älter war als sie. Die Ehe wurde am 20. Mai 1880 geschlossen. War es Enttäuschung über das kurze Liebesverhältnis mit Rudolf, die sie in die Arme des alten Grafen trieb? Wollte sie sich dadurch übler Nachrede entziehen, ihre Frauenehre retten – oder reizte die Künstlerin ganz einfach der Gräfinnentitel und das damit verbundene gesellschaftliche Ansehen? Eine Liebesheirat wird es wohl kaum gewesen sein, auch wenn der Ehe ein Sohn Alexander entsproß, der am 14. Februar 1881 zur Welt kam. Böswillige Gerüchte schrieben dem Kronprinzen die Vaterschaft zu, aber das Geburtsdatum spricht eindeutig dagegen.

Graf Török verschied bereits nach vierjähriger Ehe. Der ehemals tollkühne, hoch dekorierte Reiteroffizier, der es in der k. u. k. Armee bis zum Generalmajor der ungarischen Leibgarde gebracht hatte, starb am 6. Juni 1884.

Nach dem Tod des Grafen kehrte Johanna Buska wieder zum Theater zurück. Sie heiratete den bekannten Regisseur und Theaterdirektor Angelo Neumann, einen eifrigen Förderer Richard Wagners. Mit ihm ging sie 1886 nach Prag, wo Neumann die Leitung des deutschen Nationaltheaters übernahm. Der engagierte Theatermann, der in der Hauptstadt Böhmens Klassikerzyklen inszenierte (Goethe, Grillparzer, Shakespeare, Schiller), war seiner Frau in aufrichtiger Liebe und Verehrung zugetan. Er räumte ihr eine Mitsprache bei der Führung des Theaters ein und versogte sie mit guten Rollen. Die Frau Direktor, die sich vom gesamten Personal, von den Schauspielerkollegen bis hinunter zum letzten Kulissenschieber, liebend gerne als „Frau Gräfin" titulieren ließ, vergnügte und beglückte das Prager Theaterpublikum mit ihrer reifen, erlesenen Schauspielkunst. Nach dem Tod ihres zweiten Mannes im Jahre 1910 übersiedelte die Künstlerin wieder nach Wien, wo sie bei keiner Premiere am Hofburgtheater fehlte. Sie starb am 16. Mai 1922 in Dresden. Ihren Grabstein ziert(e) die Aufschrift: Johanna Buska, Gräfin Török-Neumann. Das Geheimnis ihrer Liebe zum Kronprinzen nahm sie mit in das Grab.

Der zwanzigjährige Rudolf führte das süße Leben, das er in Wien begonnen hatte, in Prag weiter. Im Detail sind wir darüber natürlich nicht unterrichtet. An die Öffentlichkeit drang lediglich die Affäre mit einem armen Judenmädchen, das der Kronprinz bei seinen Streifzügen durch die Armenviertel der Moldaustadt kennengelernt hatte. Aus Angst, ihre Tochter könnte den Verführungskünsten des hohen Herrn erliegen, verbannten die Eltern das Mädchen in ein entlegenes Dorf und zwangen es, sich mit dem Besitzer eines Krämerladens zu verloben. Das bedauernwerte junge Geschöpf verkraftete die ländliche Verbannung und das ihm zugemutete Los nicht. Es wurde von einem schweren Nervenfieber heimgesucht, dem es erlag. Die Nachricht vom Tod ihres Kindes wurde von den Eltern dem Kronprinzen, nicht ohne den Vorwurf der Mitschuld, überbracht. Sie stürzte Rudolf in heftige Schuldgefühle und Gewissensqualen. Sein seelischer Zustand war schließlich so besorgniserregend, daß der mit ihm befreundete Maler Hans Canon in seinem Atelier (therapeutische) Zusammenkünfte des Kronprinzen mit dem Wiener Psychiater Moritz Benedikt arrangierte, die Erfolg hatten. Rudolfs Depressionen besserten sich, der Kronprinz nahm sein Liebesleben wieder auf.

Von den zahlreichen vorehelichen Amouren, in die er sich einließ, ist stichhältig lediglich jene mit einer Dame namens Lina Stern belegt. Die Liebesromanze dürfte, wie die meisten kronprinzlichen Affären, nur von kurzer Dauer gewesen sein, aber sie hatte Jahre später ein kleines Nachspiel: Frau Stern, die 1880 einen englischen Obersten namens Bowyer-Lane geheiratet hatte, schrieb Rudolf im September 1887 einen Brief, in dem sie den Versuch machte, ihren ehemaligen Liebhaber zu erpressen. „Mein lieber Rudolf", schrieb sie ihm sehr amikal, „Ich schreibe nur einige Zeilen, sie sind von großer Wichtigkeit. Ich hatte im Jahre 78–80 das Vergnügen, mit Dir bekannt zu sein. Detektive erforschen mein Vorleben und wollen es in die Öffentlichkeit und Zeitungen bringen, worin Du natürlich stark vertreten und compromittiert sein würdest. Es wird mir nicht gelingen, es zu verhindern. Ich wende mich daher an meinen durchlauchtigsten Kronprinzen, welchem es gewiß nur einen Wink kosten würde, die Aussagen zu widerrufen, sonst wird in London und Wien ein großer Skandal entstehen."

Der Brief, der 1961 im Autographenhandel auftauchte, war ganze zwölf Seiten lang. Sein zusätzlicher Inhalt und der Auktionär sind unbekannt.

Der Kronprinz gab das Schreiben mit folgendem Begleittext an seinen Obersthofmeister, Charles Bombelles, weiter: „Beiliegenden Brief fand ich heute bei meiner Rückkehr aus Siebenbürgen. Erst nach langem Nachdenken entdeckte ich von wem er stammt. Die erste Lüge, wo sie sagt, ich wäre von 1878 bis 1880 mit ihr gewesen, brachte mich auf die falsche Fährte. Im October 1878 gieng das Verhältnis eigentlich auseinander, dann sah ich sie noch einigemale; seit December 78 aber, das sind fast 9 Jahre her, habe ich sie mit keinem Auge mehr erblickt, nicht einmal auf der Gasse begegnet. Ich halte die ganze Sache für eine gemeine Erpressung."

Was der Obersthofmeister veranlaßt hat und wie die unleidliche Angelegenheit schließlich bereinigt wurde, ist nicht bekannt.

Der jugendliche Kronprinz blieb neben seinen militärischen und sonstigen Verpflichtungen weiter auf Schürzenjägerkurs. Seine Ungebundenheit machte ihm Spaß, seine Erfolge in der Liebe schmeichelten seiner Eitelkeit. Vor einer Reise nach Spanien und Portugal verfaßte er im April 1879 (aus purem Übermut) ein Testament, in dem er vor den abschließenden Grüßen an seine Familie und Bekannten auch die schönen Frauen Wiens nicht vergaß, die er in Gedanken mit einem letzten Abschiedskuß bedachte. Diese noble Geste der Damenwelt gegenüber steigerte sich in späteren Jahren zur besitzergreifenden Manie, die in seinem Ausspruch gipfelte: „Es hat noch keine Frau gegeben, die mir widerstanden hätte."

Die Frauen machten sich weiter an ihn heran, stellten ihm nach, umschwärmten ihn. Und es waren natürlich keine unerfahrenen Mädchen, die sich auf ein Abenteuer mit ihm einlassen wollten, sondern zumeist liebeshungrige, verheiratete Damen aus der gesellschaftlichen Oberschicht, die seine Nähe suchten.

Baronin Helene Vetsera, die Rudolf auf Schritt und Tritt nachstellte

Eine der adeligen Damen, die den Kronprinzen eine Zeitlang auf Schritt und Tritt verfolgten, war Baronin Helene Vetsera. Die Baronin, eine geborene Baltazzi (geb. 1847), hatte 1864 im Backfischalter den in k. u. k. Diensten stehenden Diplomaten Albin Vetsera geheiratet und ihm vier Kinder geschenkt. Die Ehe mit dem um 22 Jahre älteren Partner, der, durchaus tüchtig und organisatorisch begabt, von einer Botschaft in die andere versetzt wurde, war nicht gerade ein harmonischer Liebesbund. Dazu war der Altersunterschied der beiden Ehepartner zu groß, waren ihre Temperamente, Neigungen und Interessen zu verschieden.

Helene Vetsera war eine kleine, zierliche Person, eine aparte Erscheinung mit dunklem Haar und einem feingeschnittenen Gesicht, in dem ein Paar ungemein lebhafte blaugraue Augen geradezu magisch die Aufmerksamkeit des Betrachters auf sich lenkten. Ihre Bildung war seicht, ihr Temperament flatterhaft. Ihr Mann, 1867 durch den Kaiser in den erblichen Ritterstand und drei Jahre später in den Freiherrenstand erhoben, war ein gebildeter, ein wenig pedantischer Mann, der sich in den wenigen Stunden der Entspannung der Zeichen- und Malkunst widmete und klassische Musik liebte. Das einzige Bild, das von ihm erhalten geblieben ist, zeigt einen gepflegten, schlanken Herrn mit bleichem, von einem dunklen Vollbart umrahmtem Gesicht und schütterem Haar.

Die Familie Vetsera schlug 1871 in Wien ihre Zelte auf, und sogleich war die ambitionierte, hübsche Baronin eifrig bemüht, sich selbst und ihrer Familie Zugang zu den höchsten Gesellschaftskreisen zu verschaffen, um deren Anerkennung sie ostentativ buhlte. Ihre Bemühungen waren von Erfolg gekrönt. Helene Vetsera wurde mit Gatte und Töchtern zu Diners, Redouten, Bällen und Soireen eingeladen, wo sie nicht selten umworbener Mittelpunkt war. Die unternehmungslustige Baronin, deren Brüder Aristides und Hector Baltazzi berühmte Herrenreiter waren, war auch häufig auf Reitveranstaltungen zu sehen, wo sie mit einigen ihrer Verehrer temperamentvoll flirtete. Auch bei den alljährlichen Hofjagden in Megyeer und Gödöllö in Ungarn trat sie in Erscheinung, nicht immer zur Freude mancher Hofdamen, die über die übermütige, ihre Gefühle offen zur Schau stellende Baronin die Nase rümpften. So notierte Gräfin Marie Festetics boshaft in ihrem Tagebuch: „... Unter anderen finde ich da die Madame Vetsera . . ., was zwar nicht gerade gefährlich scheint, denn sie ist bei Gott nicht reizend, aber sie ist pfiffig und benützt gerne alle Leute, sie will zu Hof gehen, sich und ihre Familie zur Geltung bringen. Ihre Töchter wachsen heran, freilich noch sehr langsam, aber man baut von Grund auf!"

Und die Gräfin war es auch, die eine Äußerung des Kaisers, der die Avancen der Baronin seinem Sohn gegenüber mißbilligend mit ansah, festhielt. „Was diese Frau mit Rudolf treibt", soll Franz Joseph bemerkt haben, „ist unglaublich. Reitet ihm auf Schritt und Tritt nach. Heute hat sie ihm sogar etwas geschenkt." Bei dem Geschenk handelte es sich um eine Zigarettentasche, in die die Baronin ihren Namen einlegen ließ. Der Kronprinz war darüber erfreut. Als er dann aber einen Fidibus entnahm und darauf den Satz las: „Morgen um ½12 Uhr in meiner Wohnung!", schlug die Freude in Indignation um.

Sollte sich alles so abgespielt haben, wie es Marie Festetics berichtet, so war das Verhalten der Baronin jedenfalls unpassend und mehr als gewagt. Ob aus dem Vorkommnis eine „Affäre" wurde, wie es der Hoftratsch wissen wollte, ist unbewiesen und unbeweisbar. Zehn Jahre später beweinte Helene Vetsera verzweifelt und fassungslos das tragische Schicksal ihrer Tochter, die sich entschlossen hatte, mit dem Kronprinzen in den Tod zu gehen.

Rudolfs Ungebundenheit war nicht von langer Dauer. Der noch nicht Zwanzigjährige verlobte sich über Wunsch und auf Drängen des kaiserlichen Papas 1880, wie wir bereits wissen, mit Stephanie, der reizlosen Tochter des Königs von Belgien. Die Brautzeit dauerte länger als ein Jahr, und der Kronprinz nutzte sie weidlich, um sein abwechslungsreiches Junggesellendasein weiterzuführen.

Nach der Eheschließung mit Stephanie im Mai 1881 scheint der flatterhafte Sohn des Kaisers zunächst ein treuer Ehegatte gewesen zu sein. Er bemühte sich um die Liebe seiner jungen, noch unfertigen Gattin, versuchte ihre Gefühle zu respektieren und ihre Interessen zu verstehen. Die beiden Ehepartner lebten sich jedoch rasch auseinander. Stephanie wurde zunehmend selbstbewußter und eigenständiger, der Kronprinz ging bald wieder eigene Wege und suchte außereheliche Entspannung. Bei einer dieser amourösen Eskapaden zog sich Rudolf eine Geschlechtskrankheit zu, mit der er seine Gemahlin infizierte. Unter diesen Umständen war die Ehe schon nach ein paar Jahren hoffnungslos gescheitert.

Rudolfs elender Seelenzustand und seine labile Gemütsverfasssung verschlimmerten sich. Der Kronprinz schob seine persönlichen und seine ungelösten politischen Probleme vor sich her, stürzte sich in eine hektische, kräfteverzehrende Betriebsamkeit, verfiel dem Drogen- und Alkoholkonsum, betäubte sich mit zahlreichen flüchtigen Bekanntschaften aus dem Vorstadtmilieu und der Demimonde. Für feine Damen hatte Rudolf wenig übrig. Er bevorzugte das süße Wiener Mädel, das Charme, Sinnlichkeit und Schlagfertigkeit mit Witz verband und mit dem man in der Sprache des Volkes schäkern konnte.

In den letzten Jahren vor seinem Tod hatte das unstete, hektische Leben des Kronprinzen einen amourösen wie menschlichen Beziehungsmittelpunkt: Mizzi Caspar. Rudolf scheint die unkomplizierte junge Frau auf einer der vielen Nebenstraßen seines Daseins kennengelernt zu haben. Die mollige, dunkelhaarige Halbweltdame war nicht nur vom Typ, sondern auch von ihrer psychischen Konstitution her so recht nach dem Geschmack des Kronprinzen. In ihrer Nähe und Gesellschaft brauchte Rudolf auf seine hohe Stellung keine Rücksicht zu nehmen, er konnte sich ungezwungen geben, locker und ungeniert, konnte seinen Gefühlen freien Lauf lassen. Mizzi Caspar war im Endstadium seines Lebens vermutlich der einzige Mensch, bei dem er sich wohl fühlte, sie war der Ruhepol seines ziel- und sinnlos gewordenen Daseins.

Wie viel diese urwüchsige Frau Rudolf bedeutet hat, wie sehr sie ihm nahestand, wird durch die Tatsache bestätigt, daß sie der Kronprinz in seinem Testament mit einer finanziellen Abfindung bedachte und einen „von Liebe überströmenden" Abschiedsbrief an sie hinterließ, dessen Inhalt allerdings nie an das Licht der Öffentlichkeit gedrungen ist.

Über Mizzi Caspar wissen wir verhältnismäßig wenig. Das ist nicht erstaunlich. Sie war keine Mätresse à la Madame Pompadour, die sich im Glanz des Hofes sonnte, sondern ein kleines, heimliches Licht in der privaten Hinterstube eines thronfernen Thronfolgers, das so rasch wieder verglühte, wie es aufgegangen war. Mizzi Caspar stand nie im Rampenlicht der Öffentlichkeit. In ihrem kurzen Leben waren für eine neugierige, skandalinteressierte Nachwelt nur ein paar Jahre von Bedeutung.

Mizzi Caspar wurde am 28. September 1864 in Graz geboren. Über ihre Kindheit und Jugend ist so gut wie nichts bekannt. Mizzi besuchte die Volksschule und spielte in ihrer Heimatstadt am Theater ein paar Kinderrollen, ehe sie im Alter von achtzehn Jahren mit der Mutter nach Wien übersiedelte. Die Berufsbezeichnung „Soubrette" oder „Tänzerin", die sie in den amtlichen Berichten anführte, war gewiß eine Mystifikation und diente lediglich dazu, ihre wahre Profession zu verschleiern. Aber es gab nie und gibt keinen Zweifel darüber, daß sie dem „horizontalen Gewerbe" nachging.

Der Kronprinz lernte die hübsche Frau über Vermittlung der „stadtbekannten Kupplerin" Wolf, die in ihrem eleganten Etablissement in der Kaiserresidenz die schönsten Halbweltdamen beschäftigte, im Verlaufe des Jahres 1886 kennen. Die Beziehung, die sich mit der Zeit zu einem Liebesverhältnis steigerte, dauerte bis zum Selbstmord Rudolfs. Der von seiner

Mizzi Caspar, die große Liebe des Kronprinzen

Krankheit bereits gezeichnete Kronprinz suchte und fand bei Mizzi Caspar Erholung von den Drangsalen und Wirrnissen seines nervenaufreibenden Lebens. Mit seinem Leibfiaker Bratfisch und ihr zog er durch die Heurigenlokale der Vorstadt, sang Wienerlieder und frivole G'stanzeln, sprach dem Wein zu und nahm teil am Vergnügen und den Vergnügungen der einfachen Leute. Und natürlich schlief er auch mit ihr. Zum Liebesakt war der Kronprinz allerdings nur fähig, wenn er reichlich Champagner getrunken hatte. Dieses Detail aus dem Intimleben des ungleichen Paares stammt von einer Aussage Mizzis vor der k. k. Geheimpolizei. Die kaiserlichen „Kieberer" überwachten Rudolf auf Schritt und Tritt und hielten ihre Beobachtungen aktenmäßig fest. Dem Polizeiakt über den Thronfolger ist unter anderem zu entnehmen, daß Rudolf seiner Geliebten im Sommer 1888 den Vorschlag unterbreitete, sich gemeinsam mit ihm vor dem Husarentempel in Mödling zu erschießen. Die lebenslustige Grazerin wies dieses Ansinnen entschieden zurück und machte davon Baron Franz Krauß, dem Wiener Polizeipräsidenten, Mitteilung, der den Kronprinzen daraufhin noch intensiver beschatten ließ als zuvor.

Für ihre Liebesdienste wurde Mizzi Caspar von Rudolf reichlich entlohnt. Der Thronfolger kaufte seiner Geliebten schon im ersten Jahr ihrer Beziehung ein dreistöckiges Bürgerhaus auf der Wieden (Heumühlgasse 10), in dem er so manche Nacht mit ihr zubrachte. Er kaufte ihr kostbaren Schmuck und schenkte ihr hohe Geldbeträge. Finanziert wurden diese verschwenderischen Liebesgaben von Baron Moritz Hirsch, einem Bankier, der zum jüdischen Freundeskreis um Rudolf zählte. Der Baron handelte gewiß nicht ganz selbstlos. Er durfte sich vom zukünftigen Herrscher eines Riesenreiches Unterstützung für seine weitausgreifenden wirtschaftlichen Projekte (Bahnbauten etc.) erwarten.

Der Kronprinz scheint der Halbweltdame aus Graz sexuell verfallen gewesen zu sein. Er nahm sie, sehr zum Mißfallen der Hofkreise, auf militärische Inspektionsreisen mit, wo man ihn in den betreffenden Nachtquartieren mit ihr zusammen sah, und verbrachte seine letzte Nacht in Wien vor der Tragödie von Mayerling in ihrem Haus. Der Polizeiagent Dr. Florian Meissner, der auf ihn angesetzt war, gab zu Protokoll: „Montag, den 28/1. 1889 war E. R. (Erzherzog Rudolf) bei Mizzi bis 3 Uhr morgens, trank sehr viel Champagner, gab dem Hausmeister 10 Gulden Sperrgeld. Als er sich von Mizzi empfahl, machte er ganz gegen seine Gewohnheit ihr an der Stirne das Kreuzzeichen. Von Mizzi fuhr er (direct?) nach Mayerling."

Nach dem Tod des Kronprinzen hätte Mizzi Caspar ihre Erlebnisse zweifellos der Öffentlichkeit preisgeben können, wie das heute gang und gäbe ist. Die Sensationspresse wäre wohl bereit gewesen, dafür teures Geld zu bezahlen. Aber Mizzi Caspar, wie übrigens auch Josef Bratfisch und Katharina Schratt, die Vertraute des Kaisers, widerstand dieser Versuchung. Sie war wohlhabend, sie konnte von ihrem Vermögen leben und brauchte auch ihren Körper nicht mehr zu verkaufen. Kurz nach Rudolfs Tod suchte sie um das Wiener Bürgerrecht an, das sie am 7. November 1889 auch erhielt. Ein paar Jahre später verkaufte sie das Haus in der Heumühlgasse und übersiedelte mit ihrer Mutter in eine in der Nähe gelegene Wohnung im Haus Paniglgasse 19.

Über ihren weiteren Lebensweg ist nicht viel bekannt. Wir wissen lediglich, daß sie eine uneheliche Tochter namens Maria hatte, deren Vaterschaft ungeklärt blieb, und daß sie als „Private" von ihrem Kapital und dessen Zinserträgnissen lebte.

Mizzi Caspar wurde nicht alt; sie starb am 29. Jänner (!) 1907 im Alter von 43 Jahren. Als Todesursache wird im Totenbeschauprotokoll „Rückenmarksverhärtung", eine Folgeerkrankung der Syphilis, angegeben. Mizzi Caspar, die Frau, der der österreichische Thronfolger unter allen seinen Geliebten am auffälligsten seine Gunst geschenkt hatte, fand auf dem

Mödlinger Friedhof, unweit von Mayerling, ihre letzte Ruhestätte. Aber während der Name der kleinen Baronesse Mary Vetsera, die mit dem Kronprinzen in den Tod ging, noch heute im Gedächtnis der Nachwelt haftet, ist der ihre weitgehend vergessen. Käufliche Liebe, auch wenn damit eine Herzensbindung verbunden ist, verträgt sich nicht mit posthumer Unsterblichkeit.

IX. Kapitel

Die charmante Todesgefährtin: Mary Vetsera

Mary Vetsera war ein Backfisch von siebzehn Jahren, als sie sich leidenschaftlich für den Kronprinzen zu interessieren begann. Trotz ihrer Jugend hatte sie damals bereits ein paar Männerbekanntschaften hinter sich, war in der vornehmen Wiener Gesellschaft gut eingeführt und wurde umworben. Sie war charmant, frühreif, heißblütig und romantisch. Ihre natürliche Anmut kontrastierte auffallend mit einer ein wenig exzentrisch wirkenden Koketterie und Exaltiertheit, die sie älter und reifer erscheinen ließen, als sie war, und ihre Erscheinung mit einer Aura damenhafter Erotik und starker sexueller Ausstrahlung umgaben.

Es gibt ein paar Berichte und Urteile von Zeitgenossen, die uns dieses aparte, rätselhafte Mädchen ein wenig näherbringen. „Die Baronesse war nicht eigentlich, was man eine Schönheit nennt", schrieb ein unbekannter Autor, der ihr offenbar nicht sehr wohlwollend gesinnt war, „am wenigsten eine edle, vornehme Schönheit; das Wort Schopenhauers vom ‚Knalleffect der Natur' paßt selten so gut wie hier; von der üppigen, früh erblühten Gestalt, dem hübschen Gesichtchen mit den zuckenden Lippen, dem kecken Stumpfnäschen, den feuchtschimmernden blauen Augen ging ein Hauch heißer Sinnlichkeit aus, welcher um so mehr auf die Männer wirkte, je sinnlicher ihre eigene Natur war ... Sie war mäßig begabt ... Sie hatte keinerlei, und zwar buchstäblich keinerlei geistige Interessen und interessierte sich, außer für ihre Toilette, nur für den Rennsport."

Bei Louise von Coburg und der Gräfin Larisch, die in ihrem Leben eine so entscheidende Rolle spielte, kam die „kleine" Vetsera wesentlich besser weg. „Als ich das erstemal Gelegenheit hatte, ihre (Marys) Schönheit zu bewundern", schrieb Louise in ihren Memoiren, „habe ich wirklich beinahe die Fassung verloren", und Marie Larisch-Wallersee beschrieb sie so: „. . . sie war nicht groß, ihre geschmeidige Gestalt und ihr voll entwickelter Busen ließen sie älter als achtzehn Jahre erscheinen. Ihr Teint war wunderbar zart, ihr kleiner roter Mund öffnete sich über kleinen weißen Zähnen, die ich ‚Mausezähne' zu nennen pflegte, und niemals wieder habe ich solche beseelte Augen gesehen mit solch langen Wimpern und solch feingezogenen Brauen. Ihr dunkelbraunes Haar war sehr lang, die Hände und Füße klein. Ihr Gang war von einer verführerischen und unwiderstehlichen Grazie." Und im gleichen, schwelgerischen Ton setzt die Gräfin fort: „Welch ein seltsames Geschöpf doch Mary war! Kokett aus Instinkt, unbewußt unmoralisch in ihren Neigungen, fast Orientalin in ihrer Sinnlichkeit und dabei so süß und lieblich, daß jeder sie gern haben mußte. Sie war zur Liebe geboren und ihre ägyptische Episode hatte sie zum Weibe gereift das schon die Glut der Leidenschaft kannte . . ."

Auch einer ihrer Hauslehrer, Gabriel Dubray, der im Hause Vetsera Französisch unterrichtete, zeichnet ein durchaus freundliches Bild von seiner Schülerin. „Ich sage nichts von ihrer Schönheit", schrieb er, „sondern von ihrem Herzen. Ein verwöhntes Kind, etwas kokett, gehaßt von den anderen Frauen, die durch sie in den Schatten gestellt wurden. Für mich hat sie nur einen einzigen Fehler begangen und den hat sie mit dem Leben gebüßt."

*Mary Vetsera, Rudolfs Todesgefährtin, im Alter von
fünfzehn Jahren*

Aber mit diesem Urteil haben wir das tragische Ende
dieser kapriziösen Persönlichkeit bereits vorwegge-
nommen. Versuchen wir nun, das kurze, ereignisrei-
che Leben dieses verwöhnten Mädchens aus dem
Wiener Hautevolee-Milieu mit all seinen bedenkenlo-
sen Unbekümmertheiten, seiner Leidenschaftlichkeit,
seinen Torheiten und schicksalhaften Verstrickungen
behutsam nachzuzeichnen.

Marie Alexandrine (Mary) Vetsera wurde am
19. März 1871 im 2. Wiener Gemeindebezirk in
einem zweistöckigen, palaisartigen Wohhaus (heute:
Schüttelstraße 11) geboren, das im Zweiten Weltkrieg
den Bomben zum Opfer fiel. Ihr Vater, Albin Vetsera,

war k. u. k. Diplomat, die Mutter, Helene, entstammte der Familie der Baltazzi. Sie hatte, wie wir
bereits wissen, im Alter von sechzehn Jahren aus pu-
ren Vernunftgründen den um 22 Jahre älteren Mann
geheiratet und ihm im Verlaufe einer nicht sonderlich
glücklichen Ehe vier Kinder, zwei Buben und zwei
Mädchen, geschenkt. Mary, die drittälteste, war ihr
ausgesprochener Liebling, dem ihre ganze mütterliche
Fürsorge gehörte. Die kleine Mary, in deren Adern
gewissermaßen das Blut der Donaumonarchie floß –
in ihrer Ahnengalerie finden sich fünf verschiedene
Nationen –, verbrachte eine sorglose Kindheit, sieht
man vom Tod ihres Bruders ab, der beim Brand des
Ringtheaters umkam. Das tragische Ereignis soll sie
schwer erschüttert haben. In der Umgebung des elterlichen Wohnsitzes, am Donaukanal und im Prater,
gab es genug Gelegenheiten, dem Spiel- und Bewe-
gungsdrang eines Kindes freien Lauf zu lassen. Die
Vetsera-Sprößlinge waren freilich nicht unbeaufsich-
tigt. Es gab Kindermädchen, Kammerzofen und Gouvernanten, die sich um sie kümmerten, ihre Schritte
überwachten.

Wie die Kinder aus anderen adeligen Familien
wurde auch Mary von Hauslehrern unterrichtet und
erzogen, die ihr Lesen, Schreiben, Rechnen, Deutsch
und ein wenig Geschichte und Geographie beibrach-
ten. Die religiöse Unterweisung durfte selbstverständlich nicht fehlen. Englisch lernte sie in der Familie, da
sich die Eltern in dieser Sprache unterhielten, Französisch, ohne das man in der gehobenen Gesellschaftsschicht damals nicht auskam, kam später hinzu.

Nach Abschluß der häuslichen Erziehung wurde
Mary zur weiteren Ausbildung in das „Erziehungsin-
stitut für adelige Mädchen" im Salesianerkloster geschickt (die Familie Vetsera bewohnte ab 1880 ein
kleines Palais in der Salesianergasse 11 im dritten

Wiener Gemeindebezirk), das sie jedoch nicht länger als eineinhalb Jahre besuchte. Sie wurde von dort als „sehr erziehungs- und gut bildungsfähiges Mädchen" („enfant très sérieuse et bien educable") entlassen und genoß danach keine weitere regelmäßige Schulausbildung mehr. Der Unterricht wurde von Privatlehrern fortgesetzt, wobei auf die Pflege der schönen Künste (Zeichnen, Malen, Klavierspiel, Gesang), das Erlernen gesellschaftlicher Umgangsformen (Konversation, Tanz) und die Führung eines herrschaftlichen Haushaltes besonders Bedacht genommen wurde. Das literarische Interesse wurde durch Theaterbesuche geweckt und gefördert. Alles in allem genommen kann man sagen, daß Marys Bildung den durchschnittlichen Ansprüchen und Anforderungen genügte, die man an Mädchen ihrer Gesellschaftsschicht damals stellte.

Am gesellschaftlichen Leben der siebziger und achtziger Jahre des vorigen Jahrhunderts nahmen die Vetseras und die Baltazzis regen Anteil. Die Brüder Helene Vetseras, Alexander, Aristides und Hector Baltazzi, waren berühmte Reiter. Sie waren auf allen Turfplätzen Europas zu Hause und feierten auf den englischen Rennbahnen wahre Triumphe. Alexander und Aristides besaßen das berühmte Rennpferd „Kisbér", welches als einziges ausländisches Pferd das englische Derby gewann. Aristides, der das größte Gestüt der Monarchie, Napajedl in Böhmen, erheiratete, erwarb sich große Verdienste um die Entwicklung der österreichischen Vollblutpferdezucht. Hector galt als einer der besten Herrenreiter Mitteleuropas, der bei zahlreichen Rennen den Sieg davontrug. So gewann er zweimal hintereinander den großen Pardubitzer Steeplechase, eines der schwersten Hindernisrennen der Welt.

Die Baltazzis waren nicht hoffähig. Sie wurden vom alteingesessenen Wiener Hochadel als neureiche Emporkömmlinge betrachtet und über die Schulter angesehen. Gräfin Marie Festetics, die Hofdame von Kaiserin Elisabeth, macht in ihren Memoiren abfällige Bemerkungen über sie, und selbst der Kaiser hatte gegenüber den Baltazzis seine Reserven. Am 7. Juni 1888 schrieb er seiner (Seelen-)Freundin Katharina Schratt, es wäre ihm lieber, wenn sie mit Hector Baltazzi nicht regelmäßig ausritte. Und unter dem Siegel der Verschwiegenheit raunte er ihr zu: „Hector Baltazzi hat, obgleich ich selbst mitunter mit ihm spreche, und auch die Kaiserin in früherer Zeit mit ihm und seiner Frau verkehrte, keinen ganz korrekten Ruf in Renn- und Geldangelegenheiten ... Genau kenne ich diese Verhältnisse nicht, und ich möchte ihm nicht schaden und so bitte ich Sie daher dringend, ja keinen Gebrauch von meiner Bemerkung zu machen ..."

Dem gesellschaftlichen Ehrgeiz der Familie war es, wie man sieht, allmählich gelungen, Zutritt zur High-Society, zu deren Feiern und Festlichkeiten zu erlangen. Genau das war auch das Bestreben der ehrgeizigen Baronin Helene Vetsera, deren ganzes Sinnen und Trachten darauf ausgerichtet war, ihren beiden Töchtern den Weg zur höchsten Gesellschaft zu ebnen. Sie veranstaltete im Palais in der Salesianergasse Empfänge, Bälle, Soireen und Kinderfeste, besuchte mit ihren Töchtern Cercles in anderen adeligen Häusern, führte sie in die Oper, in das Theater und zu gesellschaftlichen Ereignissen aller Art, wie zum Blumenkorso im Prater und zum Derby in die Freudenau, wo sich die erlauchtesten Kreise der Donaumetropole alljährlich ein Stelldichein gaben und die Damen ihre neuesten Toiletten zur Schau stellten. Sie hielt sich mit den Töchtern auch in den Aristokratentreffs der Monarchie auf: in Gödöllö, Pardubitz, Reichenau an der Rax ... Kein Wunder, daß die kleine, hübsche Mary, als sie zum Teenager herangereift war, bald in den Gesellschaftsspalten der Zeitungen figu-

Mary Vetsera um die Jahreswende 1886/87

rierte. Seit 1884 wird ihr Name im „Salonblatt", das jede Lebensäußerung der Aristokratie registrierte, alle paar Wochen mit schöner Regelmäßigkeit erwähnt. Am lieblichen Bild der eislaufenden Dreizehnjährigen, die eine Beauté ersten Ranges zu werden ver-

sprach, konnten sich die Berichterstatter des Nobel-
blattes nicht genug satt sehen, unter ihren Porträts auf
der Titelseite pries man ihre Anmut, ihren Reiz, ihre
Liebenswürdigkeit und Schönheit.

Bereits im zarten Alter von sechzehn Jahren, in
dem sich andere Mädchen noch im Lyzeum langweil-
ten, war Mary Vetsera ein Fixstern am Wiener Gesell-
schaftshimmel. Bei den Praterrennen im April 1887
fielen den Journalisten die hellen Augen der Baronesse auf, die für „ein Stück lachenden Himmels in
dem trüben regengrauen Bild" sorgten, und am
10. Juli desselben Jahres salbaderte einer von ihnen,
abermals auf der Titelseite des Salonblattes: „Zu den
entourirtesten und mit Recht vielbewundertsten jugendlichen Schönheiten gehörte in der verflossenen
Saison unstreitig Mary Vetsera, deren Liebreiz...
überall wo die wundervollen Mädchenaugen der Baronesse entzückt in die Welt hineinblickten, zur be-
strickendsten Geltung kam. Aus dem reizenden Kind
ist eine reizende Dame geworden..."

Natürlich waren auch die Toiletten Marys und
ihrer Frau Mama Gegenstand der Bewunderung und
ausführlicher Berichterstattung. 1888, beim ersten
Rennen der Saison in der Freudenau, dem die (aristo-
kratische) Damenwelt beiwohnte, weniger um zu sehen, als um gesehen zu werden, wurde ein schwarzes
Cape mit Goldeinsätzen zum Tagesgespräch. Wenig
später publizierte das „Wiener Tagblatt" einen Bericht
über die herbstliche Pelzmode, mit Mary Vetseras Namen auf der Titelseite. Die Baronesse war vom Fuchs
auf den Zobel umgestiegen, „dessen schwarze Perlen-
augen mit dem sprichwörtlichen Glanz der Zähne seiner Besitzerin wetteiferten", wie der Schreiberling in
geradezu poetischer Aufwallung seinen Lesern berichtete. Diese Lobhudeleien mußten dem jungen,
verwöhnten Mädchen zu Kopf steigen, sie, die ohne-

hin zur Exaltiertheit neigte, überheblich und überspannt werden lassen. In einigen ihrer Briefe ist eine markante Selbstgefälligkeit jedenfalls unüberhörbar.

Wann sich die Blicke der lebenshungrigen, koketten Baronesse und des lebenssatten, polygamen Kronprinzen zum erstenmal trafen und bewußt ineinandertauchten, ist nicht eindeutig auszumachen. Nach einer verschlüsselten Kalendernotiz Marys soll es bei einem Rennen in der Freudenau im April 1888 gewesen sein. Ihr Französischlehrer Gabriel Dubray, ein väterlicher Freund, dem sie sich (voll) anvertraute, bestätigt diesen Termin. In einem Artikel in der Pariser Zeitung „Matin" schrieb er einleitend: „Die Baronesse scheint sich im Frühjahr 1888 in den Kronprinzen verliebt zu haben, denn von dort ab trat in ihrem Benehmen und in ihrer Stimmung eine auffallende Veränderung zu Tage. Sie sprach von ihm mit großer Begeisterung, aber ich, der ich darüber berichte, hielt die Sache für ungefährlich; sie werde sich schon wieder verflüchtigen, hoffte ich, wenn einmal ein ernster Bewerber um das schöne, damals 17jährige Mädchen auftrete."
Von diesem Zeitpunkt an stellt die Siebzehnjährige den Thronfolger der k. u. k. Doppelmonarchie jedenfalls in den Mittelpunkt ihres Denkens. Sie liest täglich die Hofnachrichten in den Zeitungen, studiert emsig die Berichte über seine verschiedenen Tätigkeiten, sammelt insgeheim Photographien von ihrem Idol, zieht Erkundigungen über ihn ein, sucht seine Nähe. Herzog Miguel de Braganza, ein Jagdfreund des Kronprinzen, der Mary den Hof macht, dessen Avancen sie jedoch behutsam zurückweist, dient ihr als Auskunftsquelle. Immer wieder bringt sie das Gespräch auf den Sohn des Kaisers, läßt sich von ihrem Verehrer über die Lebensgewohnheiten des Thronfolgers informieren und macht kein Hehl aus ihrer gren-

zenlosen Verehrung für den Angebeteten. Die Mutter und die ältere Schwester halten Marys Schwärmerei für eine vorübergehende kindliche Laune, für eine Marotte, der sie keine Bedeutung beimessen. Die kleine Mary vertraut ihre jungmädchenhaften Gefühle freilich nicht rückhaltlos ihnen an, sondern ihrem Kammermädchen Agnes Jahoda und ihrer Klavierlehrerin Hermine Tobis. „Heute habe ich den Kronprinzen gesehen, er war sehr schön", schwärmt sie Agnes vor, nachdem sie Rudolf in der Freudenau oder bei einer Ausfahrt in der Prater Hauptallee begegnet ist, und der Klavierlehrerin erzählt sie begeistert, wie lieb Rudolf ihren Gruß mit seinen schönen Augen erwidert habe. Im Juni 1888 wird ihre Rudolf-Besessenheit so arg, daß sie die Mutter zur Abkühlung auf eine Englandreise mitnimmt. Zutiefst unglücklich schreibt Mary an ihren Französischlehrer:

„Lieber Herr Dubray!

Ich werde versuchen, Ihnen keinen allzu dummen Brief zu schreiben, aber ich bin noch wie in einem Traum, Wien verlassen zu haben und so weit, so weit zu sein. Ich bin schweren Herzens abgereist und hoffe, bald in die Heimat zurückkehren zu können, es ist merkwürdig, wenn man fort ist, weiß man, was das ist . . ."

Von England zurückgekehrt, kurten die Vetseras von Ende Juli bis Anfang September in Bad Homburg, wo sich Mary mit einer jungen Amerikanerin, Miss Alleen, anfreundete, die die Baronesse später „entzückend, jedem Ränkespiel abhold und über ihr jugendliches Alter hinaus ernst" fand.

Am 9. September war man wieder in Wien, um dem Derby beizuwohnen, wo nicht nur die Kleider, sondern auch die „interessanten Züge" der Baronesse auffielen. Hierauf begaben sich die Vetsera-Damen über Einladung der Familie Bourgoing nach Reichenau, dem Ferien-Séjour einiger Angehöriger des Kaiserhauses und zahlreicher stadtbekannter Wiener Familien. Otto de Bourgoing, ein französischer Diplomat, der an den Botschaften in Wien und Budapest beschäftigt war, hatte im Kurort eine Villa erworben, die er nach der Renovierung erstmals seinen Gästen zeigen wollte. Der jüngere Sohn der Familie, Jean de Bourgoing, der sich später als Historiker einen Namen machte, erzählt in einem seiner Bücher, Mary Vetsera habe sich bei diesem Besuch von seiner Mutter stürmisch ein kleines Photo zum Geschenk erbeten, das den Kronprinzen als Kind zeigte, und sei eines Tages, als der Hofzug auf der Fahrt nach Mürzsteg die Strecke passierte, ohne Erlaubnis aus dem Garten der Villa verschwunden. Von der Mutter zur Rede gestellt, habe sie erwidert, sie habe den Hofzug (in dem sich, nebenbei bemerkt, auch der Kronprinz befand) einmal aus der Nähe sehen wollen.

Gegen Mitte Oktober kehrten die Vetseras von Reichenau wieder nach Wien zurück. Der mehrmalige Tapetenwechsel, von dem sich die Mutter ein Abklingen der jugendlichen Schwärmerei ihrer Tochter erhofft hatte, hatte nichts genützt. „Glauben Sie ja nicht, daß ich ihn vergessen habe, ich liebe ihn nur noch inniger", sagte Mary zu ihrer Kammerzofe, als sie ihr nach der langen Abwesenheit allein gegenüberstand. Und an Hermine Tobis schrieb sie als Antwort auf einen warnenden Brief: „Geben Sie sich, liebe Hermine, keine Mühe mit mir. Ich weiß, daß Alles, was sie dagegen sagen, recht ist, allein ich kann nicht anders. Ich kann nicht leben, ohne ihn gesehen und gesprochen zu haben."

Am 14. Oktober 1888 gab es in Wien ein kulturelles und gesellschaftliches Ereignis ersten Ranges: nach (allzu) langer Bauzeit wurde am Ring, der prachtvollen Via triumphalis der Kaiserstadt, das neue Hofburgtheater eröffnet. Wie bei solchen Anlässen in dieser Stadt üblich, drängten sich Stunden vor der Eröffnung vor dem Gebäude die Schaulustigen, um die Auffahrt der Staatskarossen und der Adelsequipagen zu bestaunen. Das Gedränge war so groß, daß berittene Polizei den Theaterbesuchern den Weg in das Innere bahnen mußte. Dem Spektakel draußen stand dasjenige im Innern des Hauses um nichts nach. Nach dem Absingen der Hymne schollen dem kaiserlichen Bauherrn nicht enden wollende Ovationen entgegen, wurden Franz Joseph, wie wir heute sagen würden, standing ovations dargebracht. Nachdem sich der Begeisterungssturm des Publikums gelegt hatte, sprach Charlotte Wolter, die gefeierte, große Tragödin, einen Prolog, und dann gingen Franz Grillparzers „Esther" und Friedrich von Schillers „Wallensteins Lager" vor einem illustren Publikum in Szene. Zu den Besuchern des Gala-Abends zählte auch Helene Vetsera mit ihren Töchtern. Mary hatte sich für das große Ereignis besonders elegant herausstaffiert. Sie trug ein rund dekolletiertes Tüllkleid mit Bändern. Ihr üppiges, fast schwarzes Haar zierte ein halbmondförmiges diamantenes Diadem, das im Schein der Kronleuchter funkelte und allgemeine Bewunderung hervorrief.

Von der Logenbrüstung im Parterre aus richtete sie ihr Opernglas immer wieder zur Hofloge hinauf, wo neben dem Monarchen – die Kaiserin war wieder einmal nicht zugegen – das Kronprinzenpaar das Geschehen auf der Bühne verfolgte. Was mag an diesem Abend in der Seele der Baronesse vorgegangen, welche Gedanken mögen ihr durch den Kopf geschossen sein? Seit einem halben Jahr himmelte die kleine Vetsera den Kronprinzen aus der Ferne an, bemühte sie sich bei jeder Gelegenheit, in seinen Gesichtskreis zu treten, seine Blicke auf sich zu lenken. Rudolf hatte ihr wohl schon ab und zu zugenickt, ihren Gruß erwidert, sie zweifellos bemerkt; aber persönlich war sie ihm keinen Schritt nähergekommen. Die gesellschaftliche Distanz war ganz einfach zu groß. Die zielstrebige Baronesse wollte sich damit freilich unter keinen Umständen zufriedengeben. Sie suchte nach einem Weg, mit dem Kronprinzen bekannt zu werden, und da alle Annäherungsversuche bislang fehlgeschlagen waren, nahm sie sich ein Herz und schrieb dem Angebeteten, dem umschwärmten Idol, einen Brief. Ob anonym, unter einem vorgegebenen oder ihrem richtigen Namen, wissen wir nicht. Das Schriftstück ist nicht erhalten.

Wie wird der Kronprinz darauf reagieren? Wird er ihre Zuneigung als jugendliche Dummheit abtun, als schamlose Zudringlichkeit auffassen – oder wird er ihr antworten, sie gar zu einem Stelldichein einladen? In den nächsten paar Tagen und Wochen kreist Mary Vetseras Denken um diese Fragen. Die Ungewißheit ist zermürbend, quälend, kaum auszuhalten. Und dann überbringt ihr eines Tages – es ist Ende Oktober 1888 – ihre Kammerzofe ein rekommandiertes Schreiben mit den Schriftzügen Rudolfs. Hastig, mit zitternden Händen öffnet Mary den Briefumschlag und überfliegt die wenigen Zeilen. Auch er trage das lebhafte Verlangen in sich, schreibt der Kronprinz, mit ihr zu sprechen (Mary muß ihn darum ersucht haben). Sie möge ihm über seinen Kammerdiener Loschek Nachricht zukommen lassen, wann sie einander einmal im Prater treffen könnten.

Mary schwebt im siebenten Himmel, ihr Herz schlägt zum Zerspringen. Der angebetete Kronprinz ist zu einem Rendezvous mit ihr bereit, ihr sehnlichster Wunsch wird sich erfüllen! Aber so einfach ist die Sache auch wieder nicht. Sie kann sich nicht mir nichts dir nichts aus dem Haus wegstehlen, ohne der

Marie Freiin Larisch-Wallersee, die intrigante Vertraute
des Liebespaares

Mama etwas zu sagen. Was tun? In ihrer Seelenangst
ruft sie aus Pardubitz eine Vertraute herbei, die ihr
beim Zustandekommen des geheimen Treffens behilf-
lich sein soll: Gräfin Marie Larisch. Sie informiert
den Kronprinzen darüber, und auch er bittet die Gräfin, nach Wien zu kommen. Mary weiß ihre freund-
schaftlichen Beziehungen genau einzuschätzen. „Ich

habe zwei Freundinnen", schreibt sie an Hermine Tobis, „Sie und Marie Larisch. Sie arbeiten für mein seelisches Glück und Marie für mein moralisches Unglück."

Wer war diese Marie Larisch, die sich nun anschickte, in der sich anbahnenden Liebesbeziehung zwischen dem Kronprinzen und der Baronesse eine so wesentliche, aber letztlich so verhängnisvolle Rolle zu spielen? „Die Larisch", wie man sie am Wiener Hof in voller Absicht despektierlich nannte, war eine außereheliche Tochter des lebenslustigen Herzogs Ludwig in Bayern, eines Bruders der Kaiserin Elisabeth, und der Schauspielerin Henriette Mendel. Am 24. Februar 1858, im selben Jahr wie Kronprinz Rudolf geboren, wurde sie erst eineinhalb Jahre nach der Geburt durch die Heirat der Eltern legitimiert (die Mutter führte nach der Nobilitierung den Titel einer Baronin Wallersee) und streng bürgerlich erzogen. Sie wuchs verhältnismäßig frei und ungezwungen auf und entwickelte sich unter den Fittichen des Vaters zu einer passionierten Pferdeliebhaberin und exzellenten Reiterin. Der „wilde Zweig am Stammbaum der Wittelsbacher" erfreute sich schon als junges Mädchen der Zuneigung und Gunst der kaiserlichen Tante. Elisabeth ließ der hübschen, temperamentvollen Nichte einen Feinschliff in höfischer Erziehung angedeihen, lud sie zu Jagden ein, förderte und bevorzugte sie zum Ärger der Hofschranzen bei jeder sich bietenden Gelegenheit. Marie dankte es ihr mit grenzenloser Bewunderung, abgöttischer Anbetung und einer beinahe schoßhundhaften Ergebenheit. Sie kopierte das Verhalten der kaiserlichen Tante, gerierte sich, von Elisabeth an den Hof gezogen, selbstbewußt und überheblich und erregte bei der Hofgesellschaft oft aus unbedeutendem Anlaß unliebsames Aufsehen.

Die unebenbürtige Herzogstochter wurde zur Vertrauten Ihrer Majestät, der exaltierten Kaiserin von Österreich und Königin von Ungarn. Über Wunsch Elisabeths heiratete die Neunzehnjährige den Grafen Georg Larisch-Moennich. Es war keine Liebesheirat, sondern ein Arrangement, dem sich die Brautleute, die überhaupt nicht zueinander paßten, mehr oder minder gehorsam fügten. Der Graf war launisch, eifersüchtig, jähzornig, mißtrauisch und unduldsam, die Gräfin eigenwillig, exzentrisch, sprunghaft und oberflächlich. Georg war nicht der Mann, seine lebenshungrige Gemahlin im Zaum zu halten, Marie nicht die Frau, ihm und der Familie ein ruhender Pol zu sein.

Dementsprechend sah dann auch die Ehe aus. Man lebte nebeneinander her, ging seinen eigenen Vergügungen nach. Und so wuchs die Entfremdung, die Beziehung, die nie warmherzig gewesen war, kühlte sich ab, es gab ständig Hader und gehässigen Streit. Der Öffentlichkeit spielte man die Komödie einer intakten Ehe vor, vor den Verwandten gab man sich einträchtig.

Obwohl sie ihren dauernden Wohnsitz nicht in Wien hatten, traten Marie und ihr Gatte immer wieder in der Wiener Gesellschaft auf: sie waren auf Bällen und Rennen zu sehen, machten Besuche, waren einmal da, ein andermal dort zu Gast, auch, und sogar sehr häufig, im Hause Vetsera. Die Gräfin entwickelte zu Helene Vetsera ein freundschaftliches Verhältnis, sie fühlte sich zu ihr hingezogen. Die Beziehung beruhte durchaus auf Gegenseitigkeit, und auch Mary öffnete sich ihr, schloß sich immer enger an sie an. Sie bildete sich ein, Marie sehe dem Vetter, dem Kronprinzen, ähnlich und weihte sie in ihre Gefühlsregungen ein, schüttete ihr ihr Herz aus. Ob die Gräfin schon vor Ende Oktober 1888 Rudolf auf die hübsche

Baronesse aufmerksam gemacht hat, ihm Grüße von ihr ausgerichtet hat, etc., ist umstritten. Möglich wäre es.

Marie Larisch gibt dem Wunsch des Kronprinzen und dem Drängen der Baronesse nach und kommt nach Wien. Sie ist Rudolf, der ihr durch die Bezahlung von Rechnungen und die Vermittlung von Krediten aus mancher Geldnot geholfen hat, verpflichtet, mehr oder weniger von ihm abhängig. Der Kronprinz schätzt seine Cousine zwar nicht besonders, sie ist ihm zu durchschnittlich gebildet und in ihrem ganzen Verhalten ein wenig zu vulgär, aber er nützt ihre Ergebenheit für Vermittlerdienste aus. Den Gemahl führt die Gräfin, wie das schon öfter geschehen ist, hinters Licht: Als Grund der Reise schützt sie einen dringend notwendig gewordenen Zahnarztbesuch vor.

Marie Larisch steigt, wie üblich, im Grand Hotel am Ring ab. Am nächsten Tag, dem 28. Oktober, macht sie einen Besuch in der Salesianergasse und bittet Mary bei der Mutter für eine Ausfahrt aus, bei der es zu einem Zusammentreffen zwischen dem Kronprinzen und der Baronesse im Prater gekommen sein soll. Die Gräfin fährt am Abend dieses Tages wieder nach Pardubitz zurück, um ein paar Tage später wiederzukommen (nach ihren eigenen Angaben in ihren Erinnerungen kam sie erst Anfang Dezember wieder, was aber nicht stichhältig ist). Abermals ersucht sie die Mutter der Baronesse, Mary zu Besorgungen und auf eine Ausfahrt zum Hofphotographen „Adele" am Graben mitnehmen zu dürfen. Helene Vetsera willigt ahnungslos ein. Die beiden Damen suchen wohl das bekannte Photoatelier auf und lassen sich gemeinsam photographieren, aber dann trifft Mary den Kronprinzen, der sie diesmal in seine Junggesellenwohnung im zweiten Stock der Hofburg mitnimmt. Über diesen Besuch sind wir durch einen Brief der Baronesse an Hermine Tobis ausführlich unterrichtet.

„Liebe Hermine! Heute bekommen Sie einen glückseligen Brief", schrieb sie ihrer Vertrauten, „denn ich war bei ihm! Marie Larisch nahm mich mit, Kommissionen zu besorgen, dann gingen wir zur ‚Adele‘, um uns photographieren zu lassen, für ihn natürlich, und dann gingen wir hinter das Grand Hotel, wo uns Bratfisch erwartete. Wir hüllten unsere Gesichter fest in unsere Boas und fort gings in sausendem Galopp in die Burg. An einer kleinen eisernen Tür erwartete uns ein alter Diener, welcher uns über mehrere finstere Treppen und Zimmer führte, endlich vor einer Tür halt machte und uns eintreten ließ.

Beim Eintritt flog mir ein schwarzer Vogel, eine Art Rabe, an den Kopf, und eine Stimme im Nebenzimmer rief: ‚Bitte, meine Damen, weiter zu kommen, ich bin hier!‘ Wir gingen hinein, Marie stellte mich vor, und wir waren gleich in ein wienerisches Gespräch vertieft.

Endlich sagte er: ‚Ich habe mit der Gräfin allein zu sprechen‘, und ging mit Marie in ein anderes Zimmer.

Ich untersuchte einstweilen alles. Auf dem Schreibtisch lag ein Revolver und ein Totenkopf. Ich nahm letzteren in die Hand und besah ihn von allen Seiten. Plötzlich kam er herein und nahm ihn mir ganz erschrocken aus der Hand. Als ich ihm sagte, daß ich mich gar nicht fürchte, lächelte er. Beim Fortgehen führte er uns selbst durch einen dunklen Saal und über eine Treppe und sagte zu Marie: ‚Bringe sie mir bald wieder! Ich bitte!‘"

Der Tag, an dem sich das alles abspielte, war der 5. November 1888. Mit diesem Datum versah Mary das Photo, das sie hatte machen lassen, und widmete es ihrer Kammerzofe Agnes mit dem Hinweis: „Da war ich das erstemal beim Kronprinzen."

Abschließend nahm der siebzehnjährige Backfisch ihre vertraute Briefpartnerin noch in die Schweigepflicht. „Hermine, Sie müssen mir schwören, niemanden etwas von diesem Brief zu sagen", bat sie, „weder Hanna noch Mama, denn wenn eine von diesen beiden es je erführe, so müßte ich mich töten." So argumentierte sie übrigens auch in anderen Schreiben: „... wenn Mama darauf käme", drohte sie, „dann würden wir Beide an einem Orte, den niemand weiß, nach einigen glücklichen Stunden uns gemeinsam den Tod geben ..." Gräfin Marie Larisch gegenüber bemerkte Mary auf der Heimfahrt: „Er war gerade so anbetungswürdig, wie ich ihn mir vorgestellt habe." Zu einer solchen Feststellung, wenn sie wirklich gemacht wurde, gehörte nun freilich eine gehörige Portion jugendlicher Verliebtheit und blinder Schwärmerei. Der Kronprinz war zu diesem Zeitpunkt, wie wir heute wissen und wie es auch schon Zeitgenossen registrierten, bereits ein physisches und psychisches Wrack, ausgelaugt, erschöpft, entmutigt, desillusioniert. Er sah stark gealtert aus, fühlte sich unverstanden und ungeliebt. Die romantisch veranlagte Mary schien es in ihrer kindlichen Naivität und unkritischen Bewunderung nicht zu sehen oder nicht sehen zu wollen. Ihr Märchenprinz war so, mußte so aussehen, wie sie sich ihn vorstellte!

Am 8. November kam die Gräfin Larisch wieder nach Wien, angeblich um 25.000 Gulden abzuholen, die sie Mary gebeten hatte, vom Kronprinzen zu borgen. Diese Geldaffäre ist allerdings dokumentarisch nicht hieb- und stichfest belegbar. Ihre häufigen, unmotivierten Reisen in die kaiserliche Residenz wurden in Pardubitzer und Wiener Adelskreisen mit Neugierde und Mißfallen registriert und hämisch kommentiert. Der Klatsch trieb üppige Blüten, der Gemahl tobte. Um ihn zu besänftigen, oder, was wahrscheinlicher ist, um ihr eigenes Gewissen ein wenig zu erleichtern, blieb sie in den nächsten beiden Wochen Wien fern. „Marie Larisch ist abgereist, und so kann ich ihn nicht sehen", klagte Mary ihrer Vertrauten ihr Leid. „Ich vergehe vor Sehnsucht und kann den Tag nicht erwarten, wo sie wiederkommt. Doch sie versprach mir, sehr bald wieder zu kommen, und ich zähle schon die Stunden, denn seit ich ihn kenne und mit ihm gesprochen, ist meine Liebe nur noch größer. Ich studiere Tag und Nacht wie ich ihn sehen könnte, aber es ist unmöglich ohne Marie."

Die Gräfin kam erst am 21. November wieder. Sie erwies zwischen den beiden Wien-Aufenthalten ihrem Großvater Herzog Max die letzte Ehre, der nach zwei Schlaganfällen verstorben war. Die von Sehnsucht nach ihrem Idol geplagte Mary mußte sich unterdessen mit einem Briefwechsel begnügen, der mit fingierten Adressaten (Mary adressierte ihre Briefe an Johann Loschek, Rudolf richtete seine Schreiben an Agnes Jahoda) von Dienstmännern und/oder Hausdienern besorgt wurde. Der liebeserfahrene Kronprinz mimte darin Zärtlichkeit und bestärkte das junge, phantasiebegabte Mädchen in seinen romantischen Träumen.

Nach der Ankunft der Gräfin Larisch bot sich für das ungleiche Liebespaar wieder die Gelegenheit, einander zu treffen. Hiebei wurde das bewährte Stelldichein-Schema beibehalten: Die Gräfin holte Mary in der Salesianergasse unter dem Vorwand ab, mit ihr „Kommissionen", Einkäufe zu erledigen, Spazierfahrten in den Prater zu unternehmen oder im Grand Hotel mit ihr zu tratschen (was sie natürlich genausogut in der Vetsera-Villa hätte tun können). In der Maximilianstraße (heute Mahlerstraße) hinter dem Hotel wartete der Leibfiaker Rudolfs, Josef Bratfisch, der Mary dem Kronprinzen im buchstäblichsten Sinn des

Wortes zuführte. Zur verabredeten Stunde übergab er die Baronesse an der gleichen Stelle wieder ihrer kupplerischen „Beschützerin", die sie der vertrauensvoll-arglosen Mutter wieder nach Hause zurückbrachte.

Das Liebeskarussell drehte sich munter weiter. Ende November 1888 betrat die Cousine Rudolfs abermals das glatte Parkett des gesellschaftlichen Wiener Bodens, um – nach offizieller Lesart – Weihnachtseinkäufe zu tätigen. Diesmal war auch der griesgrämige Gemahl mit von der Partie. Graf Larisch nahm nach einer zufälligen Begegnung mit Helene Vetsera eine Einladung zu einem Diner in der Salesianergasse an, obwohl er für den gleichen Abend eine Loge in der Hofoper bestellt hatte. Auf dem Spielplan stand Gounods „Margarethe" mit Pauline Lucca in der Titelpartie. Als der Graf nach dem Festmahl, bei dem man sich gut unterhalten hatte, zum Aufbruch mahnte, bat ihn Mary mit gespielter Beiläufigkeit, sie mitzunehmen. Sie wußte offenbar, daß an diesem Abend auch das Kronprinzenpaar die Hofoper zu besuchen beabsichtigte. Nichtsahnend überließ der Graf, der natürlich auch galant sein konnte, die vorderen Logenplätze den beiden Damen. Mary, die ihren ganzen Schmuck angelegt hatte und ziemlich aufgedonnert wirkte, benahm sich vis-à-vis der Hofloge so auffallend, daß Stephanie und ihre Schwester Louise von Coburg, die als Gast des Kronprinzenpaares der Vorstellung beiwohnte, mit überlegt-überlegener Bosheit die Baronesse mit ihren Operngläsern fixierten. Es fehlte nicht viel, und es wäre zu einem Eklat gekommen. „Es ist furchtbar schwer, wenn wir uns in der Oper sehen, uns zurückzuhalten", kommentierte Mary das Ereignis in einem Schreiben an Hermine Tobis. Gräfin Larisch war vom Verhalten der Baronesse peinlich berührt, wie sie später ihren

Memoiren anvertraute; Konsequenzen zog sie aus dem Vorfall (zunächst) keine. Sie vermittelte in der ersten Dezemberwoche noch ein oder zwei Rendezvous; dann machte sie sich zunehmend rarer. Ob hiefür Geldwünsche eine Rolle spielten, die der Kronprinz nicht erfüllte, oder andere Gründe, ist schwer zu sagen.

Mitte Dezember teilte Mary ihrer Freundin Hermine nach Frankfurt mit, Gräfin Larisch sei nicht in Wien, der Kronprinz aber habe sie gebeten, zu ihm zu kommen, „da er nicht länger sein könne, ohne sie wiederzusehen". Sie sei dann manchmal abends von 7 bis 9 Uhr in die Burg gegangen.

Das war nun freilich eine völlig neue Entwicklung in der Serie der natürlich nicht zur Gänze rekonstruierbaren Zusammenkünfte zwischen Rudolf und Mary. Die Baronesse hatte sich unter dem Zwang der Umstände von der Gräfin emanzipiert und fand – im Fiaker Bratfischs – zielstrebig und couragiert den Weg in die Hofburg selbst. Hiebei kam ihr der Zufall zu Hilfe, zu dem sich eigener Erfindungsreichtum und List gesellten. In der Hofoper wurde zwischen dem 11. und 21. Dezember 1888 Richard Wagners „Der Ring des Nibelungen" aufgeführt. Baronin Helene Vetsera und Hanna, Marys ältere Schwester, waren Wagner-Fans. Die Baronin besogte für den glänzend besetzten Zyklus Logenplätze und plante auch Mary mit ein, obwohl sich diese für die Werke des deutschen Musikdramatikers nicht sonderlich interessierte. Die Baronesse aber kam nicht mit. Sie erfand alle möglichen Ausreden, täuschte heftige Kopfschmerzen etc. vor und erklärte, die Abende lieber zu Hause verbringen zu wollen. Kaum hatten sich Mutter und Schwester auf den Weg zur Oper gemacht, schlüpfte sie aus dem Haus und lief, oft nur einen

Josef Bratfisch, Fiaker und Vertrauter des Kronprinzen

Mantel über das Hauskleid geworfen, aber tief verschleiert, das kurze Stück Weges zur Marokkanergasse hinunter, wo Bratfisch auftragsgemäß wartete, um sie in die Burg zu bringen. Dort schleuste sie ein Kammerdiener Rudolfs (Johann Loschek oder der alte Nehammer) durch ein Labyrinth von Gängen, Treppen und Zimmern in die Gemächer des Kronprinzen. Während sich die Mama und die Schwester in der Hofoper den Klängen der Wagnerschen Musik hingaben, hing die Baronesse ein paar hundert Meter entfernt an den Lippen ihres Geliebten, erlag seinen Einflüsterungen, schmiedete mit ihm Pläne. Die Rendezvous waren kurz, aber intensiv. Mary war an diesen vier Wagner-Abenden, die ihr so gelegen kamen und die sie so entschlossen nutzte, nach Aussage der Kammerzofe Agnes bereits kurz nach 21 Uhr wieder im Palais zurück, obwohl die Vorstellungen in der Oper wesentlich später zu Ende gingen. Sie wollte offenbar kein Risiko eingehen und nicht den leisesten Verdacht erwecken. Die Mama fand sie beim Nachhausekommen stets tief schlafend vor.

Josef Bratfisch sagte nach der Mayerling-Tragödie aus, er habe Mary von November bis Jänner etwa zwanzigmal zum Kronprinzen gebracht. Auch Marie Larisch, die am 18. Dezember für einige Tage wieder nach Wien kam, dürfte die Baronesse für ein paar „Kommissionen" von der Salesianergasse geholt haben.

Was Rudolf und Mary, dieses weltweit wohl bekannteste Selbstmörderpaar des vorigen Jahrhunderts, auf ihren geheimen Zusammenkünften beredet haben, weiß kein Mensch. Über die politischen und sozialen Probleme der Donaumonarchie, abendländische Philosophie, den Marxismus oder die neuesten Forschungen in der Biologie werden sie wohl kaum gesprochen haben. Hingegen ist anzunehmen, daß der lebensüberdrüssige Kronprinz bereits relativ früh das Todesthema angeschlagen hat. Rudolf mag schon sehr bald erkannt haben, daß die kleine Baronesse in ihrer jugendlichen Unbedingtheit mehr zu geben bereit war als Hingebung und Liebe. Seine gedanklichen Todesspiele fielen zum Unterschied von anderen Partnerinnen bei Mary auf fruchtbaren Boden. Ihr Klavierlehrer Dubray erinnerte sich später, daß sie in der zweiten Novemberhälfte 1888 an einem mißlungenen Doppelselbstmord und einem sich daran anschließenden Sensationsprozeß, der damals in der Weltpresse breitgetreten wurde, ein ungewöhnliches Interesse nahm und sich über die Wirkung verschiedener Gifte erkundigte. Sie diskutierte mit ihrer Schwester über das Recht auf das eigene Leben und kam immer wieder auf den Tod zu sprechen. „Wer jung stirbt, den lieben die Götter", rezitierte sie verzückt Klassisches, und zu Dubray bemerkte sie unheilverkündend: „Monsieur, ich werde nicht mehr lange leben. Sehen Sie da an meiner Hand die Linie – die Linie, die da plötzlich abbricht. Das bedeutet frühen Tod. Drei Personen, die sich mit Chiromantie beschäftigen, haben es mir gesagt."

Kurz nach Beginn der zweiten Dezemberhälfte teilte Mary Hermine Tobis überschwenglich mit, sie habe vom Kronprinzen einen eisernen Ehering geschenkt bekommen, an dessen Innenseite die Buchstaben „I.L.V.B.I.D.T." eingraviert seien. (Sie deutete die Buchstabenkombination später als „In Liebe vereint bis in den Tod.") Marys Gegengeschenk war ein Brieföffner aus Bein mit der Aufschrift „Pense à moi". Über ihre große Liebe schrieb sie der Freundin: „Wenn wir in einer Hütte miteinander leben könnten, wie glücklich wäre ich. Wir sprechen immer darüber und sind dabei glücklich, aber es kann leider nicht sein . . ."

Die Liebeshüttenromantik war freilich nur ein Hirngespinst Marys, das der Kronprinz wahrscheinlich geschickt nährte und für seine Zwecke nutzte. Seine Verliebtheit hielt sich, nach den zahlreichen Amouren, die er hinter sich hatte, in Grenzen und war gewiß mehr gemimt als echt empfunden. Rudolf investierte in das Verhältnis nur jenes Maß an Zärtlichkeit und Engagement, das notwendig war, um die

Liebesglut und die von ihm geschürte Todessehnsucht der Partnerin nicht abkühlen zu lassen.

Gleichwohl geriet die Beziehung an der Jahreswende 1888/89 in eine vorübergende Krise. Die Weihnachtsfeiertage verbrachte der Kronprinz natürlich im Kreis der kaiserlichen Familie. Danach fuhr er mit Stephanie für zwei Tage nach Abbazia, um vor dem Neujahrstag (ohne Kronprinzessin) wieder nach Wien zurückzukehren. Bis zum Dreikönigstag nahmen ihn hierauf dienstliche Verpflichtungen und Jagden in Anspruch. Seine gonorrhoischen Beschwerden machten sich erneut bemerkbar, eine akute Augenentzündung quälte ihn.

Mary war unglücklich und irritiert. Sie war mit ihren Träumen und Sehnsüchten allein. Hatte ihr Rudolf nicht mehrere Male erzählt, daß seine Ehe nur mehr auf dem Papier bestehe und längst gescheitert sei? Hatte er ihr nicht geschworen, daß er nur sie liebe? Und nun war er doch mit Stephanie in den Nobelkurort an der Adria gefahren. Sie konnte das einfach nicht verstehen. Zweifel über die Aufrichtigkeit seiner Liebe bedrückten sie. Dazu kam, daß Hermine sie in dem Brief, in welchem sie ihr ihre Neujahrswünsche übermittelt hatte, eindringlich bat, die Aussichtslosigkeit ihrer Beziehung zum Kronprinzen zu überdenken und die Affäre zu beenden. Mary wurde unsicher. Sie antwortete nach Frankfurt, wo Hermine am Opernhaus engagiert war, sie werde mit Rudolf die Sache (noch einmal) besprechen. Das scheint auch der Fall gewesen zu sein. Sie entschied sich dann jedoch dafür, den Weg, den sie eingeschlagen hatte, bis zur letzten Konsequenz weiterzugehen. Offenbar wollte und konnte sie nicht anders.

Der 13. Jänner 1889, ein Sonntag, war im Taschenkalender Marys, in dem sie die Zusammenkünfte mit dem Kronprinzen anmerkte, besonders auffallend gekennzeichnet. Die Baronesse hatte es wieder einmal abgelehnt, mit der Mama und der Schwester in die Hofoper mitzukommen, wo Richard Wagners „Tannhäuser" gegeben wurde; statt dessen eilte sie zu Rudolf in die Burg. Sie kam nach diesem Besuch sehr erregt nach Hause und machte ihrer Kammerzofe gegenüber folgende Bemerkung: „Ach Agnes, es wäre vielleicht besser gewesen, wenn ich heute nicht ausgegangen wäre", um gleich darauf zu sagen: „Doch Agnes, weißt du, ich bin schon dem Schicksal dankbar, denn nun gehöre ich nicht mehr mir selbst, sondern ihm ganz allein. Ab jetzt muß ich alles tun, was er von mir verlangt." An Hermine Tobis schrieb sie: „Liebe Hermine, ich muß Ihnen heute ein Geständnis machen, über das Sie sehr böse sein werden. Ich war gestern von 7–8 Uhr bei ihm. Wir haben beide den Kopf verloren. Jetzt gehören wir uns mit Leib und Seele an. Ich hoffe, mich Samstag vom Ball loszumachen und dann eile ich zu ihm . . ." Dann folgte die Bitte um Schweigen und die Drohung, sie würde sich das Leben nehmen, wenn die Mutter etwas davon erführe. Zwei Tage später, anläßlich eines Vormittagsbummels in der Innenstadt, erstand Mary bei den Gebrüdern Rodeck am Kohlmarkt eine goldene Zigarettentabatiere, in die sie den Satz eingravieren ließ: „13. Jänner. Dank dem Schicksal." Es war ein Geschenk an den Kronprinzen, das sie Rudolf bereits am Nachmittag des nächsten Tages, wie sie ihrer Zofe erzählte, auf einer kurzen Praterfahrt überreichte.

Was ist an diesem ominösen 13. Jänner passiert? Diese Frage bewegt seit langem die Mayerling-Forschung. Eine hieb- und stichfeste Antwort darauf gibt es natürlich nicht. Mit großer Wahrscheinlichkeit ist anzunehmen, daß es an diesem folgenschweren Tag zwischen Rudolf und Mary zum ersten Intimkontakt gekommen ist und/oder daß die beiden ihren Todespakt besiegelt haben. Fünf Tage später verfaßte Mary ihr Testament, für eine Siebzehnjährige ein ungewöhnliches Unterfangen. Die Würfel waren gefallen.

Der Ball, von dem im Brief an Helene Tobis die Rede war, fand am 19. Jänner im Palais Dietrichstein statt. Die Vetsera-Damen waren dazu eingeladen, aber Mary gelang es wieder einmal, sich freizuschwindeln. Sie täuschte eine heftige Unpäßlichkeit vor und eilte zu ihrem Geliebten in die Hofburg. Der Kronprinz machte die Baronesse, wie Äußerungen Marys vermuten lassen, nun in zunehmendem Maße zu seiner Leidensgefährtin und drängte ihr sein Schicksal auf. Laut Gräfin Larisch bemerkte Mary ihr gegenüber: „. . . Rudolf hat mir von seinen Sorgen und von der schrecklichen Lage erzählt, in der er sich befindet . . . ich möchte ihn nicht gerade jetzt verlassen, wo er so sehr eine Stütze braucht." Und ein andermal äußerte sie: „Stephanie macht Rudolf das Leben zur Hölle, sie hilft ihm nicht."

In das Leben des Kronprinzen nun, wie es scheint, völlig eingesponnen, wurde die Baronesse immer nervöser. Immer öfter gab es aus nichtigen Anlässen Streit mit Hanna, die ihre Schwester in diesen Jännertagen unausstehlich fand.

Das nächste und letzte Rendezvous ohne Vermittlung der Gräfin Larisch fand am 24. Jänner im Prater statt. Das kurze Zusammentreffen muß Mary stark in Anspruch genommen haben, denn sie suchte am nächsten Tag eine Wahrsagerin auf, von der sie, ziemlich verstört und verwirrt, nach Hause zurückkehrte. Die alte, weißhaarige Frau, so erzählte sie Agnes, habe etwas von einem jähen Todesfall, der wie ein Selbstmord aussehe, gemurmelt. Marys Besuch bei der Wahrsagerin wurde der Mutter der Baronesse hinterbracht, was im Hause Vetsera ein Gewitter auslöste. Nun überstürzten sich die Ereignisse. Um sie für den

Leser überschaubar(er) zu machen, seien im folgenden die wichtigsten Geschehnisse in Berichtform kurz zusammengefaßt.

26. Jänner 1889, Samstag

Im Hause Vetsera spielen sich turbulente Szenen ab. Aufgrund eines vertraulichen Hinweises verlangt die Baronin von Mary energisch Aufklärung über ihre Beziehung zum Kronprinzen und zwingt ihr das Geständnis ab, die bei den Gebrüdern Rodeck gekaufte goldene Zigarettentabatiere anonym an Rudolf gesandt zu haben. Die mißtrauisch gewordene Mutter veranlaßt ihre Tochter, eine stets versperrte Kassette zu öffnen. Sie findet darin eine Zigarettendose mit Rudolfs Namenszug, ein Medaillon, Kinder- und Jugendbilder des Kronprinzen sowie das Testament Marys. Es kommt zu einer heftigen Auseinandersetzung zwischen Mutter und Tochter, bei der die Baronesse erklärt, die Gegenstände von der Gräfin Larisch zum Geschenk erhalten zu haben. Mary, die die Aufdeckung ihrer Liebesbeziehung und der Pläne befürchtet, die sie mit dem Kronprinzen geschmiedet hat, ist nervlich schwer erschüttert. Nach einem Nachmittagsspaziergang mit der Mutter stiehlt sie sich aus dem Palais und sucht im Grand Hotel Gräfin Larisch auf, die an diesem Tag in Wien eingetroffen ist. Die Gräfin bringt sie in einem Fiaker in die Salesianergasse zurück und bestätigt der Mutter gegenüber die Aussagen Marys, die nach einem Nervenanfall ohnmächtig zu Bett gebracht worden ist. Die Baronin gibt sich mit der Erklärung der Gräfin zufrieden und mißt auch dem Testament, das sie als einen Ausfluß jugendlicher Überspanntheit betrachtet, keine besondere Bedeutung bei.

Auch für den Kronprinzen beginnt der Tag mit einem schweren Konflikt. Bei einer Aussprache mit dem Kaiser kommt es zu einer lautstarken Auseinandersetzung, bei der Franz Joseph Rudolf den Satz in das Gesicht geschleudert haben soll: Du bist nicht würdig, mein Nachfolger zu werden! Über den Grund der Unterredung gibt es verschiedene Versionen: Rudolfs Scheidungsabsichten und sein angebliches, diesbezügliches Schreiben an den Papst, das Verhältnis Rudolfs zu Mary Vetsera, die Beziehungen des Thronfolgers zur ungarischen Oppositon. Rudolf ist merklich verstört. Augenzeugen registrieren einen auffallenden Stimmungsumschwung in seinem Verhalten. Trotzdem geht er seiner Routinearbeit nach, erledigt Schreibtischarbeit, gibt Audienzen, führt Besprechungen, schreibt Briefe, beschäftigt sich mit seiner geliebten Ornithologie. Am Nachmittag gibt er Weisung, die geplante Jagd in Mayerling auf den 29. und 30. Jänner vorzuverlegen. Am späten Abend wird er von der Gräfin Larisch über die Vorgänge im Palais Vetsera informiert.

27. Jänner, Sonntag

Rudolfs Entschluß, sich in Mayerling das Leben zu nehmen, steht fest. Der Kronprinz sucht um 10 Uhr vormittags die Gräfin Larisch im Grand Hotel auf und ersucht sie dringend, Mary unter allen Umständen in die Hofburg zu bringen. „Ich muß Mary allein sprechen. Vielleicht kann ich dann der Gefahr entrinnen, die mir droht", argumentiert er. Die Gräfin, die sich zunächst geweigert hat, Rudolfs Wünsche zu erfüllen, gibt nach. Sie übernimmt vom Kronprinzen eine verschlossene, in Stoff eingenähte Kassette und verspricht, sie nur demjenigen auszuhändigen, der sich unter dem Codewort R.I.O.U. (möglicherweise eine Abkürzung für R = Respektabel, I.O. = Innerer Orient, U = Ungarn) zu erkennen gibt. Die Kassette wurde später von Erzherzog Johann Salvator abgeholt. Über ihren Inhalt rätseln die Historiker noch heute.

Nach einem neuerlichen Gespräch mit Rudolf erklärt sich die Gräfin dazu bereit, Mary am Nachmittag in den Prater zu bringen. Es gelingt ihr nach einer Vorsprache in der Salesianergasse tatsächlich, die Einwilligung der Mutter für eine Ausfahrt zu erhalten. Bei der Zusammenkunft im Prater könnten die letzten Pläne für den nächsten Tag geschmiedet worden sein.

Die Gräfin bringt Mary etwas verspätet und mit der Ausrede, man habe sich verplaudert, gegen 18 Uhr in das mütterliche Palais zurück. Mary ist heiter und ausgelassen. Es ist offenbar alles abgemacht, der Todespakt zwischen Rudolf und ihr ist endgültig besiegelt und harrt nur noch der Durchführung.

Am Abend findet in der deutschen Botschaft in der Metternichgasse (3. Wiener Gemeindebezirk) zu Ehren des deutschen Kaisers Wilhelm II. eine glanzvolle Geburtstagsfeier statt, an der auch die Vetsera-Damen teilnehmen. Einige Festgäste wollen (später) bemerkt haben, daß Mary „mit ihren dunklen Augen unablässig an der Gestalt des Kronprinzen hing, dieser aber auch selbst öfter nach ihr sah".

Nach dem Ende der Veranstaltung hat Rudolf noch eine kurze Besprechung mit dem Chefredakteur des „Neuen Wiener Tagblattes", Moritz Szeps. Während Mary mit der Mama in die Salesianergasse zurückkehrt und dem nächsten Tag entgegenfiebert, verbringt der Kronprinz die Nacht bei Mizzi Caspar. Als er sich um 3 Uhr früh von ihr verabschiedet, kündigt er ihr seinen Selbstmord in Mayerling an. Die Nobelprostituierte schenkt der hingeworfenen Bemerkung keine Beachtung.

28. Jänner, Montag

Nach wenigen Stunden Schlaf nimmt der Kronprinz in der Hofburg seine Dienstobliegenheiten auf. Er hat eine Besprechung mit dem ihm zugeteilten Oberstleutnant des Generalstabes, Albert Mayer, die er wegen (angeblicher) Kopfschmerzen vorzeitig abbricht. Anschließend empfängt er Dr. Berthold Frischauer, den Korrespondenten des „Neuen Wiener Tagblattes" in Paris, und nochmals Moritz Szeps. Dann trifft er letzte schriftliche Verfügungen (Ergänzungen zum Testament) und schreibt Abschiedsbriefe.

Zur selben Zeit trifft Mary im Palais Vetsera Vorbereitungen zur Ausfahrt. Gräfin Marie Larisch-Wallersee holt sie gegen zehn Uhr morgens ab, um, wie am Vortag mit der Mutter vereinbart, die vielberedete goldene Zigarettentabatiere bei den Gebrüdern Rodeck auf den Namen der Gräfin umschreiben zu lassen. Sie dirigiert den Fiaker aber nicht zum Kohlmarkt, sondern direkt zur Hofburg, wo die beiden Damen von einem Diener erwartet und über den ihnen vertrauten Schleichweg in die Appartements des Kronprinzen geleitet werden. Sie treffen dort gegen 11 Uhr ein. Rudolf empfängt sie und bittet die Gräfin, Mary allein sprechen zu dürfen. Nach etwa einer Viertelstunde kehrt er ohne sie zurück und erklärt der verdutzten Gräfin, daß sich die Baronesse nicht mehr in der Hofburg befinde. In der Tat hat Mary das Gebäude verlassen und ist mit Bratfisch bereits in Richtung Mayerling unterwegs. Die Gräfin sieht sich von Rudolf hintergangen. Es kommt zu einer dramatischen Szene, während der es dem Kronprinzen gelingt, die Gräfin auf deren weiteres Verhalten festzulegen. Während Rudolf um 11 Uhr 30 in einem Einspänner, den er selbst kutschiert, die Hofburg verläßt, eilt die Gräfin in größter Erregung in das Palais Vetsera und tischt dort der Baronin die Lüge auf, Mary habe sich am Kohlmarkt plötzlich von ihr losgemacht und sei ausgerissen. Dann eilt sie in das Polizeipräsidium, um Marys Verschwinden anzuzeigen.

Mary läßt Bratfisch beim „Roten Stadl", einem Ausflugsrestaurant der Wiener zwischen Kalksburg und Breitenfurt, anhalten und wartet auf Rudolf, der gegen ein Uhr mittags zu Fuß den Treffpunkt erreicht (um Aufsehen zu vermeiden, hat er den Hofwagen in die Stadt zurückgeschickt). Zu dritt fährt man langsam und auf Umwegen nach Mayerling weiter. Der Kronprinz legt die letzte Strecke Weges zu Fuß zurück und erreicht gegen 15 Uhr 30 nachmittags das Jagdschloß. Erst geraume Zeit später fährt Bratfisch mit Mary im geschlossenen Wagen vor dem Südtor vor. Die Anwesenheit der Baronesse im Schloß bleibt unbemerkt (nur Bratfisch und Loschek wissen davon).

29. Jänner, Dienstag

Um 8 Uhr morgens kommen Graf Joseph Hoyos und Prinz Philipp Coburg, die Jagdgäste des Kronprinzen, im Schloß an. Rudolf begrüßt sie im Billardzimmer und nimmt mit ihnen das Frühstück ein. Er unterhält sich angeregt mit seinen Gästen und erklärt im Verlaufe des Gespräches, an der Jagd nicht teilnehmen zu können: Er habe sich einen Schnupfen und eine unangenehme Erkältung zugezogen. Die Gäste brechen zur Jagd auf, der Kronprinz zieht sich zurück.

Wie er und seine Geliebte den Rest des Tages, den letzten ihres kurzen, im Grunde unerfüllten Lebens, zugebracht haben, darüber sind wir begreiflicherweise nur sehr lückenhaft unterrichtet. Mary hat Rudolfs Schlafzimmer (wahrscheinlich) den ganzen Tag über nicht verlassen. Sie schrieb Abschiedsbriefe an Mutter, Bruder und Schwester. „Liebe Mutter! Verzeiht mir, was ich getan, ich konnte der Liebe nicht widerstehen", schrieb die Baronesse, die ihren 18. Geburtstag nicht mehr erleben wollte. „In Übereinstimmung mit ihm will ich neben ihm im Friedhof zu Alland begraben sein. Ich bin glücklicher im Tode als im Leben. Deine Mary."

Selbst diese letzte Lebensäußerung reflektiert die Weltfremdheit und Realitätsferne dieses exaltierten, verblendeten, ahnungslosen Mädchens. Wie konnte es hoffen, an der Seite des Thronfolgers eines großen Reiches in einem Ortsfriedhof bestattet zu werden? Die Baronesse war in ihrer bedingungslosen Liebe offenbar mit Blindheit geschlagen. Sie kannte die Schranken und Tabus der Gesellschaft nicht, in der sie aufgewachsen war. Der Kaiserhof reagierte dann auf ihren Tod auch dementsprechend: Er nahm ihn vor der Öffentlichkeit einfach nicht zur Kenntnis!

Auch Rudolf erledigte an diesem wolkenverhangenen, düsteren Wintertag noch Korrespondenz. Gegen 13 Uhr 30 nahm er mit Prinz Coburg, der von der Jagd zurückgekommen war, gutgelaunt den Tee, um 19 Uhr aß er mit Hoyos zu Abend. „Er schien mir etwas milde in seinen Urtheilen", berichtete der Graf später darüber, „und ließ den ganzen Zauber seines Wesens auf mich wirken." Um zirka 21 Uhr zog sich der Kronprinz zurück. Er ließ sich gemeinsam mit Mary im Billardzimmer von Bratfisch noch ein paar Wienerlieder vorsingen und -pfeifen. Dann schlossen sich hinter ihm und seiner Geliebten die Türen.

Was sich in der Nacht vom 29. auf den 30. Jänner 1889 im Schlafzimmer des Jagdschlosses Mayerling abgespielt hat, wie Rudolf und Mary die allerletzten Stunden ihres Lebens verbracht haben, von welchen Gefühlen sie überwältigt, von welchen seelischen Spannungen sie heimgesucht wurden, wird für immer ihr Geheimnis bleiben. Der nächste Morgen fand sie beide tot.

Grabstätte der Mary Vetsera auf dem Friedhof
in Heiligenkreuz

Das Mayerling-Drama löste seitens der kaiserlichen
Familie, der maßgeblichen Behörden und zahlreicher
(beteiligter wie unbeteiligter) Persönlichkeiten eine
Kette von Fehlmeldungen, zweifelhaften Entscheidungen, unbedachten Äußerungen und unüberprüf-
baren Vermutungen aus. Über alle diese zum Teil ge-
lösten und ungelösten Probleme, Fragen und Fragen-

Amtliche Abschrift.

Ex offo - Todten

Aus dem pfarrlichen Sterbe-Register, Tom

wird hiemit amtlich bezeuget,

Eintausend ~~acht~~ hundert ~~achtzig~~

gestorben, und am _1. Februar_ 1889 von

dem christkatholischen Gebrauche gemäß zur Erde bes

Ort des Sterbens	Name des Gestorbenen Religion, Al Character, allenfalls der Ehegatten, Vas
Maierling Pf. Alland	Maria Alexandrine Freiin von Vetse zu Wien am 19. März 1871. geboren, röm.-katholisch eheliche Tochter des Albin Freiherrn von Vessera un Helene, geb. Baltazzi, dessen Ehegattin.

Urkund dessen ist des Gefertigten eigenhändige Unterschr.
P. Malachias Dedić, m. p. Prior u. Pfarrer. / L.S. /

Mit dem f

Originale glaug

Zürich

Erzdiöcese: Wien

Decanat: Baden

Pfarre: Heiligenkreuz

für den k. k. Bezirkshauptmannschaft
Baden ad L. 13831.
Fol. 168.

Name des Heilers:

(____) am _____

_____

orden sei.

Todesart	Ort des Begräbnisses	Anmerkung
...sverletzung laut amtl. ...r Todtanzeige, ddto Mai... ...g 31. Jänner 1889.	Heiligenkreuz der [unleserlich] friedhof.	Mit Genehmigung der k. k. [unleserlich] ddto 31. Jänner 1889. L. 313 u. 314 [unleserlich] werden.

Pfarrsiegel. Gegeben zu Heiligenkreuz am 31. August 1889.

...b Reg. Zl. II $\frac{78}{888}$ ...

...nd ! — Expedit das [unleserlich]

Freistadt Pressburg am 6. Nov. 1890.

Friedrich Dobel...
Expeditor.

*Amtliche Abschrift des am 31. August 1889 ausgestellten
Totenscheines von Mary Vetsera*

273

komplexe gibt eine umfangreiche seriöse wie un-
seriöse Berichterstattung und Literatur Auskunft. Uns
interessiert in diesem Zusammenhang nur das weitere
Schicksal jener Frauen, die in die Mayerling-Affäre
mehr oder weniger eng verstrickt waren. Es war, insgesamt gesehen, beschämend, traurig und beklagens-
wert.

Marys Tod wurde vom Kaiserhaus verschwiegen.
Der Leichnam der Baronesse wurde am 30. Jänner
vom Zimmer des Kronprinzen in einen anderen
Raum geschafft, mit Kleidern zugedeckt und zunächst
dort liegengelassen. Über Anordnung des kaiserlichen
Ministerpräsidenten, des Grafen Eduard Taaffe,
wurde im Beisein der beiden Onkel der Toten, des
Grafen Georg Stockau und Alexander Baltazzis, am
Abend des nächsten Tages vom Leibarzt seiner Kaiserlichen Majestät, Dr. Franz Auchenthaler, ein Totenbeschauprotokoll aufgenommen, das fälschlicher-
weise (beabsichtigt) auf Selbstmord lautete. Nunmehr
wurde der Leichnam, so gut das infolge der Leichen-
starre möglich war, bekleidet, halb sitzend, halb lie-
gend in den Fond eines Wagens gesetzt, in dem die
beiden Verwandten Platz genommen hatten, und bei
Nacht und Nebel auf den Friedhof des Stiftes Heiligenkreuz transportiert. Dort wurde Mary Vetsera in
den Morgenstunden des 1. Februar 1889 in einem
Holzsarg in der „Selbstmörderecke" des Gottesackers
beerdigt. Am 16. Mai wurde der Leichnam in einen
Kupfersarg umgebettet und in einer Gruft beigesetzt.

Die Ruhe, die Mary Vetsera nach den Turbulenzen
ihres jungen Lebens dort fand, war nicht von „ewiger"
Dauer. Im April 1945 holte sie die (Welt-)Geschichte
ein, in die sie selbst eingegangen war. Die Gruft
wurde wie einige andere von russischen Soldaten ge-
schändet, der Kupfersarg aufgeschlitzt. Nach Abzug
des Truppenverbandes wurde die Grabstätte vom

Totengräber Alois Klein wieder in Ordnung gebracht. Er berichtete darüber sechs Jahre später: „... Wir fanden den Sarg erbrochen, und der Kopf, an dem die beiden Schußverletzungen (Ein- und Austritt der Kugel) deutlich zu sehen waren, lag neben dem Sarg auf dem Boden der Gruft ..."

Ob der richtige Schädel wieder in den Sarg gelegt wurde, ist nicht erwiesen.

Im Juli 1959 wurden Marys Überreste in einen anderen Metallsarg umgebettet. Ein Gerichtsmediziner war dabei – leider – nicht anwesend. Seither hat es verschiedene Bemühungen gegeben, die Bewilligung für die Öffnung des Grabes zu erhalten, um nach gründlichen wissenschaftlichen Untersuchungen am Leichnam Mary Vetseras die Todesursache einwandfrei feststellen und die Tragödie von Mayerling einer endgültigen Klärung zuführen zu können. Von der Leitung des Stiftes Heiligenkreuz wurden diese Ansuchen bedauerlicherweise abschlägig beschieden. Und so wird der Legendenstrauß um das Thema Mayerling voraussichtlich auch in den nächsten Jahren und Jahrzehnten weitere Blüten treiben.

Baronin Helene Vetsera mußte auf Wunsch des Kaiserhauses Wien für einige Zeit verlassen. Gerüchte und Verleumdungen über ihre Mitschuld an der Katastrophe veranlaßten sie zur Abfassung eines Majestätsgesuches an den Kaiser, mit der Bitte, sich persönlich rechtfertigen zu dürfen. Franz Joseph schenkte ihr kein Gehör. Sie verfaßte daher im Juni 1889 über die Vorgänge zu Beginn des Jahres eine Denkschrift zu ihrer eigenen Rechtfertigung, die jedoch von der Zensur beschlagnahmt wurde. Doch gelangten einige Exemplare in das Ausland.

Von der Adelsgesellschaft boykottiert und gemieden, überlebte die Baronin das Ende der Monarchie und starb am 1. Februar 1925 in Wien.

Gräfin Marie Larisch-Wallersee, die Vertraute der Kaiserin und des Liebespaares, wurde über Nacht vom Herrscherpaar geächtet und vom Wiener Hof verbannt. Sie durfte an den Trauerfeierlichkeiten für den Kronprinzen nicht teilnehmen. Elisabeth verwehrte ihr eine Audienz und strich sie völlig aus ihrem Leben. 1896 wurde die Ehe der Gräfin geschieden, ihr Mann zog sich auf seine schlesischen Güter zurück. Ein Jahr später heiratete die Larisch den königlich-bayerischen Kammersänger Otto Brucks, mit dem sie bis zu dessen Tod (1916) verbunden blieb. Während des Ersten Weltkrieges als Rotkreuzschwester tätig, wanderte sie 1924 in die USA aus, wo sie mit einem Farmer namens William Meyers abermals ihr Eheglück versuchte. Es wurde ihr nicht zuteil. Vier Jahre später wurde sie von ihrem dritten Mann geschieden und kehrte nach Europa zurück. Einsam, vergessen und verarmt lebte sie zuletzt im Servatiusstift in Augsburg, wo sie am 4. Juli 1940 für immer die Augen schloß.

Die exaltierte Gräfin, die ständig in Geldnot war, beschrieb in ihren Memoiren aus ihrer Sicht die Rolle, die sie in den verhängnisvollen Beziehungen zwischen dem Kronprinzen und Mary Vetsera gespielt hatte. Sie wußte viel, verdrehte etliches und vertuschte manches. Ihr Intimwissen über das österreichische Kaiserhaus hat ihr mehr geschadet als genützt, wie ihr verfahrenes Leben nach 1889 beweist. Letztlich war auch sie ein Opfer der Tragödie von Mayerling.

Quellen und Literatur

Zu Kapitel I:

Quellen:

HAUS-, HOF- UND STAATSARCHIV WIEN: Nachlaß Erzherzogin Sophie, Korrespondenzen: Karton 5: Briefe Erzherzog Ludwig Viktors an seine Mutter; Karton 8: Briefe Erzherzog Ludwigs an Sophie
  Rudolfselekt, Karton 18: Briefe Franz Josephs an seinen Sohn, Briefe Elisabeths an Rudolf
  Tagebuch der Erzherzogin Sophie: März 1855,
  August 1858
  Rezeptbuch der Alten Hofapotheke 54
  Rezeptbuch der k. k. Hofapotheke in Laxenburg
  Obersthofmeisteramt 1861/5; r 65/I/11; r 65/1; 1862 r 87/1
KRIEGSARCHIV, WIEN: Qualifikationsliste Heinrich Ritters von Spindler
DIE PRESSE: Februar, März 1855

Literatur:

CONTE CORTI, EGON CAESAR: Elisabeth. Die seltsame Frau. Salzburg - Leipzig 1934
ELISABETH VON ÖSTERREICH. Einsamkeit, Macht und Freiheit. Katalog zur 99. Sonderausstellung des Historischen Museums der Stadt Wien in der Hermesvilla im Lainzer Tiergarten. Wien 1986
HAMANN, BRIGITTE: Elisabeth. Kaiserin wider Willen. Wien - München 1982
KÜHN, RICHARD (Hg.): Hofdamen-Briefe um Habsburg und Wittelsbach. Berlin 1942
NOSTITZ-RIENECK, GEORG (Hg.): Briefe Franz Josephs an Kaiserin Elisabeth. 2 Bände, Wien - München 1966
SCHÜRER, FRANZ (Hg.): Briefe Kaiser Franz Josephs I. an seine Mutter 1838–1872. München 1930

Zu Kapitel II:

Quellen:

HAUS-, HOF- UND STAATSARCHIV WIEN: Nachlaß Erzherzogin Sophie, Karton 19: Briefe Sophies an ihre Mutter Königin Karoline von Bayern

Literatur:

BADINTER, ELISABETH: Die Mutterliebe. Geschichte eines Gefühls vom 17. Jahrhundert bis heute. München, 4. Auflage 1988

BANKL, HANS: Ignaz Philipp Semmelweis. In: Woran sie wirklich starben. Krankheiten und Tod historischer Persönlichkeiten. Wien 1989
KÖCK, CHRISTIAN / KYTIR, JOSEF / MÜNZ, RAINER: Risiko „Säuglingstod". Plädoyer für eine gesundheitspolitische Reform, Wien 1988
MITTERAUER, MICHAEL / SIEDER REINHARD: Vom Patriarchat zur Partnerschaft. Zum Strukturwandel der Familie. München, 3. Auflage 1984
SHORTER, EDWARD: Der weibliche Körper als Schicksal. Zur Sozialgeschichte der Frau. München 1987
DERSELBE: Die Geburt der modernen Familie. Reinbek bei Hamburg 1983

Zu Kapitel III:

Quellen:

ARCHIV DER STADT WIEN: Totenbeschauprotokoll von Karoline (sic) Welden
ARCHIV DES STERNKREUZORDENS, WIEN: Charlotte Welden, Todesanzeige
BAYERISCHES HAUPTSTAATSARCHIV, KRIEGSARCHIV, MÜNCHEN: Offiziers-Personalakt über Theodor Lamey (OP 79539)
HAUS-, HOF- UND STAATSARCHIV, WIEN: Rudolfselekt, Karton 18: Briefe Charlotte Weldens an den Kronprinzen; Obersthofmeisteramt: Kartons 1855, r 64/1, r 87/1, 2; 1856 r 87/2; 1857 r 87/1; 1858 r 87/1, 2; 1859 r 87/1; 1860 r 87/1, 2
HOF- UND STAATSHANDBUCH DES KAISERTHUMES ÖSTERREICH: Jg. 1855, 1856, 1858
SCHRIFTLICHER NACHLASS DER FAMILIE NISCHER-FALKENHOF, der mir von Frau Dr. Eleonora Falkenhof freundlicherweise zur Verfügung gestellt wurde
TSCHECHOSLOWAKISCHES STAATSARCHIV, BRÜNN: Taufschein und Testament Charlotte Weldens, Brief Franz Josephs

Literatur:

„FREMDENBLATT": Juni 1892
„ILLUSTRIERTES WIENER EXTRABLATT": Juni 1892
JAHRBUCH FÜR KINDERHEILKUNDE UND PHYSISCHE ERZIEHUNG: 1863, Jg. 6, 4. Heft, S. 60–66: Nekrolog auf Dr. Franz Mayr
KÜHN, RICHARD (Hg.): Hofdamen-Briefe um Habsburg und Wittelsbach, Berlin 1942
LESKY, ERNA: Die Wiener Medizinische Schule im 19. Jahrhundert. Wien 1978
NOSTITZ-RIENECK, GEORG (Hg.): Briefe Franz Josephs an Kaiserin Elisabeth. 2 Bände, Wien-München 1966
SCHÜRER, FRANZ (Hg.): Briefe Kaiser Franz Josephs an seine Mutter 1838–1872. München 1930

Zu Kapitel IV:

Quellen:

HAUS-, HOF- UND STAATSARCHIV WIEN: Nachlaß Erzherzogin Sophie, Korrespondenzen:
Karton 5: Briefe Erzherzog Ludwig Viktors an seine Mutter
Karton 8: Briefe Erzherzog Ludwigs an Sophie
Karton 15: Briefe Sophies an Erzherzog Ludwig
Karton 18: Liste mit den Weihnachtsgeschenken an die Enkelkinder
Karton 20: Ärztliche Bulletins
Rudolfselekt, Karton 18: Briefe Kaiser Franz Josephs an den Kronprinzen
Briefe der Erzherzogin Sophie an den Kronprinzen
Tagebuch der Erzherzogin Sophie: Jänner, März, Dezember 1848

Literatur:

ADALBERT PRINZ VON BAYERN: Maximilian I. Joseph von Bayern. München 1957
ANDICS, HELLMUT: Die Frauen der Habsburger. Wien - München - Zürich 1969

Zu Kapitel V:

Quellen:

HAUS-, HOF- UND STAATSARCHIV WIEN: Nachlaß Erzherzogin Sophie, Korrespondenzen:
Karton 5: Briefe Erzherzog Ludwig Viktors an seine Mutter
Karton 15: Weihnachtsgeschenke an die Kaiserkinder
Rudolfselekt, Karton 18: Briefe Giselas an ihren Bruder
Leopoldine Nischer: Aufzeichnungen
„Neue Freie Presse": April 1873, Juli/August 1890
„Neues Wiener Tagblatt": April 1873
„Reichspost": September 1924, Juli 1932

Literatur:

HAMANN, BRIGITTE (Hg.): Die Habsburger. Ein biographisches Lexikon. Wien 1988
RALL, HANS UND MARGA: Die Wittelsbacher in Lebensbildern. Graz - Wien - Köln 1986
SCHÜRER, FRANZ (Hg.): Briefe Kaiser Franz Josephs I. an seine Mutter 1838–1872. München 1930

Zu Kapitel VI:

Literatur:

AUFBRUCH IN DAS JAHRHUNDERT DER FRAU. Rosa Mayreder und der Feminismus in Wien um 1900. Katalog der 125. Sonderausstellung des Historischen Museums der Stadt Wien, Wien 1989

DIE NEUE FRAU. In: Hobsbawn, Eric J.: Das imperiale Zeitalter 1875–1914. Frankfurt/Main 1989

FRAUENARBEIT IN DER GESCHICHTE: Heft 3/81 der „Beiträge zur Historischen Sozialkunde". Wien 1981

GNED, GABRIELE: Das Leitbild der Frau nach Zeitschriften des 19. Jahrhunderts. Seminararbeit am Institut für Wirtschafts- und Sozialgeschichte der Universität Wien

RIGLER, EDITH: Frauenbild und Frauenarbeit in Österreich vom ausgehenden 19. Jahrhundert bis zum Zweiten Weltkrieg. Wien 1976

ROSENBAUM, HEIDI: Formen der Familie. Frankfurt am Main 1982

SEXUALITÄT: Heft 1/88 der „Beiträge zur Historischen Sozialkunde". Wien 1988

TEXTE ZUR FRAUENGESCHICHTE: Heft 3/85 der „Beiträge zur Historischen Sozialkunde". Wien 1985

WACHENHEIM, H.: Vom Großbürgertum zur Sozialdemokratie. Memoiren einer Reformistin. Berlin 1973

WEBER-KELLERMANN, INGEBORG: Frauenleben im 19. Jahrhundert. München 1983

WITZMANN, REINGARD/FORSTNER, REGINA (Hg.): Die Frau im Korsett. Wiener Frauenalltag zwischen Klischee und Wirklichkeit 1848–1920. Katalog zur 88. Sonderaustellung des Historischen Museums der Stadt Wien. Wien 1984

ZWEIG, STEFAN: Die Welt von Gestern. Erinnerungen eines Europäers. Stockholm 1942

Zu Kapitel VII:

Literatur:

COBURG, LOUISE PRINZESSIN VON: Throne, die ich stürzen sah. Wien 1926

SCHIEL, IRMGARD: Stephanie. Kronprinzessin im Schatten von Mayerling. Stuttgart 1978

STEPHANIE, KRONPRINZESSIN VON BELGIEN, FÜRSTIN VON LONYAY: Ich sollte Kaiserin werden. Lebenserinnerungen der letzten Kronprinzessin von Österreich-Ungarn. Leipzig 1935

STOCKHAUSEN, JULIANA VON (GRÄFIN GATTERBURG): Im Schatten der Hofburg. Gestalten, Puppen und Gespenster. Heidelberg 1952

Zu Kapitel VIII:

Quellen:

„DIE PRESSE", JUNI 1884
„NEUES WIENER JOURNAL", Mai 1922
„NEUES WIENER TAGBLATT", September 1925
ÖSTERREICHISCHE NATIONALBIBLIOTHEK: Theaterzettelsammlung
WIENER STADTBIBLIOTHEK: Handschriftensammlung, Briefe Johanna
Buskas

Literatur:

BURGTHEATER 1776–1976: Aufführungen und Besetzungen von
100 Jahren. 1. Bd., Wien o. J.
HUMMELBERGER, W.: Maria Caspar und Josef Bratfisch. Biographi-
sche Notizen in: Jahrbuch für Geschichte der Stadt Wien, Jg. 1963/64,
Bd. 19/20, S. 277 ff.
KOSCH, W.: Deutsches Theaterlexikon, 2 Bände., Mannheim 1956
MARKUS, GEORG: Rudolf und Mizzy Caspar. In: Geschichten aus
Österreich. Wien, 2. Auflage 1988
RUDOLF. EIN LEBEN IM SCHATTEN VON MAYERLING. Katalog zur
119. Sonderausstellung des Historischen Museums der Stadt Wien.
Wien 1989

Zu Kapitel IX:

Literatur:

BALTAZZI-SCHARSCHMID, HEINRICH/SWISTUN, HERMANN: Die Fa-
milien Baltazzi-Vetsera im kaiserlichen Wien. Wien 1980
BANKL, HANS: Woran sie wirklich starben. Krankheiten und Tod hi-
storischer Persönlichkeiten. Wien 1989
HOLLER, GERD: Die Lösung des Rätsels. Der Tod des Kronprinzen
Rudolf und der Baronesse Vetsera aus medizinischer Sicht.
Wien - München - Zürich 1980
JUDTMANN, FRITZ: Mayerling ohne Mythos. Ein Tatsachenbericht.
Wien, 2. Auflage 1982
LARISCH, MARIE LUISE GRÄFIN, GEB. V. WALLERSEE: Meine Vergan-
genheit. Leipzig 1937
MORTON, FREDERIC: Schicksalsjahr Wien 1888/89. Wien 1979
SOKOP, BRIGITTE: Jene Gräfin Larisch. Marie Luise Gräfin Larisch-
Wallersee. Vertraute der Kaiserin – Verfemte nach Mayerling. Wien
1985
SWISTUN, HERMANN: Mary Vetsera. Gefährtin für den Tod. Wien
1983
VETSERA, HELENE BARONIN: Denkschrift. Wien, Juni 1889

Genealogische Übersicht

Auszug aus der Stammtafel des Hauses Habsburg-Lothringen

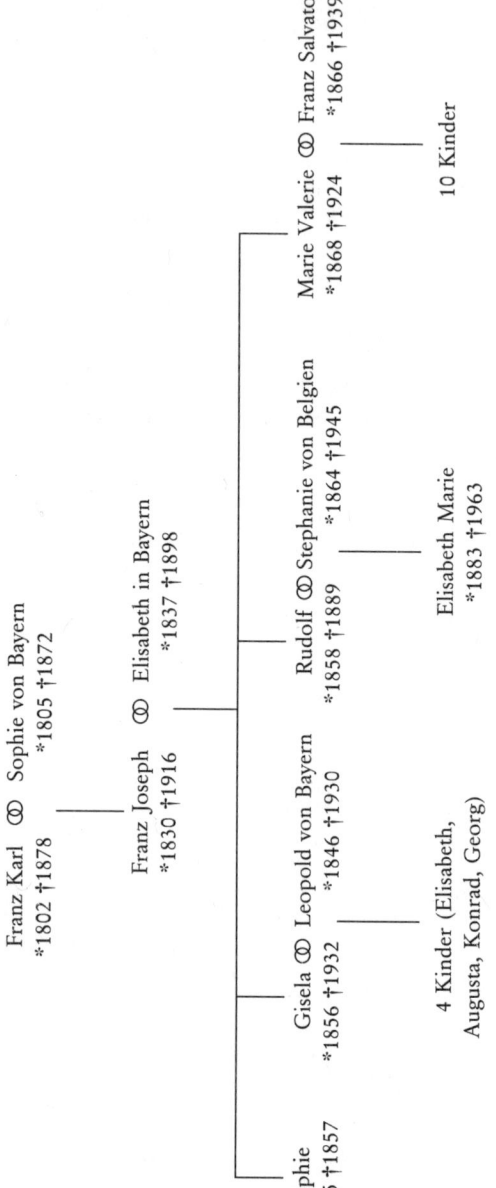

Franz Karl ⚭ Sophie von Bayern
*1802 †1878   *1805 †1872

Franz Joseph ⚭ Elisabeth in Bayern
*1830 †1916   *1837 †1898

Sophie
*1855 †1857

Gisela ⚭ Leopold von Bayern
*1856 †1932   *1846 †1930

4 Kinder (Elisabeth,
Augusta, Konrad, Georg)

Rudolf ⚭ Stephanie von Belgien
*1858 †1889   *1864 †1945

Elisabeth Marie
*1883 †1963

Marie Valerie ⚭ Franz Salvator
*1868 †1924   *1866 †1939

10 Kinder

Personenregister

Albrecht, Erzherzog 109, 183
Alleen, Miss 246
Andrássy, Gyula, ungarischer Ministerpräsident 155
Auchenthaler, Dr. Franz, Leibarzt 199, 274
Auersperg, Fritzi 23, 113
Auguste Maria, Tochter von Erzherzogin Gisela 149

Bartsch, Dr. Franz Xaver, Geburtshelfer 11
Baltazzi, Alexander 241, 274
Baltazzi, Aristides 229, 241
Baltazzi, Hector 229, 241 f.
Bauernfeld, Eduard von 223 f.
Bayer, Leopold, Privatsekretär Elisabeths 27
Belcredi, Anna 91 f.
Belcredi, Richard, Graf, k. k. Ministerpräsident 92
Bellegarde, Paula, Hofdame 31
Benedikt, Moritz, Psychiater 226
Bielka, Dr., Hofarzt 137
Birch-Pfeiffer, Charlotte 223
Bombelles, Charles, Obersthofmeister von Kronprinz Rudolf 183, 186, 211, 227
Bombelles, Heinrich, Graf, Erzieher Franz Josephs 105 f.
Bourgeoing, Jean de 247
Bourgeoing, Otto de 247
Bowyer-Lane, englischer Oberst 226
Braganza, Miguel de, Herzog 245
Brandl, Franziska, Kammermädchen 156
Bratfisch, Josef, Leibfiaker Kronprinz Rudolfs 205 f., 233, 235, 254, 256, 259 f., *259*, 268 f.
Bruckner, Anton 166
Brucks, Otto, Kammersänger 276
Busch, Wilhelm 179
Buska, Johanna 221 ff., *222*

Canon, Hans 226
Caspar, Maria 235
Caspar, Mizzi 8, 231 ff., *233*, 267
Chotek von Chotkowa und Wognin, Bohuslaw, Graf 184
Coburg, Prinz Philipp 269 f.
Columbus, Joseph, Beichtvater von Erzherzogin Sophie 103
Csaby, Anna von, Kindermädchen 30, 84, 156

Dingelstedt, Franz Freiherr von, Burgtheaterdirektor 223
Doppelbauer, Franz Maria, Bischof von Linz 166
Dubray, Gabriel, Hauslehrer Mary Vetseras 238, 245 f., 260 f.
Dvorak(-Popp), Adelheid *181*

Elisabeth, Kaiserin von Österreich 7, 11 f., 15 ff., 19 ff., *21*, 25 ff., 29 ff., 34 f., 37 ff., *37*, 43 f., *45*, 46 ff., *46*, 56, 63, 73, 78, 80, 83 f., *88*, 123, 125 ff., 130, 144 f., 148 f., 153, 156 ff., 161, 163, 167, 213, 252
Elisabeth Marie, Erzherzogin 152 f., 166, 192, *193*, 194, 214
Elisabeth, Tochter von Erzherzogin Gisela 149

285

287

Bildnachweis

Historisches Museum der Stadt Wien: S. 21, 69, 222, 228

Österreichische Nationalbibliothek, Bildarchiv: S. 45, 47, 55, 61, 85, 99, 117, 123, 129, 135, 165, 171, 175, 181, 187, 193, 197, 215, 233, 250, 259, 271

Hermann Swistun, Wien: S. 239, 243, 272/73

Dr. Friedrich Weissensteiner, Wolfpassing: S. 13, 37, 75, 88, 139, 141, 147, 159

Schutzumschlagbilder: Historisches Museum (Johanna Buska, Kronprinz Rudolf); Österreichische Nationalbibliothek, Bildarchiv (Mizzi Caspar, Kaiserin Elisabeth, Kronprinzessin Stephanie, Mary Vetsera); Dr. F. Weissensteiner (Erzherzogin Sophie)